TRANZLATY

La lingua è per tutti

Η γλώσσα είναι για όλους

Il richiamo della foresta

Το Κάλεσμα της Άγριας Φύσης

Jack London

Italiano / ελληνικά

Copyright © 2025 Tranzlaty
All rights reserved
Published by Tranzlaty
ISBN: 978-1-80572-912-9
Original text by Jack London
The Call of the Wild
First published in 1903
www.tranzlaty.com

Nel primitivo
Στο Πρωτόγονο

Buck non leggeva i giornali.
Ο Μπακ δεν διάβαζε εφημερίδες.
Se avesse letto i giornali avrebbe saputo che i guai si stavano avvicinando.
Αν είχε διαβάσει εφημερίδες, θα ήξερε ότι θα υπήρχαν προβλήματα.
Non erano guai solo per lui, ma per tutti i cani da caccia.
Υπήρχαν προβλήματα όχι μόνο για τον ίδιο, αλλά για κάθε σκύλο της παλίρροιας.
Ogni cane con muscoli forti e pelo lungo e caldo sarebbe stato nei guai.
Κάθε σκύλος με δυνατούς μύες και ζεστό, μακρύ τρίχωμα θα είχε μπελάδες.
Da Puget Bay a San Diego nessun cane poteva sfuggire a ciò che stava per accadere.
Από το Πιούτζετ Μπέι μέχρι το Σαν Ντιέγκο, κανένα σκυλί δεν μπορούσε να ξεφύγει από αυτό που ερχόταν.
Gli uomini, brancolando nell'oscurità artica, avevano trovato un metallo giallo.
Άντρες, ψάχνοντας στο σκοτάδι της Αρκτικής, είχαν βρει ένα κίτρινο μέταλλο.
Le compagnie di navigazione a vapore e di trasporto erano alla ricerca della scoperta.
Ατμοπλοϊκές και μεταφορικές εταιρείες κυνηγούσαν την ανακάλυψη.
Migliaia di uomini si riversarono nel Nord.
Χιλιάδες άντρες έσπευσαν στη Βόρεια Χώρα.
Questi uomini volevano dei cani, e i cani che volevano erano cani pesanti.
Αυτοί οι άντρες ήθελαν σκυλιά, και τα σκυλιά που ήθελαν ήταν βαριά σκυλιά.
Cani dotati di muscoli forti per lavorare duro.
Σκύλοι με δυνατούς μύες για να μοχθούν.
Cani con il pelo folto che li protegge dal gelo.

Σκυλιά με γούνινο τρίχωμα για να τα προστατεύει από τον παγετό.

Buck viveva in una grande casa nella soleggiata Santa Clara Valley.
Ο Μπακ έμενε σε ένα μεγάλο σπίτι στην ηλιόλουστη κοιλάδα της Σάντα Κλάρα.
La casa del giudice Miller era chiamata così.
Το σπίτι του Δικαστή Μίλερ ονομαζόταν το σπίτι του.
La sua casa era nascosta tra gli alberi, lontana dalla strada.
Το σπίτι του βρισκόταν μακριά από τον δρόμο, μισοκρυμμένο ανάμεσα στα δέντρα.
Si poteva intravedere l'ampia veranda che circondava la casa.
Μπορούσε κανείς να δει την πλατιά βεράντα που εκτεινόταν γύρω από το σπίτι.
Si accedeva alla casa tramite vialetti ghiaiosi.
Το σπίτι προσεγγιζόταν από χαλικόστρωτα μονοπάτια.
I sentieri si snodavano attraverso ampi prati.
Τα μονοπάτια ελίσσονταν μέσα από απέραντους χλοοτάπητες.
In alto si intrecciavano i rami degli alti pioppi.
Από πάνω υψώνονταν τα αλληλοσυνδεόμενα κλαδιά ψηλών λεύκων.
Nella parte posteriore della casa le cose erano ancora più spaziose.
Στο πίσω μέρος του σπιτιού τα πράγματα ήταν ακόμα πιο ευρύχωρα.
C'erano grandi scuderie, dove una dozzina di stallieri chiacchieravano
Υπήρχαν μεγάλοι στάβλοι, όπου μια ντουζίνα γαμπροί κουβεντιάζονταν
C'erano file di cottage per i servi ricoperti di vite
Υπήρχαν σειρές από καλύβες υπηρετών ντυμένες με κλήματα
E c'era una serie infinita e ordinata di latrine
Και υπήρχε μια ατελείωτη και τακτοποιημένη σειρά από βοηθητικά σπίτια

Lunghi pergolati d'uva, pascoli verdi, frutteti e campi di bacche.
Μακριές κληματαριές με σταφύλια, πράσινα λιβάδια, οπωρώνες και χωράφια με μούρα.
Poi c'era l'impianto di pompaggio per il pozzo artesiano.
Έπειτα υπήρχε η μονάδα άντλησης για το αρτεσιανό πηγάδι.
E c'era la grande cisterna di cemento piena d'acqua.
Και εκεί ήταν η μεγάλη τσιμεντένια δεξαμενή γεμάτη με νερό.
Qui i ragazzi del giudice Miller hanno fatto il loro tuffo mattutino.
Εδώ τα αγόρια του Δικαστή Μίλερ έκαναν την πρωινή τους βουτιά.
E lì si rinfrescavano anche nel caldo pomeriggio.
Και δρόσησαν εκεί κάτω το ζεστό απόγευμα επίσης.
E su questo grande dominio, Buck era colui che lo governava tutto.
Και πάνω από αυτή τη μεγάλη επικράτεια, ο Μπακ ήταν αυτός που την κυβερνούσε ολόκληρη.
Buck nacque su questa terra e visse qui tutti i suoi quattro anni.
Ο Μπακ γεννήθηκε σε αυτή τη γη και έζησε εδώ όλα τα τέσσερα χρόνια του.
C'erano effettivamente altri cani, ma non avevano molta importanza.
Υπήρχαν πράγματι και άλλα σκυλιά, αλλά δεν είχαν πραγματικά σημασία.
In un posto vasto come questo ci si aspettava la presenza di altri cani.
Αναμένονταν και άλλα σκυλιά σε ένα μέρος τόσο απέραντο όσο αυτό.
Questi cani andavano e venivano oppure vivevano nei canili affollati.
Αυτά τα σκυλιά έρχονταν και έφυγαν ή ζούσαν μέσα στα πολυσύχναστα κυνοκομεία.
Alcuni cani vivevano nascosti in casa, come Toots e Ysabel.

Μερικά σκυλιά ζούσαν κρυμμένα στο σπίτι, όπως ο Τουτς και η Ίζαμπελ.

Toots era un carlino giapponese, Ysabel una cagnolina messicana senza pelo.

Ο Τουτς ήταν ένα ιαπωνικό πανκ, η Ίζαμπελ ένα μεξικανικό άτριχο σκυλί.

Queste strane creature raramente uscivano di casa.

Αυτά τα παράξενα πλάσματα σπάνια έβγαιναν έξω από το σπίτι.

Non toccarono terra né annusarono l'aria esterna.

Δεν άγγιξαν το έδαφος, ούτε μύρισαν τον αέρα έξω.

C'erano anche i fox terrier, almeno una ventina.

Υπήρχαν επίσης τα φοξ τεριέ, τουλάχιστον είκοσι τον αριθμό.

Questi terrier abbaiavano ferocemente a Toots e Ysabel in casa.

Αυτά τα τεριέ γάβγιζαν μανιασμένα στον Τουτς και την Ίζαμπελ μέσα στο σπίτι.

Toots e Ysabel rimasero dietro le finestre, al sicuro da ogni pericolo.

Ο Τουτς και η Ίζαμπελ έμειναν πίσω από τα παράθυρα, ασφαλείς από κάθε κακό.

Erano sorvegliati da domestiche armate di scope e stracci.

Τους φρουρούσαν υπηρέτριες με σκούπες και σφουγγαρίστρες.

Ma Buck non era un cane da casa e nemmeno da canile.

Αλλά ο Μπακ δεν ήταν σκύλος σπιτιού, ούτε ήταν σκύλος κυνοτροφείου.

L'intera proprietà apparteneva a Buck come suo legittimo regno.

Ολόκληρη η περιουσία ανήκε στον Μπακ ως νόμιμο βασίλειό του.

Buck nuotava nella vasca o andava a caccia con i figli del giudice.

Ο Μπακ κολυμπούσε στη δεξαμενή ή πήγε για κυνήγι με τους γιους του Δικαστή.

Camminava con Mollie e Alice nelle prime ore del mattino o tardi.
Περπατούσε με τη Μόλι και την Άλις τις πρώτες ή τις τελευταίες ώρες.
Nelle notti fredde si sdraiava davanti al fuoco della biblioteca insieme al giudice.
Τις κρύες νύχτες ξάπλωνε μπροστά στη φωτιά της βιβλιοθήκης με τον Δικαστή.
Buck accompagnava i nipoti del giudice sulla sua robusta schiena.
Ο Μπακ πήγαινε βόλτα τα εγγόνια του Δικαστή στη γερή του πλάτη.
Si rotolava nell'erba insieme ai ragazzi, sorvegliandoli da vicino.
Κυλίστηκε στο γρασίδι με τα αγόρια, φυλάσσοντάς τα στενά.
Si avventurarono fino alla fontana e addirittura oltre i campi di bacche.
Τόλμησαν να πάνε στο σιντριβάνι και μάλιστα πέρασαν από τα χωράφια με τα μούρα.
Tra i fox terrier, Buck camminava sempre con orgoglio regale.
Ανάμεσα στα φοξ τεριέ, ο Μπακ περπατούσε πάντα με βασιλική υπερηφάνεια.
Ignorò Toots e Ysabel, trattandoli come se fossero aria.
Αγνόησε τον Τουτς και την Ύζαμπελ, φερόμενος τους σαν να ήταν αέρας.
Buck governava tutte le creature viventi sulla terra del giudice Miller.
Ο Μπακ κυβερνούσε όλα τα ζωντανά πλάσματα στη γη του Δικαστή Μίλερ.
Dominava gli animali, gli insetti, gli uccelli e perfino gli esseri umani.
Κυριάρχησε πάνω σε ζώα, έντομα, πουλιά, ακόμη και ανθρώπους.
Il padre di Buck, Elmo, era un enorme e fedele San Bernardo.

Ο πατέρας του Μπακ, ο Έλμο, ήταν ένας τεράστιος και πιστός Άγιος Βερνάρδος.
Elmo non si allontanò mai dal Giudice e lo servì fedelmente.
Ο Έλμο δεν έφυγε ποτέ από το πλευρό του Δικαστή και τον υπηρέτησε πιστά.
Buck sembrava pronto a seguire il nobile esempio del padre.
Ο Μπακ φαινόταν έτοιμος να ακολουθήσει το ευγενές παράδειγμα του πατέρα του.
Buck non era altrettanto grande: pesava sessanta chili.
Ο Μπακ δεν ήταν τόσο μεγαλόσωμος, ζύγιζε εκατόν σαράντα κιλά.
Sua madre, Shep, era una splendida cagnolina da pastore scozzese.
Η μητέρα του, η Σεπ, ήταν ένα καλό σκωτσέζικο ποιμενικό σκυλί.
Ma nonostante il suo peso, Buck camminava con una presenza regale.
Αλλά ακόμα και με αυτό το βάρος, ο Μπακ περπατούσε με βασιλική παρουσία.
Ciò derivava dal buon cibo e dal rispetto che riceveva sempre.
Αυτό προερχόταν από το καλό φαγητό και τον σεβασμό που πάντα λάμβανε.
Per quattro anni Buck aveva vissuto come un nobile viziato.
Για τέσσερα χρόνια, ο Μπακ ζούσε σαν κακομαθημένος ευγενής.
Era orgoglioso di sé stesso e perfino un po' egocentrico.
Ήταν περήφανος για τον εαυτό του, ακόμη και ελαφρώς εγωιστής.
Quel tipo di orgoglio era comune tra i signori delle campagne remote.
Αυτού του είδους η υπερηφάνεια ήταν συνηθισμένη στους άρχοντες της απομακρυσμένης υπαίθρου.
Ma Buck si salvò dal diventare un cane domestico viziato.
Αλλά ο Μπακ γλίτωσε από το να γίνει χαϊδεμένος σπιτόσκυλο.
Rimase snello e forte grazie alla caccia e all'esercizio fisico.

Παρέμεινε αδύνατος και δυνατός μέσα από το κυνήγι και την άσκηση.
Amava profondamente l'acqua, come chi si bagna nei laghi freddi.
Αγαπούσε πολύ το νερό, όπως οι άνθρωποι που κάνουν μπάνιο σε κρύες λίμνες.
Questo amore per l'acqua mantenne Buck forte e molto sano.
Αυτή η αγάπη για το νερό κράτησε τον Μπακ δυνατό και πολύ υγιή.
Questo era il cane che Buck era diventato nell'autunno del 1897.
Αυτός ήταν ο σκύλος που είχε γίνει ο Μπακ το φθινόπωρο του 1897.
Quando lo sciopero del Klondike spinse gli uomini verso il gelido Nord.
Όταν η απεργία του Κλοντάικ τράβηξε τους άντρες στον παγωμένο Βορρά.
Da ogni parte del mondo la gente accorse in massa verso la fredda terra.
Άνθρωποι από όλο τον κόσμο έσπευσαν στην κρύα γη.
Buck, tuttavia, non leggeva i giornali e non capiva le notizie.
Ο Μπακ, ωστόσο, δεν διάβαζε εφημερίδες ούτε καταλάβαινε ειδήσεις.
Non sapeva che Manuel fosse una persona cattiva con cui stare.
Δεν ήξερε ότι ο Μανουέλ ήταν κακός άνθρωπος για να έχεις παρέα.
Manuel, che aiutava in giardino, aveva un grosso problema.
Ο Μανουέλ, που βοηθούσε στον κήπο, είχε ένα σοβαρό πρόβλημα.
Manuel era dipendente dal gioco d'azzardo alla lotteria cinese.
Ο Μανουέλ ήταν εθισμένος στον τζόγο στο κινεζικό λαχείο.
Credeva fermamente anche in un sistema fisso per vincere.
Πίστευε επίσης ακράδαντα σε ένα σταθερό σύστημα για τη νίκη.

Questa convinzione rese il suo fallimento certo e inevitabile.
Αυτή η πεποίθηση έκανε την αποτυχία του βέβαιη και αναπόφευκτη.
Per giocare con un sistema erano necessari soldi, soldi che a Manuel mancavano.
Το να παίζεις με ένα σύστημα απαιτεί χρήματα, τα οποία ο Μανουέλ δεν είχε.
Il suo stipendio bastava a malapena a sostenere la moglie e i numerosi figli.
Ο μισθός του μόλις που συντηρούσε τη γυναίκα του και τα πολλά παιδιά του.
La notte in cui Manuel tradì Buck, tutto era normale.
Τη νύχτα που ο Μανουέλ πρόδωσε τον Μπακ, τα πράγματα ήταν φυσιολογικά.
Il giudice si trovava a una riunione dell'Associazione dei coltivatori di uva passa.
Ο Δικαστής βρισκόταν σε μια συνάντηση του Συνδέσμου Παραγωγών Σταφίδας.
A quel tempo i figli del giudice erano impegnati a fondare un club sportivo.
Οι γιοι του Δικαστή ήταν απασχολημένοι με τη δημιουργία ενός αθλητικού συλλόγου τότε.
Nessuno vide Manuel e Buck uscire dal frutteto.
Κανείς δεν είδε τον Μάνουελ και τον Μπακ να φεύγουν μέσα από τον οπωρώνα.
Buck pensava che questa fosse solo una semplice passeggiata notturna.
Ο Μπακ νόμιζε ότι αυτή η βόλτα ήταν απλώς μια απλή νυχτερινή βόλτα.
Incontrarono un solo uomo alla stazione della bandiera, a College Park.
Συνάντησαν μόνο έναν άντρα στο σταθμό σημαίας, στο Κόλετζ Παρκ.
Quell'uomo parlò con Manuel e si scambiarono i soldi.
Αυτός ο άντρας μίλησε στον Μανουέλ και αντάλλαξαν χρήματα.
"Imballa la merce prima di consegnarla", suggerì.

«Τυλίξτε τα εμπορεύματα πριν τα παραδώσετε», πρότεινε.
La voce dell'uomo era roca e impaziente mentre parlava.
Η φωνή του άντρα ήταν τραχιά και ανυπόμονη καθώς μιλούσε.
Manuel legò con cura una corda spessa attorno al collo di Buck.
Ο Μανουέλ έδεσε προσεκτικά ένα χοντρό σχοινί γύρω από το λαιμό του Μπακ.
"Se giri la corda, lo strangolerai di brutto"
«Στρέψε το σχοινί και θα τον πνίξεις πολύ»
Lo straniero emise un grugnito, dimostrando di aver capito bene.
Ο ξένος γρύλισε, δείχνοντας ότι κατάλαβε καλά.
Quel giorno Buck accettò la corda con calma e silenziosa dignità.
Ο Μπακ δέχτηκε το σχοινί με ηρεμία και γαλήνη αξιοπρέπεια εκείνη την ημέρα.
Era un atto insolito, ma Buck si fidava degli uomini che conosceva.
Ήταν μια ασυνήθιστη πράξη, αλλά ο Μπακ εμπιστευόταν τους άντρες που γνώριζε.
Credeva che la loro saggezza andasse ben oltre il suo pensiero.
Πίστευε ότι η σοφία τους ξεπερνούσε κατά πολύ τη δική του σκέψη.
Ma poi la corda venne consegnata nelle mani dello straniero.
Αλλά τότε το σχοινί δόθηκε στα χέρια του ξένου.
Buck emise un ringhio basso che suonava come un avvertimento e una minaccia silenziosa.
Ο Μπακ έβγαλε ένα χαμηλό γρύλισμα που προειδοποιούσε με μια ήσυχη απειλή.
Era orgoglioso e autoritario e intendeva mostrare il suo disappunto.
Ήταν περήφανος και επιβλητικός, και ήθελε να δείξει τη δυσαρέσκειά του.
Buck credeva che il suo avvertimento sarebbe stato interpretato come un ordine.

Ο Μπακ πίστευε ότι η προειδοποίησή του θα ερμηνευόταν ως διαταγή.

Con suo grande stupore, la corda si strinse rapidamente attorno al suo grosso collo.

Προς έκπληξή του, το σχοινί τεντώθηκε γρήγορα γύρω από τον χοντρό λαιμό του.

Gli mancò l'aria e cominciò a lottare in preda a una rabbia improvvisa.

Ο αέρας του κόπηκε και άρχισε να πολεμάει με ξαφνική οργή.

Si lanciò verso l'uomo, che si lanciò rapidamente contro Buck a mezz'aria.

Όρμησε προς τον άντρα, ο οποίος συνάντησε γρήγορα τον Μπακ στον αέρα.

L'uomo afferrò Buck per la gola e lo fece ruotare abilmente in aria.

Ο άντρας άρπαξε τον Μπακ από το λαιμό και τον έστριψε επιδέξια στον αέρα.

Buck venne scaraventato a terra con violenza, atterrando sulla schiena.

Ο Μπακ ρίχτηκε με δύναμη κάτω, προσγειώνοντας ανάσκελα.

La corda ora lo strangolava crudelmente mentre lui scalciava selvaggiamente.

Το σχοινί τον έπνιξε τώρα άγρια ενώ κλωτσούσε άγρια.

La sua lingua cadde fuori, il suo petto si sollevò, ma non riprese fiato.

Η γλώσσα του έπεσε έξω, το στήθος του σφίχτηκε, αλλά δεν πήρε ανάσα.

Non era mai stato trattato con tanta violenza in vita sua.

Δεν είχε ποτέ στη ζωή του υποστεί τέτοια βία.

Non era mai stato così profondamente invaso da una rabbia così profonda.

Επίσης, ποτέ πριν δεν είχε νιώσει τόσο βαθιά οργή.

Ma il potere di Buck svanì e i suoi occhi diventarono vitrei.

Αλλά η δύναμη του Μπακ εξασθένησε και τα μάτια του έγιναν γυάλινα.

Svenne proprio mentre un treno veniva fermato lì vicino.
Λιποθύμησε ακριβώς τη στιγμή που ένα τρένο σταμάτησε εκεί κοντά.
Poi i due uomini lo caricarono velocemente nel vagone bagagli.
Έπειτα οι δύο άντρες τον πέταξαν γρήγορα στο βαγόνι αποσκευών.
La cosa successiva che Buck sentì fu dolore alla lingua gonfia.
Το επόμενο πράγμα που ένιωσε ο Μπακ ήταν πόνος στην πρησμένη γλώσσα του.
Si muoveva su un carro traballante, solo vagamente cosciente.
Κινούνταν μέσα σε ένα τρεμάμενο κάρο, έχοντας μόνο αμυδρά τις αισθήσεις του.
Il fischio acuto di un treno rivelò a Buck la sua posizione.
Η διαπεραστική κραυγή μιας σφυρίχτρας του τρένου έδειξε στον Μπακ την τοποθεσία του.
Aveva spesso cavalcato con il Giudice e conosceva quella sensazione.
Είχε συχνά ταξιδέψει με τον Δικαστή και ήξερε τι συναισθανόταν.
Fu un'esperienza unica viaggiare di nuovo in un vagone bagagli.
Ήταν η μοναδική εμπειρία του να ταξιδεύεις ξανά σε ένα βαγόνι αποσκευών.
Buck aprì gli occhi e il suo sguardo ardeva di rabbia.
Ο Μπακ άνοιξε τα μάτια του και το βλέμμα του έκαιγε από οργή.
Questa era l'ira di un re orgoglioso detronizzato.
Αυτή ήταν η οργή ενός περήφανου βασιλιά που είχε εκδιωχθεί από τον θρόνο του.
Un uomo allungò la mano per afferrarlo, ma Buck colpì per primo.
Ένας άντρας άπλωσε το χέρι του να τον αρπάξει, αλλά ο Μπακ τον χτύπησε πρώτος.
Affondò i denti nella mano dell'uomo e la strinse forte.

Βύθισε τα δόντια του στο χέρι του άντρα και το κράτησε σφιχτά.
Non mi lasciò andare finché non svenne per la seconda volta.
Δεν το άφησε μέχρι που λιποθύμησε για δεύτερη φορά.
"Sì, ha degli attacchi", borbottò l'uomo al facchino.
«Ναι, έχει κρίσεις», μουρμούρισε ο άντρας στον υπάλληλο των αποσκευών.
Il facchino aveva sentito la colluttazione e si era avvicinato.
Ο μεταφορέας είχε ακούσει τον αγώνα και είχε πλησιάσει.
"Lo porto a Frisco per conto del capo", spiegò l'uomo.
«Θα τον πάω στο Φρίσκο για το αφεντικό», εξήγησε ο άντρας.
"C'è un bravo dottore per cani che dice di poterli curare."
«Υπάρχει ένας καλός σκύλος-γιατρός εκεί που λέει ότι μπορεί να τους θεραπεύσει.»
Più tardi quella notte l'uomo raccontò la sua versione completa.
Αργότερα εκείνο το βράδυ, ο άντρας έδωσε την πλήρη δική του αφήγηση.
Parlava da un capannone dietro un saloon sul molo.
Μίλησε από ένα υπόστεγο πίσω από ένα σαλούν στις αποβάθρες.
"Mi hanno dato solo cinquanta dollari", si lamentò con il gestore del saloon.
«Μου έδωσαν μόνο πενήντα δολάρια», παραπονέθηκε στον υπάλληλο του σαλούν.
"Non lo rifarei, nemmeno per mille dollari in contanti."
«Δεν θα το ξαναέκανα, ούτε για χίλια λεφτά μετρητά.»
La sua mano destra era strettamente avvolta in un panno insanguinato.
Το δεξί του χέρι ήταν σφιχτά τυλιγμένο σε ένα ματωμένο ύφασμα.
La gamba dei suoi pantaloni era completamente strappata dal ginocchio al piede.
Το μπατζάκι του παντελονιού του ήταν σκισμένο ορθάνοιχτο από το γόνατο μέχρι το πόδι.

"Quanto è stato pagato l'altro tizio?" chiese il gestore del saloon.
«Πόσο πληρώθηκε η άλλη κούπα;» ρώτησε ο υπάλληλος του σαλούν.
«Cento», rispose l'uomo, «non ne accetterebbe uno in meno».
«Εκατό», απάντησε ο άντρας, «δεν θα έπαιρνε ούτε σεντ λιγότερο».
"Questo fa centocinquanta", disse il gestore del saloon.
«Αυτό κάνει εκατόν πενήντα», είπε ο υπάλληλος του σαλούν.
"E lui li merita tutti, altrimenti non sono meglio di uno stupido."
«Και τα αξίζει όλα, αλλιώς δεν θα είμαι καλύτερος από έναν ηλίθιο.»
L'uomo aprì gli involucri per esaminarsi la mano.
Ο άντρας άνοιξε τα περιτυλίγματα για να εξετάσει το χέρι του.
La mano era gravemente graffiata e ricoperta di croste di sangue secco.
Το χέρι ήταν άσχημα σκισμένο και γεμάτο κρούστα από ξεραμένο αίμα.
"Se non mi viene l'idrofobia..." cominciò a dire.
«Αν δεν πάθει υδροφοβία...» άρχισε να λέει.
"Sarà perché sei nato per impiccarti", giunse una risata.
«Θα είναι επειδή γεννήθηκες για να κρεμιέσαι», ακούστηκε ένα γέλιο.
"Aiutami prima di partire", gli chiesero.
«Έλα να με βοηθήσεις πριν φύγεις», του ζήτησαν.
Buck era stordito dal dolore alla lingua e alla gola.
Ο Μπακ ήταν ζαλισμένος από τον πόνο στη γλώσσα και το λαιμό του.
Era mezzo strangolato e riusciva a malapena a stare in piedi.
Ήταν μισοστραγγαλισμένος και μετά βίας μπορούσε να σταθεί όρθιος.
Ciononostante, Buck cercò di affrontare gli uomini che lo avevano ferito così duramente.

Παρόλα αυτά, ο Μπακ προσπάθησε να αντιμετωπίσει τους άντρες που τον είχαν πληγώσει τόσο πολύ.
Ma lo gettarono a terra e lo strangolarono ancora una volta.
Αλλά τον έριξαν κάτω και τον έπνιξαν για άλλη μια φορά.
Solo allora riuscirono a segargli il pesante collare di ottone.
Μόνο τότε μπόρεσαν να πριονίσουν το βαρύ ορειχάλκινο κολάρο του.
Tolsero la corda e lo spinsero in una cassa.
Αφαίρεσαν το σχοινί και τον έσπρωξαν σε ένα κλουβί.
La cassa era piccola e aveva la forma di una gabbia di ferro grezza.
Το κλουβί ήταν μικρό και είχε το σχήμα ενός τραχιού σιδερένιου κλουβιού.
Buck rimase lì per tutta la notte, pieno di rabbia e di orgoglio ferito.
Ο Μπακ έμεινε εκεί όλη νύχτα, γεμάτος οργή και πληγωμένη υπερηφάνεια.
Non riusciva nemmeno a capire cosa gli stesse succedendo.
Δεν μπορούσε να αρχίσει να καταλαβαίνει τι του συνέβαινε.
Perché quegli strani uomini lo tenevano in quella piccola cassa?
Γιατί τον κρατούσαν αυτοί οι παράξενοι άντρες σε αυτό το μικρό κλουβί;
Cosa volevano da lui e perché questa crudele prigionia?
Τι τον ήθελαν, και γιατί αυτή η σκληρή αιχμαλωσία;
Sentì una pressione oscura e la sensazione che il disastro si avvicinasse.
Ένιωθε μια σκοτεινή πίεση· ένα αίσθημα καταστροφής που πλησίαζε.
Era una paura vaga, ma si impadronì pesantemente del suo spirito.
Ήταν ένας αόριστος φόβος, αλλά κατέκλυσε έντονα την ψυχή του.
Diverse volte sobbalzò quando la porta del capanno sbatteva.

Αρκετές φορές πετάχτηκε πάνω όταν η πόρτα του υπόστεγου χτύπησε με θόρυβο.
Si aspettava che il giudice o i ragazzi apparissero e lo salvassero.
Περίμενε να εμφανιστεί ο Δικαστής ή τα αγόρια και να τον σώσει.
Ma ogni volta solo la faccia grassa del gestore del saloon faceva capolino all'interno.
Αλλά μόνο το χοντρό πρόσωπο του ιδιοκτήτη του σαλούν κρυφοκοιτούσε μέσα κάθε φορά.
Il volto dell'uomo era illuminato dalla debole luce di una candela di sego.
Το πρόσωπο του άντρα φωτιζόταν από την αμυδρή λάμψη ενός κεριού από ζωικό λίπος.
Ogni volta, il latrato gioioso di Buck si trasformava in un ringhio basso e arrabbiato.
Κάθε φορά, το χαρούμενο γάβγισμα του Μπακ μεταβαλλόταν σε ένα χαμηλό, θυμωμένο γρύλισμα.

Il gestore del saloon lo ha lasciato solo per la notte nella cassa
Ο φύλακας του σαλούν τον άφησε μόνο του για τη νύχτα στο κλουβί
Ma quando si svegliò la mattina seguente, altri uomini stavano arrivando.
Αλλά όταν ξύπνησε το πρωί, έρχονταν κι άλλοι άντρες.
Arrivarono quattro uomini e, con cautela, sollevarono la cassa senza dire una parola.
Τέσσερις άντρες ήρθαν και μάζεψαν προσεκτικά το κιβώτιο χωρίς να πουν λέξη.
Buck capì subito in quale situazione si trovava.
Ο Μπακ κατάλαβε αμέσως την κατάσταση στην οποία βρισκόταν.
Erano ulteriori tormentatori che doveva combattere e temere.
Ήταν περαιτέρω βασανιστές που έπρεπε να πολεμήσει και να φοβηθεί.

Questi uomini apparivano malvagi, trasandati e molto mal curati.
Αυτοί οι άντρες έδειχναν κακοί, ατημέλητοι και πολύ άσχημα περιποιημένοι.

Buck ringhiò e si lanciò contro di loro con furia attraverso le sbarre.
Ο Μπακ γρύλισε και τους όρμησε με μανία μέσα από τα κάγκελα.

Si limitarono a ridere e a colpirlo con lunghi bastoni di legno.
Απλώς γέλασαν και τον χτυπούσαν με μακριά ξύλινα μπαστούνια.

Buck morse i bastoncini, poi capì che era quello che gli piaceva.
Ο Μπακ δάγκωσε τα ξυλάκια και μετά συνειδητοποίησε ότι αυτό τους άρεσε.

Così si sdraiò in silenzio, imbronciato e acceso da una rabbia silenziosa.
Έτσι ξάπλωσε ήσυχα, σκυθρωπός και φλεγόμενος από ήσυχη οργή.

Caricarono la cassa su un carro e se ne andarono con lui.
Σήκωσαν το κλουβί σε ένα κάρο και τον πήραν μακριά.

La cassa, con Buck chiuso dentro, cambiò spesso proprietario.
Το κλουβί, με τον Μπακ κλειδωμένο μέσα, άλλαζε συχνά χέρια.

Gli impiegati dell'ufficio espresso presero in mano la situazione e si occuparono di lui per un breve periodo.
Οι υπάλληλοι του γραφείου εξπρές ανέλαβαν την ευθύνη και τον χειρίστηκαν για λίγο.

Poi un altro carro trasportò Buck attraverso la rumorosa città.
Έπειτα, ένα άλλο κάρο μετέφερε τον Μπακ στην άλλη άκρη της θορυβώδους πόλης.

Un camion lo portò con sé scatole e pacchi su un traghetto.
Ένα φορτηγό τον μετέφερε με κουτιά και δέματα σε ένα φέρι.

Dopo l'attraversamento, il camion lo scaricò presso un deposito ferroviario.
Αφού διέσχισε, το φορτηγό τον ξεφόρτωσε σε μια σιδηροδρομική αποθήκη.
Alla fine Buck venne fatto salire a bordo di un vagone espresso in attesa.
Επιτέλους, ο Μπακ τοποθετήθηκε σε ένα εξπρές βαγόνι που περίμενε.
Per due giorni e due notti i treni trascinarono via il vagone espresso.
Επί δύο μερόνυχτα, τα τρένα τραβούσαν το εξπρές μακριά.
Buck non mangiò né bevve durante tutto il doloroso viaggio.
Ο Μπακ ούτε έφαγε ούτε ήπιε σε όλο το επώδυνο ταξίδι.
Quando i messaggeri cercarono di avvicinarlo, lui ringhiò.
Όταν οι ταχυμεταφορείς προσπάθησαν να τον πλησιάσουν, γρύλισε.
Risposero prendendolo in giro e prendendolo in giro crudelmente.
Απάντησαν χλευάζοντάς τον και πειράζοντάς τον σκληρά.
Buck si gettò contro le sbarre, schiumando e tremando
Ο Μπακ έπεσε στα κάγκελα, αφρίζοντας και τρέμοντας
risero sonoramente e lo presero in giro come i bulli della scuola.
Γέλασαν δυνατά και τον κορόιδευαν σαν νταήδες του σχολείου.
Abbaiavano come cani finti e agitavano le braccia.
Γάβγιζαν σαν ψεύτικα σκυλιά και χτυπούσαν τα χέρια τους.
Arrivarono persino a cantare come galli, solo per farlo arrabbiare ancora di più.
Λάλησαν κιόλας σαν κόκορες μόνο και μόνο για να τον αναστατώσουν περισσότερο.
Era un comportamento sciocco e Buck sapeva che era ridicolo.
Ήταν ανόητη συμπεριφορά, και ο Μπακ ήξερε ότι ήταν γελοίο.

Ma questo non fece altro che accrescere il suo senso di indignazione e vergogna.
Αλλά αυτό μόνο βάθυνε το αίσθημα οργής και ντροπής του.
Durante il viaggio la fame non lo disturbò molto.
Δεν τον ενοχλούσε ιδιαίτερα η πείνα κατά τη διάρκεια του ταξιδιού.
Ma la sete portava con sé dolori acuti e sofferenze insopportabili.
Αλλά η δίψα έφερε οξύ πόνο και αφόρητη ταλαιπωρία.
La sua gola secca e infiammata e la lingua bruciavano per il calore.
Ο ξερός, φλεγόμενος λαιμός και η γλώσσα του έκαιγαν από τη ζέστη.
Questo dolore alimentava la febbre che cresceva nel suo corpo orgoglioso.
Αυτός ο πόνος τροφοδότησε τον πυρετό που ανέβαινε μέσα στο περήφανο σώμα του.
Durante questa prova Buck fu grato per una sola cosa.
Ο Μπακ ήταν ευγνώμων για ένα μόνο πράγμα κατά τη διάρκεια αυτής της δοκιμασίας.
Gli avevano tolto la corda dal grosso collo.
Το σχοινί είχε αφαιρεθεί από τον χοντρό λαιμό του.
La corda aveva dato a quegli uomini un vantaggio ingiusto e crudele.
Το σχοινί είχε δώσει σε αυτούς τους άντρες ένα άδικο και σκληρό πλεονέκτημα.
Ora la corda non c'era più e Buck giurò che non sarebbe mai più tornata.
Τώρα το σχοινί είχε εξαφανιστεί, και ο Μπακ ορκίστηκε ότι δεν θα επέστρεφε ποτέ.
Decise che nessuna corda gli sarebbe mai più passata intorno al collo.
Αποφάσισε ότι κανένα σχοινί δεν θα περνούσε ποτέ ξανά γύρω από τον λαιμό του.
Per due lunghi giorni e due lunghe notti soffrì senza cibo.

Για δύο ολόκληρες μέρες και νύχτες, υπέφερε χωρίς φαγητό.
E in quelle ore, accumulò dentro di sé una rabbia enorme.
Και εκείνες τις ώρες, έσφιξε μέσα του μια απέραντη οργή.
I suoi occhi diventarono iniettati di sangue e selvaggi per la rabbia costante.
Τα μάτια του έγιναν κατακόκκινα και άγρια από τον συνεχή θυμό.
Non era più Buck, ma un demone con le fauci che schioccavano.
Δεν ήταν πια ο Μπακ, αλλά ένας δαίμονας με σαγόνια που έσπασαν.
Nemmeno il Giudice avrebbe potuto riconoscere questa folle creatura.
Ούτε ο Δικαστής θα αναγνώριζε αυτό το τρελό πλάσμα.
I messaggeri espressi tirarono un sospiro di sollievo quando giunsero a Seattle
Οι ταχυμεταφορείς αναστέναξαν με ανακούφιση όταν έφτασαν στο Σιάτλ
Quattro uomini sollevarono la cassa e la portarono in un cortile sul retro.
Τέσσερις άντρες σήκωσαν το κλουβί και το έφεραν σε μια πίσω αυλή.
Il cortile era piccolo, circondato da mura alte e solide.
Η αυλή ήταν μικρή, περιτριγυρισμένη από ψηλούς και συμπαγείς τοίχους.
Un uomo corpulento uscì dalla stanza con una scollatura larga e una camicia rossa.
Ένας μεγαλόσωμος άντρας βγήκε έξω φορώντας ένα κρεμασμένο κόκκινο πουκάμισο.
Firmò il registro delle consegne con una calligrafia spessa e decisa.
Υπέγραψε το βιβλίο παραδόσεων με χοντρό και τολμηρό χέρι.
Buck intuì subito che quell'uomo era il suo prossimo aguzzino.

Ο Μπακ διαισθάνθηκε αμέσως ότι αυτός ο άντρας ήταν ο επόμενος βασανιστής του.
Si lanciò violentemente contro le sbarre, con gli occhi rossi di rabbia.
Όρμησε βίαια προς τα μπαρ, με μάτια κόκκινα από οργή.
L'uomo si limitò a sorridere amaramente e andò a prendere un'ascia.
Ο άντρας απλώς χαμογέλασε σκυθρωπά και πήγε να φέρει ένα τσεκούρι.
Teneva anche una mazza nella sua grossa e forte mano destra.
Έφερε επίσης ένα ρόπαλο στο χοντρό και δυνατό δεξί του χέρι.
"Lo porterai fuori adesso?" chiese l'autista preoccupato.
«Θα τον βγάλεις έξω τώρα;» ρώτησε ανήσυχος ο οδηγός.
"Certo", disse l'uomo, infilando l'ascia nella cassa come se fosse una leva.
«Σίγουρα», είπε ο άντρας, σφηνώνοντας το τσεκούρι στο κλουβί ως μοχλό.
I quattro uomini si dileguarono all'istante, saltando sul muro del cortile.
Οι τέσσερις άντρες σκορπίστηκαν αμέσως, πηδώντας πάνω στον τοίχο της αυλής.
Dai loro punti sicuri in alto, aspettavano di ammirare lo spettacolo.
Από τις ασφαλείς θέσεις τους από ψηλά, περίμεναν να παρακολουθήσουν το θέαμα.
Buck si lanciò contro il legno scheggiato, mordendolo e scuotendolo violentemente.
Ο Μπακ όρμησε στο θρυμματισμένο ξύλο, δαγκώνοντας και τρέμοντας άγρια.
Ogni volta che l'ascia colpiva la gabbia, Buck era lì pronto ad attaccarla.
Κάθε φορά που το τσεκούρι χτυπούσε το κλουβί), ο Μπακ ήταν εκεί για να το επιτεθεί.
Ringhiò e schioccò le dita in preda a una rabbia selvaggia, desideroso di essere liberato.

Γρύλισε και ξεστόμισε από άγρια οργή, ανυπόμονος να απελευθερωθεί.
L'uomo all'esterno era calmo e fermo, concentrato sul suo compito.
Ο άντρας απέξω ήταν ήρεμος και σταθερός, αφοσιωμένος στην εργασία του.
"Bene allora, diavolo dagli occhi rossi", disse quando il buco fu grande.
«Τώρα, κοκκινομάτη διάβολε», είπε όταν η τρύπα ήταν μεγάλη.
Lasciò cadere l'ascia e prese la mazza nella mano destra.
Άφησε κάτω το τσεκούρι και πήρε το ρόπαλο στο δεξί του χέρι.
Buck sembrava davvero un diavolo: aveva gli occhi iniettati di sangue e fiammeggianti.
Ο Μπακ έμοιαζε πραγματικά με διάβολο· τα μάτια του ήταν κόκκινα και φλεγόμενα.
Il suo pelo si rizzò, la schiuma gli salì alla bocca e gli occhi brillarono.
Το παλτό του έσφυζε από τρίχες, αφρός έκανε το στόμα του να φουσκώνει, τα μάτια του έλαμπαν.
Lui tese i muscoli e si lanciò dritto verso il maglione rosso.
Σφίγγει τους μύες του και όρμησε κατευθείαν στο κόκκινο πουλόβερ.
Centoquaranta libbre di furia si riversarono sull'uomo calmo.
Εκατόν σαράντα κιλά οργής έπεσαν πάνω στον ήρεμο άντρα.
Un attimo prima che le sue fauci si chiudessero, un colpo terribile lo colpì.
Λίγο πριν κλείσουν τα σαγόνια του, τον χτύπησε ένα τρομερό χτύπημα.
I suoi denti si schioccarono insieme solo sull'aria
Τα δόντια του έσπασαν μεταξύ τους μόνο με αέρα
una scossa di dolore gli risuonò nel corpo
ένα χτύπημα πόνου αντήχησε στο σώμα του
Si capovolse a mezz'aria e cadde sulla schiena e su un fianco.

Πέταξε στον αέρα και έπεσε ανάσκελα και στο πλευρό του.

Non aveva mai sentito prima un colpo di mazza e non riusciva a sostenerlo.

Δεν είχε νιώσει ποτέ πριν το χτύπημα ενός ρόπαλου και δεν μπορούσε να το συλλάβει.

Con un ringhio acuto, in parte abbaio, in parte urlo, saltò di nuovo.

Με ένα στριγκό γρύλισμα, εν μέρει γάβγισμα, εν μέρει κραυγή, πήδηξε ξανά.

Un altro colpo violento lo colpì e lo scaraventò a terra.

Ένα ακόμα βίαιο χτύπημα τον χτύπησε και τον εκσφενδόνισε στο έδαφος.

Questa volta Buck capì: era la pesante clava dell'uomo.

Αυτή τη φορά ο Μπακ κατάλαβε—ήταν το βαρύ ρόπαλο του άντρα.

Ma la rabbia lo accecò e non pensò minimamente di ritirarsi.

Αλλά η οργή τον τύφλωσε και δεν είχε καμία σκέψη για υποχώρηση.

Dodici volte si lanciò e dodici volte cadde.

Δώδεκα φορές εκτοξεύτηκε και δώδεκα φορές έπεσε.

La mazza di legno lo colpiva ogni volta con una forza spietata e schiacciante.

Το ξύλινο ρόπαλο τον συνέθλιβε κάθε φορά με αδίστακτη, συντριπτική δύναμη.

Dopo un colpo violento, si rialzò barcollando, stordito e lento.

Μετά από ένα δυνατό χτύπημα, σηκώθηκε παραπατώντας, ζαλισμένος και αργός.

Il sangue gli colava dalla bocca, dal naso e perfino dalle orecchie.

Αίμα έτρεχε από το στόμα του, τη μύτη του, ακόμη και από τα αυτιά του.

Il suo mantello, un tempo bellissimo, era imbrattato di schiuma insanguinata.

Το κάποτε όμορφο παλτό του ήταν λερωμένο με ματωμένο αφρό.

Poi l'uomo si fece avanti e gli sferrò un violento colpo al naso.
Τότε ο άντρας πλησίασε και χτύπησε άσχημα στη μύτη.
L'agonia fu più acuta di qualsiasi cosa Buck avesse mai provato.
Η αγωνία ήταν πιο έντονη από οτιδήποτε είχε νιώσει ποτέ ο Μπακ.
Con un ruggito più da bestia che da cane, balzò di nuovo all'attacco.
Με ένα βρυχηθμό που έμοιαζε περισσότερο με θηρίο παρά με σκύλο, πήδηξε ξανά για να επιτεθεί.
Ma l'uomo gli afferrò la mascella inferiore e la torse all'indietro.
Αλλά ο άντρας έπιασε την κάτω γνάθο του και την έστριψε προς τα πίσω.
Buck si girò a testa in giù e cadde di nuovo violentemente al suolo.
Ο Μπακ τινάχτηκε με το κεφάλι πάνω από τα πόδια του και έπεσε ξανά με δύναμη κάτω.
Un'ultima volta, Buck si lanciò verso di lui, ormai a malapena in grado di reggersi in piedi.
Για μια τελευταία φορά, ο Μπακ όρμησε εναντίον του, μόλις που μπορούσε να σταθεί όρθιος.
L'uomo colpì con sapiente tempismo, sferrando il colpo finale.
Ο άντρας χτύπησε με άψογο συγχρονισμό, δίνοντας το τελειωτικό χτύπημα.
Buck crollò a terra, privo di sensi e immobile.
Ο Μπακ κατέρρευσε σωρός, αναίσθητος και ακίνητος.
"Non è uno stupido ad addestrare i cani, ecco cosa dico io", urlò un uomo.
«Δεν είναι αδιάφορος στο να σπάει σκύλους, αυτό λέω κι εγώ», φώναξε ένας άντρας.
"Druther può spezzare la volontà di un segugio in qualsiasi giorno della settimana."
«Ο Ντρούθερ μπορεί να σπάσει τη θέληση ενός κυνηγόσκυλου οποιαδήποτε μέρα της εβδομάδας.»

"E due volte di domenica!" aggiunse l'autista.
«Και δύο φορές την Κυριακή!» πρόσθεσε ο οδηγός.
Salì sul carro e tirò le redini per partire.
Ανέβηκε στο κάρο και τράβηξε τα ηνία για να φύγει.
Buck riprese lentamente il controllo della sua coscienza
Ο Μπακ σιγά σιγά ανέκτησε τον έλεγχο της συνείδησής του
ma il suo corpo era ancora troppo debole e rotto per muoversi.
αλλά το σώμα του ήταν ακόμα πολύ αδύναμο και σπασμένο για να κινηθεί.
Rimase lì dove era caduto, osservando l'uomo con il maglione rosso.
Ήταν ξαπλωμένος εκεί που είχε πέσει, παρακολουθώντας τον άντρα με την κόκκινη φούτερ.
"Risponde al nome di Buck", disse l'uomo, leggendo ad alta voce.
«Απαντά στο όνομα Μπακ», είπε ο άντρας διαβάζοντας φωναχτά.
Citò la nota inviata con la cassa di Buck e i dettagli.
Παρέθεσε απόσπασμα από το σημείωμα που στάλθηκε με το κλουβί του Μπακ και τις λεπτομέρειες.
"Bene, Buck, ragazzo mio", continuò l'uomo con tono amichevole,
«Λοιπόν, Μπακ, αγόρι μου», συνέχισε ο άντρας με φιλικό τόνο,
"Abbiamo avuto il nostro piccolo litigio, e ora tra noi è finita."
«Είχαμε τον μικρό μας καβγά, και τώρα τελείωσε μεταξύ μας.»
"Tu hai imparato qual è il tuo posto, e io ho imparato qual è il mio", ha aggiunto.
«Έμαθες τη θέση σου και εγώ τη δική μου», πρόσθεσε.
"Sii buono e tutto andrà bene e la vita sarà piacevole."
«Να είσαι καλός/ή και όλα θα πάνε καλά και η ζωή θα είναι ευχάριστη.»
"Ma se sei cattivo, ti spaccherò a morte, capito?"

«Αλλά αν είσαι κακός, θα σε νικήσω μέχρι το κάρβουνο, κατάλαβες;»

Mentre parlava, allungò la mano e accarezzò la testa dolorante di Buck.

Καθώς μιλούσε, άπλωσε το χέρι του και χάιδεψε το πονεμένο κεφάλι του Μπακ.

I capelli di Buck si rizzarono al tocco dell'uomo, ma lui non oppose resistenza.

Τα μαλλιά του Μπακ σηκώθηκαν όρθια στο άγγιγμα του άντρα, αλλά δεν αντιστάθηκε.

L'uomo gli portò dell'acqua e Buck la bevve a grandi sorsi.

Ο άντρας του έφερε νερό, το οποίο ο Μπακ ήπιε με μεγάλες γουλιές.

Poi arrivò la carne cruda, che Buck divorò pezzo per pezzo.

Έπειτα ήρθε το ωμό κρέας, το οποίο ο Μπακ καταβρόχθιζε κομμάτι-κομμάτι.

Sapeva di essere stato sconfitto, ma sapeva anche di non essere distrutto.

Ήξερε ότι τον είχαν ξυλοκοπήσει, αλλά ήξερε επίσης ότι δεν ήταν συντετριμμένος.

Non aveva alcuna possibilità contro un uomo armato di manganello.

Δεν είχε καμία πιθανότητα να αντιμετωπίσει έναν άντρα οπλισμένο με ρόπαλο.

Aveva imparato la verità e non dimenticò mai quella lezione.

Είχε μάθει την αλήθεια και δεν το ξέχασε ποτέ.

Quell'arma segnò l'inizio della legge nel nuovo mondo di Buck.

Αυτό το όπλο ήταν η αρχή του νόμου στον νέο κόσμο του Μπακ.

Fu l'inizio di un ordine duro e primitivo che non poteva negare.

Ήταν η αρχή μιας σκληρής, πρωτόγονης τάξης πραγμάτων που δεν μπορούσε να αρνηθεί.

Accettò la verità: i suoi istinti selvaggi erano ormai risvegliati.

Αποδέχτηκε την αλήθεια· τα άγρια ένστικτά του ήταν πλέον ξύπνια.

Il mondo era diventato più duro, ma Buck lo affrontò coraggiosamente.

Ο κόσμος είχε γίνει πιο σκληρός, αλλά ο Μπακ τον αντιμετώπισε με θάρρος.

Affrontò la vita con una nuova cautela, astuzia e una forza silenziosa.

Αντιμετώπισε τη ζωή με νέα προσοχή, πονηριά και ήρεμη δύναμη.

Arrivarono altri cani, legati con corde o gabbie, come era successo a Buck.

Έφτασαν κι άλλα σκυλιά, δεμένα σε σχοινιά ή κλουβιά όπως είχε κάνει και ο Μπακ.

Alcuni cani procedevano con calma, altri si infuriavano e combattevano come bestie feroci.

Μερικά σκυλιά έρχονταν ήρεμα, άλλα λυσσομανούσαν και μάλωναν σαν άγρια θηρία.

Tutti loro furono sottoposti al dominio dell'uomo con il maglione rosso.

Όλοι τους τέθηκαν υπό την κυριαρχία του άντρα με τα κόκκινα πουλόβερ.

Ogni volta Buck osservava e vedeva svolgersi la stessa lezione.

Κάθε φορά, ο Μπακ παρακολουθούσε και έβλεπε το ίδιο μάθημα να ξεδιπλώνεται.

L'uomo con la clava era la legge: un padrone a cui obbedire.

Ο άντρας με το ρόπαλο ήταν νόμος· ένας αφέντης που έπρεπε να υπακούει.

Non era necessario che gli piacesse, ma che gli si obbedisse.

Δεν είχε ανάγκη να τον συμπαθούν, αλλά έπρεπε να τον υπακούν.

Buck non si è mai mostrato adulatore o scodinzolante come facevano i cani più deboli.

Ο Μπακ ποτέ δεν χαϊδεύτηκε ούτε κουνούσε τα νεύρα του όπως έκαναν τα πιο αδύναμα σκυλιά.

Vide dei cani che erano stati picchiati e che continuavano a leccare la mano dell'uomo.
Είδε σκυλιά που ήταν ξυλοκοπημένα και εξακολουθούσαν να έγλειφαν το χέρι του άντρα.
Vide un cane che non obbediva né si sottometteva affatto.
Είδε ένα σκυλί που δεν υπάκουε ούτε υποτασσόταν καθόλου.
Quel cane ha combattuto fino alla morte nella battaglia per il controllo.
Αυτό το σκυλί πολέμησε μέχρι που σκοτώθηκε στη μάχη για τον έλεγχο.
A volte degli sconosciuti venivano a trovare l'uomo con il maglione rosso.
Ξένοι έρχονταν μερικές φορές να δουν τον άντρα με την κόκκινη φούτερ.
Parlavano con toni strani, supplicando, contrattando e ridendo.
Μιλούσαν με παράξενο τόνο, παρακαλούσαν, παζαρεύονταν και γελούσαν.
Dopo aver scambiato i soldi, se ne andavano con uno o più cani.
Όταν γινόταν ανταλλαγή χρημάτων, έφευγαν με ένα ή περισσότερα σκυλιά.
Buck si chiese dove andassero questi cani, perché nessuno faceva mai ritorno.
Ο Μπακ αναρωτήθηκε πού πήγαν αυτά τα σκυλιά, γιατί κανένα δεν επέστρεψε ποτέ.
la paura dell'ignoto riempiva Buck ogni volta che un uomo sconosciuto si avvicinava
Ο φόβος του αγνώστου γέμιζε τον Μπακ κάθε φορά που ερχόταν ένας άγνωστος άντρας
era contento ogni volta che veniva preso un altro cane, al posto suo.
Χαιρόταν κάθε φορά που έπαιρναν ένα άλλο σκυλί, αντί για τον εαυτό του.
Ma alla fine arrivò il turno di Buck con l'arrivo di uno strano uomo.

Αλλά τελικά, ήρθε η σειρά του Μπακ με την άφιξη ενός παράξενου άντρα.

Era piccolo, nervoso e parlava un inglese stentato e imprecava.

Ήταν μικρόσωμος, νευρώδης, και μιλούσε σπαστά αγγλικά και βρισιές.

"Sacredam!" urlò quando vide il corpo di Buck.

«Σακρεντάμ!» φώναξε όταν είδε το σώμα του Μπακ.

"Che cane maledetto e prepotente! Eh? Quanto costa?" chiese ad alta voce.

«Αυτό είναι ένα καταραμένο σκυλί νταή! Ε; Πόσο;» ρώτησε φωναχτά.

"Trecento, ed è un regalo a quel prezzo",

«Τριακόσια, και είναι δώρο σε αυτή την τιμή»,

"Dato che sono soldi del governo, non dovresti lamentarti, Perrault."

«Αφού είναι χρήματα της κυβέρνησης, δεν πρέπει να παραπονιέσαι, Περό.»

Perrault sorrise pensando all'accordo che aveva appena concluso con quell'uomo.

Ο Περώ χαμογέλασε πλατιά στη συμφωνία που μόλις είχε κάνει με τον άντρα.

Il prezzo dei cani è salito alle stelle a causa della domanda improvvisa.

Η τιμή των σκύλων είχε εκτοξευθεί λόγω της ξαφνικής ζήτησης.

Trecento dollari non erano ingiusti per una bestia così bella.

Τριακόσια δολάρια δεν ήταν άδικο για ένα τόσο καλό θηρίο.

Il governo canadese non perderebbe nulla dall'accordo

Η καναδική κυβέρνηση δεν θα έχανε τίποτα από τη συμφωνία

Né i loro comunicati ufficiali avrebbero subito ritardi nel trasporto.

Ούτε οι επίσημες αποστολές τους θα καθυστερούσαν κατά τη μεταφορά.

Perrault conosceva bene i cani e capì che Buck era una rarità.

Ο Περό γνώριζε καλά τα σκυλιά και μπορούσε να διακρίνει ότι ο Μπακ ήταν κάτι σπάνιο.

"Uno su dieci diecimila", pensò, mentre studiava la corporatura di Buck.

«Ένας στους δέκα δέκα χιλιάδες», σκέφτηκε, καθώς μελετούσε τη σωματική διάπλαση του Μπακ.

Buck vide il denaro cambiare di mano, ma non mostrò alcuna sorpresa.

Ο Μπακ είδε τα χρήματα να αλλάζουν χέρια, αλλά δεν έδειξε έκπληξη.

Poco dopo lui e Curly, un gentile Terranova, furono portati via.

Σύντομα, αυτός και ο Κέρλι, ένας ευγενικός από τη Νέα Γη, οδηγήθηκαν μακριά.

Seguirono l'omino dal cortile della casa con il maglione rosso.

Ακολούθησαν τον μικρόσωμο άντρα από την αυλή της κόκκινης πουλόβερ.

Quella fu l'ultima volta che Buck vide l'uomo con la mazza di legno.

Αυτή ήταν η τελευταία φορά που ο Μπακ είδε τον άντρα με το ξύλινο ρόπαλο.

Dal ponte del Narwhal guardò Seattle svanire in lontananza.

Από το κατάστρωμα του Narwhal παρακολουθούσε το Σιάτλ να χάνεται στο βάθος.

Fu anche l'ultima volta che vide le calde terre del Sud.

Ήταν επίσης η τελευταία φορά που είδε τη ζεστή Νότια Γη.

Perrault li portò sottocoperta e li lasciò con François.

Ο Περώ τους πήρε κάτω από το κατάστρωμα και τους άφησε στον Φρανσουά.

François era un gigante con la faccia nera e le mani ruvide e callose.

Ο Φρανσουά ήταν ένας γίγαντας με μαύρο πρόσωπο και τραχιά, σκληρά χέρια.

Era un uomo dalla carnagione scura e dalla carnagione scura, un meticcio franco-canadese.

Ήταν μελαχρινός και μελαχρινός· ένας ημίαιμος Γαλλοκαναδός.

Per Buck, quegli uomini erano come non li aveva mai visti prima.

Για τον Μπακ, αυτοί οι άντρες ήταν ενός είδους που δεν είχε ξαναδεί ποτέ.

Nei giorni a venire avrebbe avuto modo di conoscere molti di questi uomini.

Θα γνώριζε πολλούς τέτοιους άντρες τις επόμενες μέρες.

Non cominciò ad affezionarsi a loro, ma finì per rispettarli.

Δεν τους συμπάθησε, αλλά τους σεβάστηκε.

Erano giusti e saggi e non si lasciavano ingannare facilmente da nessun cane.

Ήταν δίκαιοι και σοφοί, και δεν ξεγελιόντουσαν εύκολα από κανένα σκυλί.

Giudicavano i cani con calma e punivano solo quando meritavano.

Έκριναν τα σκυλιά ήρεμα και τιμωρούσαν μόνο όταν το άξιζαν.

Sul ponte inferiore del Narwhal, Buck e Curly incontrarono due cani.

Στο κάτω κατάστρωμα του Narwhal, ο Μπακ και ο Κέρλι συνάντησαν δύο σκυλιά.

Uno era un grosso cane bianco proveniente dalle lontane e gelide isole Spitzbergen.

Το ένα ήταν ένα μεγάλο λευκό σκυλί από το μακρινό, παγωμένο Σπιτζμπέργκεν.

In passato aveva navigato su una baleniera e si era unito a un gruppo di ricerca.

Κάποτε είχε ταξιδέψει με ένα φαλαινοθηρικό και είχε ενταχθεί σε μια ομάδα έρευνας.

Era amichevole, ma astuto, subdolo e subdolo.

Ήταν φιλικός με έναν ύπουλο, ύπουλο και πανούργο τρόπο.

Al loro primo pasto, rubò un pezzo di carne dalla padella di Buck.

Στο πρώτο τους γεύμα, έκλεψε ένα κομμάτι κρέας από το τηγάνι του Μπακ.
Buck saltò per punirlo, ma la frusta di François colpì per prima.
Ο Μπακ πήδηξε να τον τιμωρήσει, αλλά το μαστίγιο του Φρανσουά χτύπησε πρώτο.
Il ladro bianco urlò e Buck reclamò l'osso rubato.
Ο λευκός κλέφτης ούρλιαξε και ο Μπακ πήρε πίσω το κλεμμένο κόκαλο.
Questa correttezza colpì Buck e François si guadagnò il suo rispetto.
Αυτή η δικαιοσύνη εντυπωσίασε τον Μπακ, και ο Φρανσουά κέρδισε τον σεβασμό του.
L'altro cane non lo salutò e non volle nessuno in cambio.
Ο άλλος σκύλος δεν έδωσε κανέναν χαιρετό και δεν ήθελε κανέναν σε αντάλλαγμα.
Non rubava il cibo, né annusava con interesse i nuovi arrivati.
Δεν έκλεβε φαγητό, ούτε μύριζε με ενδιαφέρον τους νεοφερμένους.
Questo cane era cupo e silenzioso, cupo e lento nei movimenti.
Αυτό το σκυλί ήταν σκυθρωπό και ήσυχο, σκυθρωπό και αργόστροφο.
Avvertì Curly di stargli lontano semplicemente lanciandole un'occhiata fulminante.
Προειδοποίησε την Κέρλι να μείνει μακριά κοιτάζοντάς την απλώς άγρια.
Il suo messaggio era chiaro: lasciatemi in pace o saranno guai.
Το μήνυμά του ήταν σαφές: άσε με ήσυχο, αλλιώς θα υπάρξουν προβλήματα.
Si chiamava Dave e non faceva quasi caso a ciò che lo circondava.
Τον έλεγαν Ντέιβ και μόλις που πρόσεχε το περιβάλλον του.

Dormiva spesso, mangiava tranquillamente e sbadigliava di tanto in tanto.
Κοιμόταν συχνά, έτρωγε ήσυχα και χασμουριόταν πού και πού.

La nave ronzava costantemente con il rumore dell'elica sottostante.
Το πλοίο βούιζε συνεχώς με την προπέλα να χτυπάει από κάτω.

I giorni passarono senza grandi cambiamenti, ma il clima si fece più freddo.
Οι μέρες περνούσαν χωρίς πολλές αλλαγές, αλλά ο καιρός κρύωνε.

Buck se lo sentiva nelle ossa e notò che anche gli altri lo sentivano.
Ο Μπακ το ένιωθε βαθιά μέσα του και παρατήρησε ότι το ίδιο έκαναν και οι άλλοι.

Poi una mattina l'elica si fermò e tutto rimase immobile.
Έπειτα, ένα πρωί, η προπέλα σταμάτησε και όλα ακινητοποιήθηκαν.

Un'energia percorse la nave: qualcosa era cambiato.
Μια ενέργεια σάρωσε το πλοίο· κάτι είχε αλλάξει.

François scese, li mise al guinzaglio e li portò su.
Ο Φρανσουά κατέβηκε, τους έδεσε με λουριά και τους έφερε πάνω.

Buck uscì e trovò il terreno morbido, bianco e freddo.
Ο Μπακ βγήκε έξω και βρήκε το έδαφος μαλακό, λευκό και κρύο.

Lui fece un balzo indietro allarmato e sbuffò in preda alla confusione più totale.
Πήδηξε πίσω έντρομος και ρουθούνισε σε πλήρη σύγχυση.

Una strana sostanza bianca cadeva dal cielo grigio.
Παράξενα λευκά πράγματα έπεφταν από τον γκρίζο ουρανό.

Si scosse, ma i fiocchi bianchi continuavano a cadergli addosso.

Τινάχτηκε, αλλά οι άσπρες νιφάδες συνέχιζαν να προσγειώνονται πάνω του.

Annusò attentamente la sostanza bianca e ne leccò alcuni pezzetti ghiacciati.

Μύρισε προσεκτικά το λευκό υλικό και έγλειψε μερικά παγωμένα κομματάκια.

La polvere bruciò come il fuoco e poi svanì subito dalla sua lingua.

Η μπαρούτη έκαιγε σαν φωτιά και μετά εξαφανίστηκε αμέσως από τη γλώσσα του.

Buck ci riprovò, sconcertato dallo strano freddo che svaniva.

Ο Μπακ προσπάθησε ξανά, μπερδεμένος από το παράξενο εξαφανιζόμενο κρύο.

Gli uomini intorno a lui risero e Buck si sentì in imbarazzo.

Οι άντρες γύρω του γέλασαν και ο Μπακ ένιωσε αμηχανία.

Non sapeva perché, ma si vergognava della sua reazione.

Δεν ήξερε γιατί, αλλά ντρεπόταν για την αντίδρασή του.

Era la sua prima esperienza con la neve e la cosa lo confuse.

Ήταν η πρώτη του εμπειρία με το χιόνι και τον μπέρδεψε.

La legge del bastone e della zanna
Ο Νόμος του Ρόπαλου και του Κυνόδοντα

Il primo giorno di Buck sulla spiaggia di Dyea è stato un terribile incubo.
Η πρώτη μέρα του Μπακ στην παραλία Ντάια έμοιαζε με έναν τρομερό εφιάλτη.
Ogni ora portava con sé nuovi shock e cambiamenti inaspettati per Buck.
Κάθε ώρα έφερνε νέες κρίσεις και απροσδόκητες αλλαγές για τον Μπακ.
Era stato strappato alla civiltà e gettato nel caos più totale.
Είχε αποσυρθεί από τον πολιτισμό και είχε ριχτεί σε άγριο χάος.
Questa non era una vita soleggiata e pigra, fatta di noia e riposo.
Αυτή δεν ήταν μια ηλιόλουστη, τεμπέλικη ζωή με πλήξη και ξεκούραση.
Non c'era pace, né riposo, né momento senza pericolo.
Δεν υπήρχε γαλήνη, ούτε ανάπαυση, ούτε στιγμή χωρίς κίνδυνο.
La confusione regnava su tutto e il pericolo era sempre vicino.
Η σύγχυση κυριαρχούσε στα πάντα και ο κίνδυνος ήταν πάντα κοντά.
Buck doveva stare attento perché quegli uomini e quei cani erano diversi.
Ο Μπακ έπρεπε να παραμένει σε εγρήγορση επειδή αυτοί οι άντρες και τα σκυλιά ήταν διαφορετικά.
Non provenivano da città; erano selvaggi e spietati.
Δεν ήταν από πόλεις· ήταν άγριοι και ανελέητοι.
Questi uomini e questi cani conoscevano solo la legge del bastone e della zanna.
Αυτοί οι άντρες και τα σκυλιά γνώριζαν μόνο τον νόμο του μπαστουνιού και του κυνόδοντα.
Buck non aveva mai visto dei cani combattere come questi feroci husky.

Ο Μπακ δεν είχε ξαναδεί σκυλιά να μαλώνουν όπως αυτά τα άγρια χάσκι.

La sua prima esperienza gli insegnò una lezione che non avrebbe mai dimenticato.

Η πρώτη του εμπειρία του έδωσε ένα μάθημα που δεν θα ξεχνούσε ποτέ.

Fu una fortuna che non fosse lui, altrimenti sarebbe morto anche lui.

Ήταν τυχερός που δεν ήταν αυτός, αλλιώς θα είχε πεθάνει κι αυτός.

Curly era quello che soffriva, mentre Buck osservava e imparava.

Ο Κέρλι ήταν αυτός που υπέφερε ενώ ο Μπακ παρακολουθούσε και μάθαινε.

Si erano accampati vicino a un deposito costruito con tronchi.

Είχαν στήσει στρατόπεδο κοντά σε ένα κατάστημα φτιαγμένο από κορμούς δέντρων.

Curly cercò di essere amichevole con un grosso husky simile a un lupo.

Η Κέρλι προσπάθησε να φερθεί φιλικά σε ένα μεγάλο χάσκι που έμοιαζε με λύκο.

L'husky era più piccolo di Curly, ma aveva un aspetto selvaggio e cattivo.

Το χάσκι ήταν μικρότερο από το Κέρλι, αλλά φαινόταν άγριο και κακό.

Senza preavviso, lui saltò su e le tagliò il viso.

Χωρίς προειδοποίηση, πετάχτηκε και της άνοιξε το πρόσωπο.

Con un solo movimento i suoi denti le tagliarono l'occhio fino alla mascella.

Τα δόντια του έκοψαν από το μάτι της μέχρι το σαγόνι της με μια κίνηση.

Ecco come combattevano i lupi: colpivano velocemente e saltavano via.

Έτσι πολεμούσαν οι λύκοι—χτυπούσαν γρήγορα και πηδούσαν μακριά.

Ma c'era molto di più da imparare da quell'unico attacco.
Αλλά υπήρχαν περισσότερα να μάθουμε από εκείνη τη μία επίθεση.
Decine di husky si precipitarono dentro e formarono un cerchio silenzioso.
Δεκάδες χάσκι όρμησαν μέσα και σχημάτισαν έναν σιωπηλό κύκλο.
Osservavano attentamente e si leccavano le labbra per la fame.
Παρακολουθούσαν προσεκτικά και έγλειφαν τα χείλη τους από την πείνα.
Buck non capiva il loro silenzio né i loro occhi ansiosi.
Ο Μπακ δεν καταλάβαινε τη σιωπή τους ούτε τα ανυπόμονα μάτια τους.
Curly si lanciò ad attaccare l'husky una seconda volta.
Ο Κέρλι έσπευσε να επιτεθεί στο χάσκι για δεύτερη φορά.
Usò il suo petto per buttarla a terra con un movimento violento.
Χρησιμοποίησε το στήθος του για να την ρίξει κάτω με μια δυνατή κίνηση.
Cadde su un fianco e non riuscì più a rialzarsi.
Έπεσε στο πλάι και δεν μπορούσε να ξανασηκωθεί.
Era proprio quello che gli altri aspettavano da tempo.
Αυτό περίμεναν οι άλλοι όλο αυτό το διάστημα.
Gli husky le saltarono addosso, guaindo e ringhiando freneticamente.
Τα χάσκι όρμησαν πάνω της, ουρλιάζοντας και γρυλίζοντας μανιωδώς.
Lei urlò mentre la seppellivano sotto una pila di cani.
Ούρλιαξε καθώς την έθαψαν κάτω από ένα σωρό από σκυλιά.
L'attacco fu così rapido che Buck rimase immobile per lo shock.
Η επίθεση ήταν τόσο γρήγορη που ο Μπακ πάγωσε στη θέση του από το σοκ.
Vide Spitz tirare fuori la lingua in un modo che sembrava una risata.

Είδε τον Σπιτζ να βγάζει τη γλώσσα του με τρόπο που έμοιαζε με γέλιο.
François afferrò un'ascia e corse dritto verso il gruppo di cani.
Ο Φρανσουά άρπαξε ένα τσεκούρι και έτρεξε κατευθείαν πάνω στην ομάδα των σκύλων.
Altri tre uomini hanno usato dei manganelli per allontanare gli husky.
Τρεις άλλοι άντρες χρησιμοποίησαν ρόπαλα για να βοηθήσουν να διώξουν τα χάσκι.
In soli due minuti la lotta finì e i cani se ne andarono.
Σε μόλις δύο λεπτά, η μάχη τελείωσε και τα σκυλιά εξαφανίστηκαν.
Curly giaceva morta nella neve rossa calpestata, con il corpo fatto a pezzi.
Η Κέρλι κειτόταν νεκρή στο κόκκινο, ποδοπατημένο χιόνι, με το σώμα της διαμελισμένο.
Un uomo dalla pelle scura era in piedi davanti a lei, maledicendo la scena brutale.
Ένας μελαχρινός άντρας στεκόταν από πάνω της, καταριόμενος την βάναυση σκηνή.
Il ricordo rimase con Buck e ossessionò i suoi sogni notturni.
Η ανάμνηση έμεινε στον Μπακ και στοίχειωνε τα όνειρά του τη νύχτα.
Ecco come funzionava: niente equità, niente seconda possibilità.
Έτσι ήταν εδώ: χωρίς δικαιοσύνη, χωρίς δεύτερη ευκαιρία.
Una volta caduto un cane, gli altri lo uccidevano senza pietà.
Μόλις έπεφτε ένα σκυλί, τα άλλα σκότωναν χωρίς έλεος.
Buck decise allora che non si sarebbe mai lasciato cadere.
Ο Μπακ αποφάσισε τότε ότι δεν θα επέτρεπε ποτέ στον εαυτό του να πέσει.
Spitz tirò fuori di nuovo la lingua e rise guardando il sangue.
Ο Σπιτζ έβγαλε ξανά τη γλώσσα του και γέλασε με το αίμα.
Da quel momento in poi, Buck odiò Spitz con tutto il cuore.

Από εκείνη τη στιγμή και μετά, ο Μπακ μισούσε τον Σπιτζ με όλη του την καρδιά.

Prima che Buck potesse riprendersi dalla morte di Curly, accadde qualcosa di nuovo.
Πριν προλάβει ο Μπακ να συνέλθει από τον θάνατο του Κέρλι, κάτι καινούργιο συνέβη.
François si avvicinò e legò qualcosa attorno al corpo di Buck.
Ο Φρανσουά ήρθε και έδεσε κάτι γύρω από το σώμα του Μπακ.
Era un'imbracatura simile a quelle usate per i cavalli al ranch.
Ήταν μια ιπποσκευή σαν αυτές που χρησιμοποιούνταν στα άλογα στο ράντσο.
Così come Buck aveva visto lavorare i cavalli, ora era costretto a lavorare anche lui.
Όπως ο Μπακ είχε δει τα άλογα να δουλεύουν, τώρα ήταν αναγκασμένος να δουλεύει κι αυτός.
Dovette trascinare François su una slitta nella foresta vicina.
Έπρεπε να τραβήξει τον Φρανσουά με ένα έλκηθρο στο κοντινό δάσος.
Poi dovette trascinare indietro un pesante carico di legna da ardere.
Έπειτα έπρεπε να τραβήξει πίσω ένα φορτίο βαριά καυσόξυλα.
Buck era orgoglioso e gli faceva male essere trattato come un animale da lavoro.
Ο Μπακ ήταν περήφανος, οπότε τον πλήγωνε να του φέρονται σαν να είναι ζώο εργασίας.
Ma era saggio e non cercò di combattere la nuova situazione.
Αλλά ήταν σοφός και δεν προσπάθησε να αντιμετωπίσει τη νέα κατάσταση.
Accettò la sua nuova vita e diede il massimo in ogni compito.
Αποδέχτηκε τη νέα του ζωή και έδωσε τον καλύτερό του εαυτό σε κάθε του έργο.
Tutto di quel lavoro gli risultava strano e sconosciuto.

Όλα όσα αφορούσαν τη δουλειά του ήταν παράξενα και άγνωστα.

François era severo e pretendeva obbedienza senza indugio.

Ο Φρανσουά ήταν αυστηρός και απαιτούσε υπακοή χωρίς καθυστέρηση.

La sua frusta garantiva che ogni comando venisse eseguito immediatamente.

Το μαστίγιό του φρόντιζε να ακολουθείται κάθε εντολή ταυτόχρονα.

Dave era il timoniere, il cane più vicino alla slitta dietro Buck.

Ο Ντέιβ ήταν ο οδηγός του έλκηθρου, ο σκύλος που βρισκόταν πιο κοντά στο έλκηθρο πίσω από τον Μπακ.

Se commetteva un errore, Dave mordeva Buck sulle zampe posteriori.

Ο Ντέιβ δάγκωσε τον Μπακ στα πίσω πόδια αν έκανε λάθος.

Spitz era il cane guida, abile ed esperto nel ruolo.

Ο Σπιτζ ήταν ο επικεφαλής σκύλος, επιδέξιος και έμπειρος στον ρόλο.

Spitz non riusciva a raggiungere Buck facilmente, ma lo corresse comunque.

Ο Σπιτζ δεν μπορούσε να φτάσει εύκολα στον Μπακ, αλλά παρόλα αυτά τον διόρθωσε.

Ringhiava aspramente o tirava la slitta in modi che insegnavano a Buck.

Γρύλιζε σκληρά ή τραβούσε το έλκηθρο με τρόπους που δίδαξαν τον Μπακ.

Grazie a questo addestramento, Buck imparò più velocemente di quanto tutti si aspettassero.

Υπό αυτή την εκπαίδευση, ο Μπακ έμαθε πιο γρήγορα από ό,τι περίμεναν οι πάντες.

Lavorò duramente e imparò sia da François che dagli altri cani.

Δούλεψε σκληρά και έμαθε τόσο από τον Φρανσουά όσο και από τα άλλα σκυλιά.

Quando tornarono, Buck conosceva già i comandi chiave.

Όταν επέστρεψαν, ο Μπακ γνώριζε ήδη τις βασικές εντολές.
Imparò a fermarsi al suono della parola "oh" di François.
Έμαθε να σταματάει στο άκουσμα του «χο» από τον Φρανσουά.
Imparò quando era il momento di tirare la slitta e correre.
Έμαθε πότε έπρεπε να τραβάει το έλκηθρο και να τρέχει.
Imparò a svoltare senza problemi nelle curve del sentiero.
Έμαθε να στρίβει φαρδιά στις στροφές του μονοπατιού χωρίς πρόβλημα.
Imparò anche a evitare Dave quando la slitta scendeva velocemente.
Έμαθε επίσης να αποφεύγει τον Ντέιβ όταν το έλκηθρο κατέβαινε γρήγορα προς τα κάτω.
"Sono cani molto buoni", disse orgoglioso François a Perrault.
«Είναι πολύ καλά σκυλιά», είπε με υπερηφάνεια ο Φρανσουά στον Περό.
"Quel Buck tira come un dannato, glielo insegno subito."
«Αυτός ο Μπακ τα σπάει όλα — τον μαθαίνω γρήγορα.»

Più tardi quel giorno, Perrault tornò con altri due husky.
Αργότερα την ίδια μέρα, ο Περό επέστρεψε με δύο ακόμη χάσκι.
Si chiamavano Billee e Joe ed erano fratelli.
Τα ονόματά τους ήταν Μπίλι και Τζο και ήταν αδέρφια.
Provenivano dalla stessa madre, ma non erano affatto simili.
Προέρχονταν από την ίδια μητέρα, αλλά δεν ήταν καθόλου ίδιοι.
Billee era un tipo dolce e molto amichevole con tutti.
Η Μπίλι ήταν γλυκιά και πολύ φιλική με όλους.
Joe era l'opposto: silenzioso, arrabbiato e sempre ringhiante.
Ο Τζο ήταν το αντίθετο — ήσυχος, θυμωμένος και πάντα γρυλίζοντας.
Buck li salutò amichevolmente e si mantenne calmo con entrambi.

Ο Μπακ τους χαιρέτησε φιλικά και ήταν ήρεμος και με τους δύο.
Dave non prestò loro attenzione e rimase in silenzio come al solito.
Ο Ντέιβ δεν τους έδωσε σημασία και παρέμεινε σιωπηλός όπως συνήθως.
Spitz attaccò prima Billee, poi Joe, per dimostrare la sua superiorità.
Ο Σπιτζ επιτέθηκε πρώτα στον Μπίλι και μετά στον Τζο, για να δείξει την κυριαρχία του.
Billee scodinzolava e cercava di essere amichevole con Spitz.
Ο Μπίλι κούνησε την ουρά του και προσπάθησε να φερθεί φιλικά στον Σπιτζ.
Quando questo non funzionò, cercò di scappare.
Όταν αυτό δεν τα κατάφερε, προσπάθησε να φύγει τρέχοντας.
Pianse tristemente quando Spitz lo morse forte sul fianco.
Έκλαψε λυπημένος όταν ο Σπιτζ τον δάγκωσε δυνατά στο πλάι.
Ma Joe era molto diverso e si rifiutava di farsi prendere in giro.
Αλλά ο Τζο ήταν πολύ διαφορετικός και αρνήθηκε να δεχτεί εκφοβισμό.
Ogni volta che Spitz si avvicinava, Joe si girava velocemente per affrontarlo.
Κάθε φορά που ο Σπιτζ πλησίαζε, ο Τζο γύριζε γρήγορα για να τον αντιμετωπίσει.
La sua pelliccia si drizzò, le sue labbra si arricciarono e i suoi denti schioccarono selvaggiamente.
Η γούνα του τραχύνθηκε, τα χείλη του κυρτώθηκαν και τα δόντια του έσπασαν άγρια.
Gli occhi di Joe brillavano di paura e rabbia, sfidando Spitz a colpire.
Τα μάτια του Τζο έλαμπαν από φόβο και οργή, προκαλώντας τον Σπιτζ να χτυπήσει.
Spitz abbandonò la lotta e si voltò, umiliato e arrabbiato.

Ο Σπιτζ εγκατέλειψε τη μάχη και γύρισε την πλάτη, ταπεινωμένος και θυμωμένος.

Sfogò la sua frustrazione sul povero Billee e lo cacciò via.
Ξέσπασε την απογοήτευσή του στον καημένο τον Μπίλι και τον έδιωξε.

Quella sera Perrault aggiunse un altro cane alla squadra.
Εκείνο το βράδυ, ο Perrault πρόσθεσε ένα ακόμη σκυλί στην ομάδα.

Questo cane era vecchio, magro e coperto di cicatrici di battaglia.
Αυτό το σκυλί ήταν γέρο, αδύνατο και γεμάτο ουλές μάχης.

Gli mancava un occhio, ma l'altro brillava di potere.
Το ένα του μάτι έλειπε, αλλά το άλλο έλαμπε από δύναμη.

Il nome del nuovo cane era Solleks, che significa "l'Arrabbiato".
Το όνομα του νέου σκύλου ήταν Σόλεκς, που σήμαινε ο Θυμωμένος.

Come Dave, Solleks non chiedeva nulla agli altri e non dava nulla in cambio.
Όπως ο Ντέιβ, ο Σόλεκς δεν ζήτησε τίποτα από τους άλλους και δεν έδωσε τίποτα πίσω.

Quando Solleks entrò lentamente nell'accampamento, persino Spitz rimase lontano.
Όταν ο Σόλεκς περπατούσε αργά μέσα στο στρατόπεδο, ακόμη και ο Σπιτς έμεινε μακριά.

Aveva una strana abitudine che Buck ebbe la sfortuna di scoprire.
Είχε μια παράξενη συνήθεια που ο Μπακ άτυχος ανακάλυψε.

Solleks detestava essere avvicinato dal lato in cui era cieco.
Ο Σόλεκς μισούσε να τον πλησιάζουν από την πλευρά που ήταν τυφλός.

Buck non lo sapeva e commise quell'errore per sbaglio.
Ο Μπακ δεν το γνώριζε αυτό και έκανε αυτό το λάθος κατά λάθος.

Solleks si voltò di scatto e colpì la spalla di Buck in modo profondo e rapido.

Ο Σόλεκς γύρισε και χτύπησε τον Μπακ στον ώμο βαθιά και γρήγορα.

Da quel momento in poi, Buck non si avvicinò mai più al lato cieco di Solleks.

Από εκείνη τη στιγμή και μετά, ο Μπακ δεν πλησίασε ποτέ την τυφλή πλευρά του Σόλεκς.

Non ebbero mai più problemi per il resto del tempo che trascorsero insieme.

Δεν είχαν ποτέ ξανά πρόβλημα για το υπόλοιπο του χρόνου που ήταν μαζί.

Solleks voleva solo essere lasciato solo, come il tranquillo Dave.

Ο Σόλεκς ήθελε μόνο να τον αφήσουν μόνο του, σαν τον ήσυχο Ντέιβ.

Ma Buck avrebbe scoperto in seguito che ognuno di loro aveva un altro obiettivo segreto.

Αλλά ο Μπακ αργότερα θα μάθαινε ότι ο καθένας τους είχε έναν άλλο μυστικό στόχο.

Quella notte Buck si trovò ad affrontare una nuova e preoccupante sfida: come dormire.

Εκείνο το βράδυ ο Μπακ αντιμετώπισε μια νέα και ανησυχητική πρόκληση - πώς να κοιμηθεί.

La tenda era illuminata caldamente dalla luce delle candele nel campo innevato.

Η σκηνή έλαμπε θερμά από το φως των κεριών στο χιονισμένο χωράφι.

Buck entrò, pensando che lì avrebbe potuto riposare come prima.

Ο Μπακ μπήκε μέσα, νομίζοντας ότι θα μπορούσε να ξεκουραστεί εκεί όπως πριν.

Ma Perrault e François gli urlarono contro e gli tirarono delle padelle.

Αλλά ο Περώ και ο Φρανσουά του φώναξαν και του πέταξαν τηγάνια.

Sconvolto e confuso, Buck corse fuori nel freddo gelido.

Σοκαρισμένος και μπερδεμένος, ο Μπακ έτρεξε έξω στο παγωμένο κρύο.

Un vento gelido gli pungeva la spalla ferita e gli congelava le zampe.
Ένας πικρός άνεμος τσίμπησε τον πληγωμένο ώμο του και πάγωσε τα πόδια του.
Si sdraiò sulla neve e cercò di dormire all'aperto.
Ξάπλωσε στο χιόνι και προσπάθησε να κοιμηθεί έξω στο ύπαιθρο.
Ma il freddo lo costrinse presto a rialzarsi, tremando forte.
Αλλά το κρύο σύντομα τον ανάγκασε να ξανασηκωθεί, τρέμοντας άσχημα.
Vagò per l'accampamento, cercando di trovare un posto più caldo.
Περιπλανήθηκε μέσα στο στρατόπεδο, προσπαθώντας να βρει ένα πιο ζεστό μέρος.
Ma ogni angolo era freddo come quello precedente.
Αλλά κάθε γωνιά ήταν εξίσου κρύα με την προηγούμενη.
A volte dei cani feroci gli saltavano addosso dall'oscurità.
Μερικές φορές άγρια σκυλιά πηδούσαν καταπάνω του από το σκοτάδι.
Buck drizzò il pelo, scoprì i denti e ringhiò in tono ammonitore.
Ο Μπακ τράβηξε τις τρίχες του, έδειξε τα δόντια του και γρύλισε προειδοποιητικά.
Lui stava imparando in fretta e gli altri cani si sono subito tirati indietro.
Μάθαινε γρήγορα και τα άλλα σκυλιά υποχώρησαν γρήγορα.
Tuttavia, non aveva un posto dove dormire e non aveva idea di cosa fare.
Παρόλα αυτά, δεν είχε πού να κοιμηθεί και δεν είχε ιδέα τι να κάνει.
Alla fine gli venne in mente un pensiero: andare a dare un'occhiata ai suoi compagni di squadra.
Επιτέλους, του ήρθε μια σκέψη — να ελέγξει τους συμπαίκτες του.
Ritornò nella loro zona e rimase sorpreso nel constatare che non c'erano più.

Επέστρεψε στην περιοχή τους και εξεπλάγη που τους διαπίστωσε ότι είχαν εξαφανιστεί.

Cercò di nuovo nell'accampamento, ma ancora non riuscì a trovarli.

Έψαξε ξανά το στρατόπεδο, αλλά δεν μπόρεσε να τους βρει.

Sapeva che loro non potevano stare nella tenda, altrimenti ci sarebbe stato anche lui.

Ήξερε ότι δεν μπορούσαν να είναι στη σκηνή, αλλιώς θα ήταν κι αυτός.

E allora, dove erano finiti tutti i cani in quell'accampamento ghiacciato?

Πού είχαν πάει, λοιπόν, όλα τα σκυλιά σε αυτόν τον παγωμένο καταυλισμό;

Buck, infreddolito e infelice, girò lentamente intorno alla tenda.

Ο Μπακ, κρύος και άθλιος, έκανε αργά κύκλους γύρω από τη σκηνή.

All'improvviso, le sue zampe anteriori sprofondarono nella neve soffice e lo spaventarono.

Ξαφνικά, τα μπροστινά του πόδια βυθίστηκαν στο μαλακό χιόνι και τον τρόμαξαν.

Qualcosa si mosse sotto i suoi piedi e lui fece un salto indietro per la paura.

Κάτι στριφογύρισε κάτω από τα πόδια του και πήδηξε πίσω φοβισμένος.

Ringhiava e ringhiava, non sapendo cosa si nascondesse sotto la neve.

Γρύλισε και γρύλισε, μη ξέροντας τι βρισκόταν κάτω από το χιόνι.

Poi udì un piccolo abbaio amichevole che placò la sua paura.

Τότε άκουσε ένα φιλικό μικρό γάβγισμα που απαλύνει τον φόβο του.

Annusò l'aria e si avvicinò per vedere cosa fosse nascosto.

Μύρισε τον αέρα και πλησίασε για να δει τι ήταν κρυμμένο.

Sotto la neve, rannicchiata in una calda palla, c'era la piccola Billee.

Κάτω από το χιόνι, κουλουριασμένη σαν μια ζεστή μπάλα, ήταν η μικρή Μπίλι.

Billee scodinzolò e leccò il muso di Buck per salutarlo.

Ο Μπίλι κούνησε την ουρά του και έγλειψε το πρόσωπο του Μπακ για να τον χαιρετήσει.

Buck vide come Billee si era costruito un posto per dormire nella neve.

Ο Μπακ είδε πώς η Μπίλι είχε φτιάξει ένα μέρος για ύπνο στο χιόνι.

Aveva scavato e sfruttato il suo calore per scaldarsi.

Είχε σκάψει κάτω και χρησιμοποιούσε τη δική του θέρμανση για να ζεσταθεί.

Buck aveva imparato un'altra lezione: ecco come dormivano i cani.

Ο Μπακ είχε πάρει άλλο ένα μάθημα – έτσι κοιμόντουσαν τα σκυλιά.

Scelse un posto e cominciò a scavare la sua buca nella neve.

Διάλεξε ένα σημείο και άρχισε να σκάβει τη δική του τρύπα στο χιόνι.

All'inizio si muoveva troppo e sprecava energie.

Στην αρχή, κινούνταν πολύ και σπαταλούσε ενέργεια.

Ma ben presto il suo corpo riscaldò lo spazio e si sentì al sicuro.

Αλλά σύντομα το σώμα του ζέστανε τον χώρο και ένιωσε ασφαλής.

Si rannicchiò forte e poco dopo si addormentò profondamente.

Κουλουριάστηκε σφιχτά και σε λίγο κοιμήθηκε βαθιά.

La giornata era stata lunga e dura e Buck era esausto.

Η μέρα ήταν μεγάλη και δύσκολη, και ο Μπακ ήταν εξαντλημένος.

Dormì profondamente e comodamente, anche se fece sogni selvaggi.

Κοιμόταν βαθιά και άνετα, αν και τα όνειρά του ήταν τρελά.

Ringhiava e abbaiava nel sonno, contorcendosi mentre sognava.

Γρύλιζε και γάβγιζε στον ύπνο του, στριφογυρίζοντας καθώς ονειρευόταν.

Buck non si svegliò finché l'accampamento non cominciò a prendere vita.
Ο Μπακ δεν ξύπνησε μέχρι που η κατασκήνωση άρχισε ήδη να ζωντανεύει.

All'inizio non sapeva dove si trovasse o cosa fosse successo.
Στην αρχή δεν ήξερε πού βρισκόταν ή τι είχε συμβεί.

La neve era caduta durante la notte e aveva seppellito completamente il suo corpo.
Το χιόνι είχε πέσει όλη τη νύχτα και είχε θάψει εντελώς το σώμα του.

La neve lo circondava, fitta su tutti i lati.
Το χιόνι σφίχτηκε γύρω του, σφιχτό από όλες τις πλευρές.

All'improvviso un'ondata di paura percorse tutto il corpo di Buck.
Ξαφνικά, ένα κύμα φόβου διαπέρασε ολόκληρο το σώμα του Μπακ.

Era la paura di rimanere intrappolati, una paura che proveniva da istinti profondi.
Ήταν ο φόβος της παγίδευσης, ένας φόβος που πηγάζει από βαθιά ένστικτα.

Sebbene non avesse mai visto una trappola, la paura era viva dentro di lui.
Αν και δεν είχε ξαναδεί παγίδα, ο φόβος ζούσε μέσα του.

Era un cane addomesticato, ma ora i suoi vecchi istinti selvaggi si stavano risvegliando.
Ήταν ένα ήμερο σκυλί, αλλά τώρα τα παλιά, άγρια ένστικτά του ξυπνούσαν.

I muscoli di Buck si irrigidirono e il pelo gli si rizzò su tutta la schiena.
Οι μύες του Μπακ τεντώθηκαν και η γούνα του σηκώθηκε όρθια σε όλη την πλάτη του.

Ringhiò furiosamente e balzò in piedi nella neve.
Γρύλισε άγρια και πήδηξε κατευθείαν πάνω μέσα στο χιόνι.

La neve volava in ogni direzione mentre lui irrompeva nella luce del giorno.
Το χιόνι πετούσε προς κάθε κατεύθυνση καθώς αυτός όρμησε στο φως της ημέρας.

Ancora prima di atterrare, Buck vide l'accampamento disteso davanti a lui.
Ακόμα και πριν από την προσγείωση, ο Μπακ είδε το στρατόπεδο να απλώνεται μπροστά του.

Ricordò tutto del giorno prima, tutto in una volta.
Θυμήθηκε τα πάντα από την προηγούμενη μέρα, μονομιάς.

Ricordava di aver passeggiato con Manuel e di essere finito in quel posto.
Θυμόταν ότι έκανε μια βόλτα με τον Μανουέλ και κατέληξε σε αυτό το μέρος.

Ricordava di aver scavato la buca e di essersi addormentato al freddo.
Θυμόταν ότι έσκαψε την τρύπα και ότι αποκοιμήθηκε στο κρύο.

Ora era sveglio e il mondo selvaggio intorno a lui era limpido.
Τώρα ήταν ξύπνιος και ο άγριος κόσμος γύρω του ήταν καθαρός.

Un grido di François annunciò l'improvvisa apparizione di Buck.
Μια κραυγή από τον Φρανσουά χαιρέτισε την ξαφνική εμφάνιση του Μπακ.

"Cosa ho detto?" gridò a gran voce il conducente del cane a Perrault.
«Τι είπα;» φώναξε δυνατά ο οδηγός του σκύλου στον Περώ.

"Quel Buck impara sicuramente in fretta", ha aggiunto François.
«Αυτός ο Μπακ σίγουρα μαθαίνει πολύ γρήγορα», πρόσθεσε ο Φρανσουά.

Perrault annuì gravemente, visibilmente soddisfatto del risultato.
Ο Περώ έγνεψε σοβαρά, φανερά ευχαριστημένος με το αποτέλεσμα.

In qualità di corriere del governo canadese, trasportava dispacci.
Ως αγγελιαφόρος για την καναδική κυβέρνηση, μετέφερε αποστολές.

Era ansioso di trovare i cani migliori per la sua importante missione.
Ήταν πρόθυμος να βρει τα καλύτερα σκυλιά για τη σημαντική αποστολή του.

Ora si sentiva particolarmente contento che Buck facesse parte della squadra.
Ένιωθε ιδιαίτερα ευχαριστημένος τώρα που ο Μπακ ήταν μέλος της ομάδας.

Nel giro di un'ora, alla squadra furono aggiunti altri tre husky.
Τρία ακόμη χάσκι προστέθηκαν στην ομάδα μέσα σε μία ώρα.

Ciò ha portato il numero totale dei cani della squadra a nove.
Αυτό ανέβασε τον συνολικό αριθμό σκύλων στην ομάδα σε εννέα.

Nel giro di quindici minuti tutti i cani erano imbracati.
Μέσα σε δεκαπέντε λεπτά όλα τα σκυλιά ήταν στις ιμάντες τους.

La squadra di slitte stava risalendo il sentiero verso Dyea Cañon.
Η ομάδα του έλκηθρου ανηφόριζε το μονοπάτι προς την Ντιέα Κάνιον.

Buck era contento di andarsene, anche se il lavoro che lo attendeva era duro.
Ο Μπακ ένιωθε χαρούμενος που έφευγε, ακόμα κι αν η δουλειά που είχε μπροστά του ήταν δύσκολη.

Scoprì di non disprezzare particolarmente né il lavoro né il freddo.
Διαπίστωσε ότι δεν απεχθανόταν ιδιαίτερα την εργασία ή το κρύο.

Fu sorpreso dall'entusiasmo che pervadeva tutta la squadra.
Έμεινε έκπληκτος από την προθυμία που κατέκλυσε όλη την ομάδα.

Ancora più sorprendente fu il cambiamento avvenuto in Dave e Solleks.
Ακόμα πιο εκπληκτική ήταν η αλλαγή που είχε συμβεί στον Ντέιβ και τον Σόλεκς.

Questi due cani erano completamente diversi quando venivano imbrigliati.
Αυτά τα δύο σκυλιά ήταν εντελώς διαφορετικά όταν ήταν ζευγαρωμένα.

La loro passività e la loro disattenzione erano completamente scomparse.
Η παθητικότητα και η έλλειψη ενδιαφέροντος τους είχαν εξαφανιστεί εντελώς.

Erano attenti e attivi, desiderosi di svolgere bene il loro lavoro.
Ήταν σε εγρήγορση και δραστήριοι, και πρόθυμοι να κάνουν καλά τη δουλειά τους.

Si irritavano ferocemente per qualsiasi cosa provocasse ritardi o confusione.
Ενοχλούνταν έντονα με οτιδήποτε προκαλούσε καθυστέρηση ή σύγχυση.

Il duro lavoro sulle redini era il centro del loro intero essere.
Η σκληρή δουλειά στα ηνία ήταν το κέντρο ολόκληρης της ύπαρξής τους.

Sembrava che l'unica cosa che gli piacesse davvero fosse tirare la slitta.
Το τράβηγμα έλκηθρου φαινόταν να είναι το μόνο πράγμα που απολάμβαναν πραγματικά.

Dave era in fondo al gruppo, il più vicino alla slitta.
Ο Ντέιβ ήταν στο πίσω μέρος της ομάδας, πιο κοντά στο έλκηθρο.

Buck fu messo davanti a Dave e Solleks superò Buck.
Ο Μπακ τοποθετήθηκε μπροστά από τον Ντέιβ και ο Σόλεκς τον προηγήθηκε.

Il resto dei cani era disposto in fila indiana davanti a loro.
Τα υπόλοιπα σκυλιά ήταν στριμωγμένα μπροστά σε μια σειρά.

La posizione di testa in prima linea era occupata da Spitz.

Η επικεφαλής θέση στο μπροστινό μέρος καλύφθηκε από τον Spitz.
Buck era stato messo tra Dave e Solleks per essere istruito.
Ο Μπακ είχε τοποθετηθεί ανάμεσα στον Ντέιβ και τον Σόλεκς για εκπαίδευση.
Lui imparava in fretta e gli insegnanti erano risoluti e capaci.
Αυτός μάθαινε γρήγορα, και αυτοί ήταν σταθεροί και ικανοί δάσκαλοι.
Non permisero mai a Buck di restare a lungo nell'errore.
Δεν επέτρεψαν ποτέ στον Μπακ να παραμείνει σε λάθος για πολύ.
Quando necessario, impartivano le lezioni con denti affilati.
Δίδαξαν τα μαθήματά τους με κοφτερά δόντια όταν χρειάστηκε.
Dave era giusto e dimostrava una saggezza pacata e seria.
Ο Ντέιβ ήταν δίκαιος και έδειξε ένα ήρεμο, σοβαρό είδος σοφίας.
Non mordeva mai Buck senza una buona ragione.
Ποτέ δεν δάγκωσε τον Μπακ χωρίς σοβαρό λόγο.
Ma non mancava mai di mordere quando Buck aveva bisogno di essere corretto.
Αλλά ποτέ δεν παρέλειπε να δαγκώνει όταν ο Μπακ χρειαζόταν διόρθωση.
La frusta di François era sempre pronta e sosteneva la loro autorità.
Το μαστίγιο του Φρανσουά ήταν πάντα έτοιμο και υποστήριζε την εξουσία τους.
Buck scoprì presto che era meglio obbedire che reagire.
Ο Μπακ σύντομα κατάλαβε ότι ήταν καλύτερο να υπακούσει παρά να αντεπιτεθεί.
Una volta, durante un breve riposo, Buck rimase impigliato nelle redini.
Κάποτε, κατά τη διάρκεια μιας σύντομης ανάπαυσης, ο Μπακ μπλέχτηκε στα ηνία.
Ritardò la partenza e confuse i movimenti della squadra.
Καθυστέρησε την έναρξη και μπέρδεψε την κίνηση της ομάδας.

Dave e Solleks si avventarono su di lui e lo picchiarono duramente.

Ο Ντέιβ και ο Σόλεκς όρμησαν πάνω του και τον ξυλοκόπησαν άγρια.

La situazione peggiorò ulteriormente, ma Buck imparò bene la lezione.

Το μπέρδεμα μόνο χειροτέρευε, αλλά ο Μπακ έμαθε καλά το μάθημά του.

Da quel momento in poi tenne le redini tese e lavorò con attenzione.

Από τότε και στο εξής, κρατούσε τα ηνία τεντωμένα και εργαζόταν προσεκτικά.

Prima che la giornata finisse, Buck aveva portato a termine gran parte del suo compito.

Πριν τελειώσει η μέρα, ο Μπακ είχε τελειοποιήσει μεγάλο μέρος της εργασίας του.

I suoi compagni di squadra quasi smisero di correggerlo o di morderlo.

Οι συμπαίκτες του σχεδόν σταμάτησαν να τον διορθώνουν ή να τον δαγκώνουν.

La frusta di François schioccava nell'aria sempre meno spesso.

Το μαστίγιο του Φρανσουά χτυπούσε στον αέρα όλο και πιο σπάνια.

Perrault sollevò addirittura i piedi di Buck ed esaminò attentamente ogni zampa.

Ο Περό σήκωσε ακόμη και τα πόδια του Μπακ και εξέτασε προσεκτικά κάθε πόδι.

Era stata una giornata di corsa dura, lunga ed estenuante per tutti loro.

Ήταν μια δύσκολη μέρα τρεξίματος, μεγάλη και εξαντλητική για όλους τους.

Risalirono il Cañon, attraversarono Sheep Camp e superarono le Scales.

Ταξίδεψαν πάνω στον ποταμό Κανιόν, μέσα από το Sheep Camp και πέρασαν τις Σκέιλς.

Superarono il limite della vegetazione arborea, poi ghiacciai e cumuli di neve alti diversi metri.
Διέσχισαν τα όρια της δασικής έκτασης, και μετά πέρασαν παγετώνες και χιονοστιβάδες βάθους πολλών μέτρων.
Scalarono il grande e freddo Chilkoot Divide.
Σκαρφάλωσαν το μεγάλο κρύο και απαγορευτικό χάσμα Τσίλκουτ.
Quella cresta elevata si ergeva tra l'acqua salata e l'interno ghiacciato.
Αυτή η ψηλή κορυφογραμμή βρισκόταν ανάμεσα στο αλμυρό νερό και το παγωμένο εσωτερικό.
Le montagne custodivano il triste e solitario Nord con ghiaccio e ripide salite.
Τα βουνά φρουρούσαν τον θλιβερό και μοναχικό Βορρά με πάγο και απότομες ανηφόρες.
Scesero rapidamente lungo una lunga catena di laghi sotto la dorsale.
Πέρασαν καλά σε μια μακριά αλυσίδα από λίμνες κάτω από το χώρισμα.
Questi laghi riempivano gli antichi crateri di vulcani spenti.
Αυτές οι λίμνες γέμιζαν τους αρχαίους κρατήρες των σβησμένων ηφαιστείων.
Quella notte tardi raggiunsero un grande accampamento presso il lago Bennett.
Αργά το ίδιο βράδυ, έφτασαν σε ένα μεγάλο στρατόπεδο στη λίμνη Μπένετ.
Migliaia di cercatori d'oro erano lì, intenti a costruire barche per la primavera.
Χιλιάδες χρυσοθήρες ήταν εκεί, κατασκευάζοντας βάρκες για την άνοιξη.
Il ghiaccio si sarebbe presto rotto e dovevano essere pronti.
Ο πάγος επρόκειτο να σπάσει σύντομα και έπρεπε να είναι έτοιμοι.
Buck scavò la sua buca nella neve e cadde in un sonno profondo.
Ο Μπακ έσκαψε την τρύπα του στο χιόνι και έπεσε σε βαθύ ύπνο.

Dormiva come un lavoratore, esausto dopo una dura giornata di lavoro.
Κοιμόταν σαν εργάτης, εξαντλημένος από τη σκληρή μέρα της δουλειάς.
Ma venne strappato al sonno troppo presto, nell'oscurità.
Αλλά πολύ νωρίς στο σκοτάδι, τον ξύπνησαν.
Fu nuovamente imbrigliato insieme ai suoi compagni e attaccato alla slitta.
Δέθηκε ξανά με τους φίλους του και προσκολλήθηκε στο έλκηθρο.
Quel giorno percorsero quaranta miglia, perché la neve era ben calpestata.
Εκείνη την ημέρα έκαναν σαράντα μίλια, επειδή το χιόνι ήταν καλά πατημένο.
Il giorno dopo, e per molti giorni a seguire, la neve era soffice.
Την επόμενη μέρα, και για πολλές μέρες μετά, το χιόνι ήταν μαλακό.
Dovettero farsi strada da soli, lavorando di più e muovendosi più lentamente.
Έπρεπε να φτιάξουν το μονοπάτι μόνοι τους, δουλεύοντας σκληρότερα και κινούμενοι πιο αργά.
Di solito, Perrault camminava davanti alla squadra con le ciaspole palmate.
Συνήθως, ο Περό περπατούσε μπροστά από την ομάδα φορώντας χιονοπέδιλα με μεμβράνη.
I suoi passi compattavano la neve, facilitando lo spostamento della slitta.
Τα βήματά του γέμιζαν το χιόνι, διευκολύνοντας την κίνηση του έλκηθρου.
François, che era al timone della barca a vela, a volte prendeva il comando.
Ο Φρανσουά, ο οποίος καθοδηγούσε από την αρχή, μερικές φορές αναλάμβανε τα ηνία.
Ma era raro che François prendesse l'iniziativa
Αλλά ήταν σπάνιο ο Φρανσουά να πάρει το προβάδισμα

perché Perrault aveva fretta di consegnare le lettere e i pacchi.
επειδή ο Περώ βιαζόταν να παραδώσει τα γράμματα και τα δέματα.

Perrault era orgoglioso della sua conoscenza della neve, e in particolare del ghiaccio.
Ο Περώ ήταν περήφανος για τις γνώσεις του για το χιόνι, και ιδιαίτερα για τον πάγο.

Questa conoscenza era essenziale perché il ghiaccio autunnale era pericolosamente sottile.
Αυτή η γνώση ήταν απαραίτητη, επειδή ο πάγος του φθινοπώρου ήταν επικίνδυνα λεπτός.

Dove l'acqua scorreva rapidamente sotto la superficie non c'era affatto ghiaccio.
Όπου το νερό έρεε γρήγορα κάτω από την επιφάνεια, δεν υπήρχε καθόλου πάγος.

Giorno dopo giorno, la stessa routine si ripeteva senza fine.
Μέρα με τη μέρα, η ίδια ρουτίνα επαναλαμβανόταν ασταμάτητα.

Buck lavorava senza sosta con le redini, dall'alba alla sera.
Ο Μπακ μοχθούσε ασταμάτητα στα ηνία από την αυγή μέχρι το βράδυ.

Lasciarono l'accampamento al buio, molto prima che sorgesse il sole.
Έφυγαν από το στρατόπεδο στο σκοτάδι, πολύ πριν ανατείλει ο ήλιος.

Quando spuntò l'alba, avevano già percorso molti chilometri.
Όταν ξημέρωσε, πολλά μίλια είχαν ήδη περάσει πίσω τους.

Si accamparono dopo il tramonto, mangiando pesce e scavando buche nella neve.
Έστησαν το στρατόπεδό τους αφού νύχτωσε, τρώγοντας ψάρια και σκάβοντας στο χιόνι.

Buck era sempre affamato e non era mai veramente soddisfatto della sua razione.

Ο Μπακ πεινούσε πάντα και ποτέ δεν ήταν πραγματικά ικανοποιημένος με τη μερίδα του.
Riceveva ogni giorno mezzo chilo di salmone essiccato.
Έπαιρνε ενάμιση κιλό αποξηραμένο σολομό κάθε μέρα.
Ma il cibo sembrò svanire dentro di lui, lasciandogli solo la fame.
Αλλά το φαγητό φαινόταν να εξαφανίζεται μέσα του, αφήνοντας πίσω του την πείνα.
Soffriva di continui morsi della fame e sognava di avere più cibo.
Υπέφερε από συνεχείς κρίσεις πείνας και ονειρευόταν περισσότερο φαγητό.
Gli altri cani hanno ricevuto solo mezzo chilo di cibo, ma sono rimasti forti.
Τα άλλα σκυλιά πήραν μόνο μια λίβρα τροφής, αλλά παρέμειναν δυνατά.
Erano più piccoli ed erano nati in una società nordica.
Ήταν μικρότερα και είχαν γεννηθεί στη βόρεια ζωή.
Perse rapidamente la pignoleria che aveva caratterizzato la sua vecchia vita.
Γρήγορα έχασε την σχολαστικότητα που είχε σημαδέψει την παλιά του ζωή.
Fino a quel momento era stato un mangiatore prelibato, ma ora non gli era più possibile.
Ήταν λιτός στο φαγητό, αλλά τώρα αυτό δεν ήταν πλέον δυνατό.
I suoi compagni arrivarono primi e gli rubarono la razione rimasta.
Οι φίλοι του τερμάτισαν πρώτοι και του έκλεψαν την ημιτελή μερίδα του.
Una volta cominciati, non c'era più modo di difendere il cibo da loro.
Από τη στιγμή που άρχισαν, δεν υπήρχε τρόπος να υπερασπιστεί το φαγητό του από αυτούς.
Mentre lui lottava contro due o tre cani, gli altri rubarono il resto.

Ενώ αυτός πολεμούσε με δύο ή τρία σκυλιά, τα άλλα έκλεψαν τα υπόλοιπα.

Per risolvere il problema, cominciò a mangiare velocemente come mangiavano gli altri.

Για να το διορθώσει αυτό, άρχισε να τρώει τόσο γρήγορα όσο έτρωγαν και οι άλλοι.

La fame lo spingeva così forte che arrivò persino a prendere del cibo non suo.

Η πείνα τον πίεζε τόσο πολύ που έτρωγε ακόμη και φαγητό που δεν ήταν δικό του.

Osservò gli altri e imparò rapidamente dalle loro azioni.

Παρακολουθούσε τους άλλους και μάθαινε γρήγορα από τις πράξεις τους.

Vide Pike, un nuovo cane, rubare una fetta di pancetta a Perrault.

Είδε τον Πάικ, ένα καινούργιο σκυλί, να κλέβει μια φέτα μπέικον από τον Περό.

Pike aveva aspettato che Perrault gli voltasse le spalle per rubare la pagnotta.

Ο Πάικ περίμενε μέχρι να γυρίσει την πλάτη του Περώ για να κλέψει το μπέικον.

Il giorno dopo, Buck copiò Pike e rubò l'intero pezzo.

Την επόμενη μέρα, ο Μπακ αντέγραψε τον Πάικ και έκλεψε ολόκληρο το κομμάτι.

Seguì un gran tumulto, ma Buck non fu sospettato.

Ακολούθησε μεγάλη αναταραχή, αλλά ο Μπακ δεν ήταν ύποπτος.

Al suo posto venne punito Dub, un cane goffo che veniva sempre beccato.

Ο Νταμπ, ένα αδέξιο σκυλί που πάντα πιανόταν, τιμωρήθηκε αντ' αυτού.

Quel primo furto fece di Buck un cane adatto a sopravvivere al Nord.

Αυτή η πρώτη κλοπή χαρακτήρισε τον Μπακ ως σκύλο ικανό να επιβιώσει στον Βορρά.

Ha dimostrato di sapersi adattare alle nuove condizioni e di saper imparare rapidamente.

Έδειξε ότι μπορεί να προσαρμοστεί σε νέες συνθήκες και να μάθει γρήγορα.

Senza tale adattabilità, sarebbe morto rapidamente e gravemente.

Χωρίς τέτοια προσαρμοστικότητα, θα είχε πεθάνει γρήγορα και άσχημα.

Segnò anche il crollo della sua natura morale e dei suoi valori passati.

Σηματοδότησε επίσης την κατάρρευση της ηθικής του φύσης και των προηγούμενων αξιών του.

Nel Southland aveva vissuto secondo la legge dell'amore e della gentilezza.

Στη Νότια Χώρα, είχε ζήσει σύμφωνα με τον νόμο της αγάπης και της καλοσύνης.

Lì aveva senso rispettare la proprietà e i sentimenti degli altri cani.

Εκεί ήταν λογικό να σέβονται την ιδιοκτησία και τα συναισθήματα των άλλων σκύλων.

Ma i Northland seguivano la legge del bastone e la legge della zanna.

Αλλά η Βόρεια Χώρα ακολουθούσε τον νόμο του κλαμπ και τον νόμο του κυνόδοντα.

Chiunque rispettasse i vecchi valori era uno sciocco e avrebbe fallito.

Όποιος σεβόταν τις παλιές αξίες εδώ ήταν ανόητος και θα αποτύγχανε.

Buck non rifletté su tutto questo nella sua mente.

Ο Μπακ δεν τα σκέφτηκε όλα αυτά.

Era in forma e quindi si adattò senza pensarci due volte.

Ήταν σε φόρμα, κι έτσι προσαρμόστηκε χωρίς να χρειάζεται να σκεφτεί.

In tutta la sua vita non era mai fuggito da una rissa.

Σε όλη του τη ζωή, ποτέ δεν είχε δραπετεύσει από μια μάχη.

Ma la mazza di legno dell'uomo con il maglione rosso cambiò la regola.

Αλλά το ξύλινο ρόπαλο του άντρα με το κόκκινο πουλόβερ άλλαξε αυτόν τον κανόνα.

Ora seguiva un codice più profondo e antico, inscritto nel suo essere.

Τώρα ακολουθούσε έναν βαθύτερο, παλαιότερο κώδικα γραμμένο στην ύπαρξή του.

Non rubava per piacere, ma per il dolore della fame.

Δεν έκλεβε από ευχαρίστηση, αλλά από τον πόνο της πείνας.

Non rubava mai apertamente, ma rubava con astuzia e attenzione.

Ποτέ δεν έκλεβε ανοιχτά, αλλά έκλεβε με πονηριά και προσοχή.

Agì per rispetto verso la clava di legno e per paura delle zanne.

Ενήργησε από σεβασμό για το ξύλινο ρόπαλο και φόβο για το δόντι.

In breve, ha fatto ciò che era più facile e sicuro che non farlo.

Με λίγα λόγια, έκανε αυτό που ήταν ευκολότερο και ασφαλέστερο από το να μην το κάνει.

Il suo sviluppo, o forse il suo ritorno ai vecchi istinti, fu rapido.

Η ανάπτυξή του —ή ίσως η επιστροφή του στα παλιά ένστικτα— ήταν γρήγορη.

I suoi muscoli si indurirono fino a diventare forti come il ferro.

Οι μύες του σκλήρυναν μέχρι που τους ένιωθες τόσο δυνατούς όσο σίδερο.

Non gli importava più del dolore, a meno che non fosse grave.

Δεν τον ένοιαζε πια ο πόνος, εκτός αν ήταν σοβαρός.

Divenne efficiente dentro e fuori, senza sprecare nulla.

Έγινε αποτελεσματικός εσωτερικά και εξωτερικά, χωρίς να σπαταλάει τίποτα απολύτως.

Poteva mangiare cose disgustose, marce o difficili da digerire.

Μπορούσε να τρώει πράγματα που ήταν απαίσια, σάπια ή δύσπεπτα.

Qualunque cosa mangiasse, il suo stomaco ne sfruttava ogni singolo pezzetto di valore.

Ό,τι κι αν έτρωγε, το στομάχι του χρησιμοποιούσε και την τελευταία σπιθαμή της αξίας του.

Il suo sangue trasportava i nutrienti in tutto il suo potente corpo.

Το αίμα του μετέφερε τα θρεπτικά συστατικά μακριά μέσα από το δυνατό του σώμα.

Ciò gli ha permesso di sviluppare tessuti forti che gli hanno conferito un'incredibile resistenza.

Αυτό δημιούργησε ισχυρούς ιστούς που του έδωσαν απίστευτη αντοχή.

La sua vista e il suo olfatto diventarono molto più sensibili di prima.

Η όραση και η όσφρησή του έγιναν πολύ πιο ευαίσθητες από πριν.

Il suo udito diventò così acuto che riusciva a percepire anche i suoni più deboli durante il sonno.

Η ακοή του έγινε τόσο οξεία που μπορούσε να ανιχνεύσει αμυδρούς ήχους στον ύπνο.

Nei sogni sapeva se quei suoni significavano sicurezza o pericolo.

Ήξερε στα όνειρά του αν οι ήχοι σήμαιναν ασφάλεια ή κίνδυνο.

Imparò a mordere con i denti il ghiaccio tra le dita dei piedi.

Έμαθε να δαγκώνει τον πάγο ανάμεσα στα δάχτυλα των ποδιών του με τα δόντια του.

Se una pozza d'acqua si ghiacciava, lui rompeva il ghiaccio con le gambe.

Αν πάγωνε μια τρύπα με νερό, έσπαγε τον πάγο με τα πόδια του.

Si impennò e colpì duramente il ghiaccio con gli arti anteriori rigidi.

Σηκώθηκε όρθιος και χτύπησε δυνατά τον πάγο με τα άκαμπτα μπροστινά του άκρα.

La sua abilità più sorprendente era quella di prevedere i cambiamenti del vento durante la notte.
Η πιο εντυπωσιακή του ικανότητα ήταν η πρόβλεψη των αλλαγών του ανέμου κατά τη διάρκεια της νύχτας.
Anche quando l'aria era immobile, sceglieva luoghi riparati dal vento.
Ακόμα και όταν ο αέρας ήταν ακίνητος, επέλεγε σημεία προστατευμένα από τον άνεμο.
Ovunque scavasse il nido, il vento del giorno dopo lo superava.
Όπου κι αν έσκαβε τη φωλιά του, ο άνεμος της επόμενης μέρας τον προσπερνούσε.
Alla fine si ritrovava sempre al sicuro e protetto, al riparo dal vento.
Κατέληγε πάντα άνετος και προστατευμένος, πολύ μακριά από το αεράκι.
Buck non solo imparò dall'esperienza: anche il suo istinto tornò.
Ο Μπακ όχι μόνο έμαθε από την εμπειρία – και τα ένστικτά του επέστρεψαν.
Le abitudini delle generazioni addomesticate cominciarono a scomparire.
Οι συνήθειες των εξημερωμένων γενεών άρχισαν να εξαφανίζονται.
Ricordava vagamente i tempi antichi della sua razza.
Με αόριστους τρόπους, θυμόταν την αρχαιότητα της ράτσας του.
Ripensò a quando i cani selvatici correvano in branco nelle foreste.
Σκέφτηκε πίσω στην εποχή που τα άγρια σκυλιά έτρεχαν σε αγέλες μέσα στα δάση.
Avevano inseguito e ucciso la loro preda mentre la inseguivano.
Είχαν κυνηγήσει και σκοτώσει το θήραμά τους ενώ το καταδιώκουν.
Per Buck fu facile imparare a combattere con forza e velocità.

Ήταν εύκολο για τον Μπακ να μάθει πώς να πολεμά με δόντια και ταχύτητα.
Come i suoi antenati, usava tagli, squarci e schiocchi rapidi.
Χρησιμοποιούσε κοψίματα, πλάγιες γραμμές και γρήγορα κουμπώματα όπως οι πρόγονοί του.
Quegli antenati si risvegliarono in lui e risvegliarono la sua natura selvaggia.
Αυτοί οι πρόγονοι αναζωπύρωσαν μέσα του και ξύπνησαν την άγρια φύση του.
Le loro vecchie abilità gli erano state trasmesse attraverso la linea di sangue.
Οι παλιές τους δεξιότητες είχαν περάσει σε αυτόν μέσω της γραμμής αίματος.
Ora i loro trucchi erano suoi, senza bisogno di pratica o sforzo.
Τα κόλπα τους ήταν πλέον δικά του, χωρίς να χρειάζεται εξάσκηση ή προσπάθεια.

Nelle notti fredde e tranquille, Buck sollevava il naso e ululò.
Τις ήσυχες, κρύες νύχτες, ο Μπακ σήκωσε τη μύτη του και ούρλιαξε.
Ululò a lungo e profondamente, come facevano i lupi tanto tempo fa.
Ούρλιαξε μακρόσυρτα και βαθιά, όπως έκαναν οι λύκοι πριν από πολύ καιρό.
Attraverso di lui, i suoi antenati defunti puntarono il naso e ulularono.
Μέσα από αυτόν, οι νεκροί πρόγονοί του έδειχναν τις μύτες τους και ούρλιαζαν.
Hanno ululato attraverso i secoli con la sua voce e la sua forma.
Ούρλιαζαν μέσα στους αιώνες με τη φωνή και τη μορφή του.
Le sue cadenze erano le loro, vecchi gridi che parlavano di dolore e di freddo.

Οι ρυθμοί του ήταν οι δικοί τους, παλιές κραυγές που μαρτυρούσαν θλίψη και κρύο.

Cantavano dell'oscurità, della fame e del significato dell'inverno.

Τραγούδησαν για το σκοτάδι, για την πείνα και το νόημα του χειμώνα.

Buck ha dimostrato come la vita sia plasmata da forze che vanno oltre noi stessi,

Ο Μπακ απέδειξε πώς η ζωή διαμορφώνεται από δυνάμεις πέρα από τον εαυτό μας,

l'antico canto risuonò nelle vene di Buck e si impadronì della sua anima.

Το αρχαίο τραγούδι αντηχούσε μέσα από τον Μπακ και κατέκτησε την ψυχή του.

Ritrovò se stesso perché gli uomini avevano trovato l'oro nel Nord.

Βρήκε τον εαυτό του επειδή οι άνθρωποι είχαν βρει χρυσό στον Βορρά.

E lo trovò perché Manuel, l'aiutante giardiniere, aveva bisogno di soldi.

Και βρήκε τον εαυτό του επειδή ο Μανουήλ, ο βοηθός του κηπουρού, χρειαζόταν χρήματα.

La Bestia Primordiale Dominante
Το Κυρίαρχο Αρχέγονο Θηρίο

La bestia primordiale dominante era più forte che mai in Buck.

Το κυρίαρχο αρχέγονο θηρίο ήταν τόσο δυνατό όσο ποτέ, στον Μπακ.

Ma la bestia primordiale dominante era rimasta dormiente in lui.

Αλλά το κυρίαρχο αρχέγονο θηρίο είχε αδρανήσει μέσα του.

La vita sui sentieri era dura, ma rafforzava la bestia che era in Buck.

Η ζωή στα μονοπάτια ήταν σκληρή, αλλά ενίσχυσε το θηρίο μέσα στον Μπακ.

Segretamente la bestia diventava sempre più forte ogni giorno.

Κρυφά το θηρίο γινόταν όλο και πιο δυνατό κάθε μέρα.

Ma quella crescita interiore è rimasta nascosta al mondo esterno.

Αλλά αυτή η εσωτερική ανάπτυξη παρέμεινε κρυμμένη στον έξω κόσμο.

Una forza primordiale calma e silenziosa si stava formando dentro Buck.

Μια ήσυχη και ήρεμη αρχέγονη δύναμη χτιζόταν μέσα στον Μπακ.

Una nuova astuzia diede a Buck equilibrio, calma e compostezza.

Η νέα πανουργία έδωσε στον Μπακ ισορροπία, ηρεμία και αυτοκυριαρχία.

Buck si concentrò molto sull'adattamento, senza mai sentirsi completamente rilassato.

Ο Μπακ επικεντρώθηκε έντονα στην προσαρμογή, χωρίς ποτέ να νιώσει πλήρως χαλαρός.

Evitava i conflitti, non iniziava mai litigi e non cercava mai guai.

Απέφευγε τις συγκρούσεις, δεν ξεκινούσε ποτέ καβγάδες ούτε αναζητούσε προβλήματα.
Ogni mossa di Buck era scandita da una riflessione lenta e costante.
Μια αργή, σταθερή σκέψη καθόριζε κάθε κίνηση του Μπακ.
Evitava scelte avventate e decisioni improvvise e sconsiderate.
Απέφευγε τις βιαστικές επιλογές και τις ξαφνικές, απερίσκεπτες αποφάσεις.
Sebbene Buck odiasse profondamente Spitz, non gli mostrò alcuna aggressività.
Αν και ο Μπακ μισούσε βαθιά τον Σπιτζ, δεν του έδειξε καμία επιθετικότητα.
Buck non provocò mai Spitz e mantenne le sue azioni moderate.
Ο Μπακ δεν προκάλεσε ποτέ τον Σπιτζ και κρατούσε τις πράξεις του συγκρατημένες.
Spitz, d'altro canto, percepì il pericolo crescente in Buck.
Ο Σπιτζ, από την άλλη πλευρά, διαισθάνθηκε τον αυξανόμενο κίνδυνο στον Μπακ.
Vedeva Buck come una minaccia e una seria sfida al suo potere.
Έβλεπε τον Μπακ ως απειλή και μια σοβαρή πρόκληση για την εξουσία του.
Coglieva ogni occasione per ringhiare e mostrare i suoi denti aguzzi.
Εκμεταλλεύτηκε κάθε ευκαιρία για να γρυλίσει και να δείξει τα κοφτερά του δόντια.
Stava cercando di dare inizio allo scontro mortale che sarebbe dovuto avvenire.
Προσπαθούσε να ξεκινήσει την θανατηφόρα μάχη που έπρεπε να έρθει.
All'inizio del viaggio, tra loro scoppiò quasi una lite.
Στην αρχή του ταξιδιού, παραλίγο να ξεσπάσει καβγάς μεταξύ τους.

Ma un incidente inaspettato impedì che il combattimento avesse luogo.
Αλλά ένα απροσδόκητο ατύχημα σταμάτησε τον αγώνα.
Quella sera si accamparono sul gelido lago Le Barge.
Εκείνο το βράδυ έστησαν στρατόπεδο στην παγωμένη λίμνη Λε Μπαρζ.
La neve cadeva fitta e il vento era tagliente come una lama.
Το χιόνι έπεφτε δυνατά και ο άνεμος έκοβε σαν μαχαίρι.
La notte era scesa troppo in fretta e l'oscurità li aveva avvolti.
Η νύχτα είχε έρθει πολύ γρήγορα και το σκοτάδι τους περικύκλωσε.
Difficilmente avrebbero potuto scegliere un posto peggiore per riposare.
Δύσκολα θα μπορούσαν να είχαν επιλέξει χειρότερο μέρος για ξεκούραση.
I cani cercavano disperatamente un posto dove sdraiarsi.
Τα σκυλιά έψαχναν απεγνωσμένα ένα μέρος να ξαπλώσουν.
Dietro il piccolo gruppo si ergeva un'alta parete rocciosa.
Ένας ψηλός πέτρινος τοίχος υψωνόταν απότομα πίσω από τη μικρή ομάδα.
Per alleggerire il carico, la tenda era stata lasciata a Dyea.
Η σκηνή είχε μείνει πίσω στη Ντιάεα για να ελαφρύνει το φορτίο.
Non avevano altra scelta che accendere il fuoco direttamente sul ghiaccio.
Δεν είχαν άλλη επιλογή από το να ανάψουν τη φωτιά στον ίδιο τον πάγο.
Stendevano i loro accappatoi direttamente sul lago ghiacciato.
Άπλωσαν τις ρόμπες ύπνου τους κατευθείαν πάνω στην παγωμένη λίμνη.
Qualche pezzo di legno galleggiante dava loro un po' di fuoco.
Μερικά ξύλα που ξεβράστηκαν τους έδωσαν λίγη φωτιά.
Ma il fuoco è stato acceso sul ghiaccio e attraverso di esso si è scongelato.

Αλλά η φωτιά άναψε πάνω στον πάγο και τον έλιωσε.
Alla fine cenarono al buio.
Τελικά έτρωγαν το δείπνο τους στο σκοτάδι.
Buck si rannicchiò accanto alla roccia, al riparo dal vento freddo.
Ο Μπακ κουλουριάστηκε δίπλα στον βράχο, προστατευμένος από τον κρύο άνεμο.
Il posto era così caldo e sicuro che Buck non voleva andarsene.
Το μέρος ήταν τόσο ζεστό και ασφαλές που ο Μπακ μισούσε να μετακομίσει.
Ma François aveva scaldato il pesce e stava distribuendo le razioni.
Αλλά ο Φρανσουά είχε ζεστάνει τα ψάρια και μοίραζε μερίδες.
Buck finì di mangiare in fretta e tornò a letto.
Ο Μπακ τελείωσε γρήγορα το φαγητό και επέστρεψε στο κρεβάτι του.
Ma Spitz ora giaceva dove Buck aveva preparato il suo letto.
Αλλά ο Σπιτζ ήταν τώρα ξαπλωμένος εκεί που είχε στρώσει το κρεβάτι του ο Μπακ.
Un ringhio basso avvertì Buck che Spitz si rifiutava di muoversi.
Ένα χαμηλό γρύλισμα προειδοποίησε τον Μπακ ότι ο Σπιτζ αρνούνταν να κουνηθεί.
Finora Buck aveva evitato lo scontro con Spitz.
Μέχρι τώρα, ο Μπακ είχε αποφύγει αυτόν τον καβγά με τον Σπιτζ.
Ma nel profondo di Buck la bestia alla fine si liberò.
Αλλά βαθιά μέσα στον Μπακ, το θηρίο επιτέλους απελευθερώθηκε.
Il furto del suo posto letto era troppo da tollerare.
Η κλοπή του χώρου που κοιμόταν ήταν αφόρητη.
Buck si lanciò contro Spitz, pieno di rabbia e furore.
Ο Μπακ όρμησε προς τον Σπιτζ, γεμάτος θυμό και οργή.
Fino a quel momento Spitz aveva pensato che Buck fosse solo un grosso cane.

Μέχρι στιγμής, ο Σπιτζ πίστευε ότι ο Μπακ ήταν απλώς ένα μεγάλο σκυλί.
Non pensava che Buck fosse sopravvissuto grazie al suo spirito.
Δεν πίστευε ότι ο Μπακ είχε επιβιώσει χάρη στο πνεύμα του.
Si aspettava paura e codardia, non furia e vendetta.
Περίμενε φόβο και δειλία, όχι οργή και εκδίκηση.
François rimase a guardare mentre entrambi i cani schizzavano fuori dal nido in rovina.
Ο Φρανσουά κοίταξε επίμονα καθώς και τα δύο σκυλιά ξεχύθηκαν από την ερειπωμένη φωλιά.
Capì subito cosa aveva scatenato quella violenta lotta.
Κατάλαβε αμέσως τι είχε ξεκινήσει την άγρια πάλη.
"Aa-ah!" gridò François in sostegno del cane marrone.
«Αα-α!» φώναξε ο Φρανσουά υποστηρίζοντας τον καφέ σκύλο.
"Dategli una bella lezione! Per Dio, punite quel ladro furbo!"
«Δώσε του ένα ξύλο! Μα τον Θεό, τιμώρησε αυτόν τον ύπουλο κλέφτη!»
Spitz dimostrò altrettanta prontezza e fervore nel combattere.
Ο Σπιτζ έδειξε ίση ετοιμότητα και έντονη προθυμία για μάχη.
Gridò di rabbia mentre girava velocemente in tondo, cercando un varco.
Φώναξε με οργή ενώ έκανε γρήγορους κύκλους, αναζητώντας ένα άνοιγμα.
Buck mostrò la stessa fame di combattere e la stessa cautela.
Ο Μπακ έδειξε την ίδια δίψα για μάχη και την ίδια προσοχή.
Anche lui girò intorno al suo avversario, cercando di avere la meglio nella battaglia.
Κυκλοποίησε και τον αντίπαλό του, προσπαθώντας να αποκτήσει το πάνω χέρι στη μάχη.
Poi accadde qualcosa di inaspettato e cambiò tutto.
Τότε συνέβη κάτι απροσδόκητο και τα άλλαξε όλα.

Quel momento ritardò l'eventuale lotta per la leadership.
Αυτή η στιγμή καθυστέρησε την τελική μάχη για την ηγεσία.
Ci sarebbero ancora molti chilometri di sentiero e di lotta da percorrere prima della fine.
Πολλά χιλιόμετρα μονοπατιού και αγώνα περίμεναν ακόμα πριν το τέλος.
Perrault urlò un'imprecazione mentre una mazza colpiva l'osso.
Ο Περώ έβρισε καθώς ένα ρόπαλο χτύπησε το κόκκαλο.
Seguì un acuto grido di dolore, poi il caos esplose tutt'intorno.
Ακολούθησε μια έντονη κραυγή πόνου και μετά χάος εξερράγη παντού.
Forme scure si muovevano nell'accampamento: husky selvatici, affamati e feroci.
Σκούρα σχήματα κινούνταν μέσα στο στρατόπεδο· άγρια χάσκι, πεινασμένα και άγρια.
Quattro o cinque dozzine di husky avevano fiutato l'accampamento da molto lontano.
Τέσσερις ή πέντε δωδεκάδες χάσκι είχαν μυρίσει τον καταυλισμό από μακριά.
Si erano introdotti furtivamente mentre i due cani litigavano lì vicino.
Είχαν εισχωρήσει αθόρυβα ενώ τα δύο σκυλιά μάλωναν εκεί κοντά.
François e Perrault si lanciarono all'attacco, colpendo con i manganelli gli invasori.
Ο Φρανσουά και ο Περώ όρμησαν εναντίον των εισβολέων, κουνώντας ρόπαλα.
Gli husky affamati mostrarono i denti e si dibatterono freneticamente.
Τα πεινασμένα χάσκι έδειξαν δόντια και αντεπιτέθηκαν μανιωδώς.
L'odore della carne e del pane li aveva fatti superare ogni paura.

Η μυρωδιά του κρέατος και του ψωμιού τους είχε διώξει από κάθε φόβο.
Perrault picchiò un cane che aveva nascosto la testa nella buca delle vivande.
Ο Περώ χτύπησε ένα σκυλί που είχε θάψει το κεφάλι του στο κλουβί με τις προνύμφες.
Il colpo fu violento e la scatola si ribaltò, facendo fuoriuscire il cibo.
Το χτύπημα ήταν δυνατό και το κουτί ανατράπηκε, με το φαγητό να χύνεται έξω.
Nel giro di pochi secondi, una ventina di bestie feroci si avventarono sul pane e sulla carne.
Σε δευτερόλεπτα, μια ντουζίνα άγρια θηρία όρμησαν πάνω στο ψωμί και το κρέας.
I bastoni degli uomini sferrarono un colpo dopo l'altro, ma nessun cane si allontanò.
Τα ανδρικά κλαμπ προσγειώθηκαν χτυπήματα μετά χτυπήματα, αλλά κανένα σκυλί δεν γύρισε την πλάτη.
Urlavano di dolore, ma continuarono a lottare finché non rimase più cibo.
Ούρλιαζαν από τον πόνο, αλλά πάλευαν μέχρι που δεν είχε απομείνει καθόλου φαγητό.
Nel frattempo i cani da slitta erano saltati giù dalle loro culle innevate.
Εν τω μεταξύ, τα σκυλιά-έλκηθρο είχαν πηδήξει από τα χιονισμένα κρεβάτια τους.
Furono immediatamente attaccati dai feroci e affamati husky.
Δέχθηκαν αμέσως επίθεση από τα άγρια πεινασμένα χάσκι.
Buck non aveva mai visto prima creature così selvagge e affamate.
Ο Μπακ δεν είχε ξαναδεί ποτέ τόσο άγρια και πεινασμένα πλάσματα.
La loro pelle pendeva flaccida, nascondendo a malapena lo scheletro.

Το δέρμα τους κρεμόταν χαλαρό, κρύβοντας μόλις τους σκελετούς τους.

C'era un fuoco nei loro occhi, per fame e follia

Υπήρχε μια φωτιά στα μάτια τους, από την πείνα και την τρέλα

Non c'era modo di fermarli, di resistere al loro assalto selvaggio.

Δεν υπήρχε τίποτα να τους σταματήσει· καμία αντίσταση στην άγρια ορμή τους.

I cani da slitta vennero spinti indietro e premuti contro la parete della scogliera.

Τα σκυλιά έλκηθρου σπρώχτηκαν προς τα πίσω, πιεσμένα στον τοίχο του γκρεμού.

Tre husky attaccarono Buck contemporaneamente, lacerandogli la carne.

Τρία χάσκι επιτέθηκαν στον Μπακ ταυτόχρονα, ξεσκίζοντας τη σάρκα του.

Il sangue gli colava dalla testa e dalle spalle, dove era stato tagliato.

Αίμα έτρεχε από το κεφάλι και τους ώμους του, εκεί που είχε κοπεί.

Il rumore riempì l'accampamento: ringhi, guaiti e grida di dolore.

Ο θόρυβος γέμισε το στρατόπεδο· γρυλίσματα, ουρλιαχτά και κραυγές πόνου.

Billee pianse forte, come al solito, presa dal panico e dalla mischia.

Η Μπίλι φώναξε δυνατά, όπως συνήθως, παγιδευμένη στη συμπλοκή και τον πανικό.

Dave e Solleks rimasero fianco a fianco, sanguinanti ma con aria di sfida.

Ο Ντέιβ και ο Σόλεκς στέκονταν δίπλα-δίπλα, αιμορραγώντας αλλά προκλητικά.

Joe lottava come un demonio, mordendo tutto ciò che gli si avvicinava.

Ο Τζο πάλευε σαν δαίμονας, δαγκώνοντας οτιδήποτε πλησίαζε.

Con un violento schiocco di mascelle schiacciò la zampa di un husky.
Σύνθλιψε το πόδι ενός χάσκι με ένα βάναυσο χτύπημα των σαγονιών του.
Pike saltò sull'husky ferito e gli ruppe il collo all'istante.
Ο Πάικ πήδηξε πάνω στο τραυματισμένο χάσκι και του έσπασε τον λαιμό ακαριαία.
Buck afferrò un husky per la gola e gli strappò la vena.
Ο Μπακ έπιασε ένα χάσκι από το λαιμό και του έσκισε τη φλέβα.
Il sangue schizzò e il sapore caldo mandò Buck in delirio.
Αίμα ψεκάστηκε και η ζεστή γεύση οδήγησε τον Μπακ σε φρενίτιδα.
Si lanciò contro un altro aggressore senza esitazione.
Ορμήθηκε σε έναν άλλο επιτιθέμενο χωρίς δισταγμό.
Nello stesso momento, denti aguzzi si conficcarono nella gola di Buck.
Την ίδια στιγμή, αιχμηρά δόντια μπήκαν στο λαιμό του Μπακ.
Spitz aveva colpito di lato, attaccando senza preavviso.
Ο Σπιτζ είχε χτυπήσει από το πλάι, επιτιθέμενος απροειδοποίητα.
Perrault e François avevano sconfitto i cani rubando il cibo.
Ο Περώ και ο Φρανσουά είχαν νικήσει τα σκυλιά που έκλεβαν το φαγητό.
Ora si precipitarono ad aiutare i loro cani a respingere gli aggressori.
Τώρα έσπευσαν να βοηθήσουν τα σκυλιά τους να αντεπιτεθούν στους επιτιθέμενους.
I cani affamati si ritirarono mentre gli uomini roteavano i loro manganelli.
Τα πεινασμένα σκυλιά υποχώρησαν καθώς οι άντρες κουνούσαν τα ρόπαλά τους.
Buck riuscì a liberarsi dall'attacco, ma la fuga fu breve.
Ο Μπακ απαλλάχθηκε από την επίθεση, αλλά η διαφυγή ήταν σύντομη.

Gli uomini corsero a salvare i loro cani e gli husky tornarono ad attaccarli.
Οι άντρες έτρεξαν να σώσουν τα σκυλιά τους, και τα χάσκι έκαναν ξανά σμήνος.
Billee, spaventato e coraggioso, si lanciò nel branco di cani.
Η Μπίλι, τρομοκρατημένη από θάρρος, πήδηξε μέσα στην αγέλη των σκύλων.
Ma poi fuggì attraverso il ghiaccio, in preda al terrore e al panico.
Αλλά μετά έφυγε τρέχοντας μέσα στον πάγο, μέσα σε απόλυτο τρόμο και πανικό.
Pike e Dub li seguirono da vicino, correndo per salvarsi la vita.
Ο Πάικ και ο Νταμπ ακολούθησαν από κοντά, τρέχοντας για να σωθούν.
Il resto della squadra si disperse e li inseguì.
Η υπόλοιπη ομάδα διαλύθηκε και σκορπίστηκε, ακολουθώντας τους.
Buck raccolse le forze per correre, ma poi vide un lampo.
Ο Μπακ μάζεψε τις δυνάμεις του για να τρέξει, αλλά τότε είδε μια λάμψη.
Spitz si lanciò verso Buck, cercando di buttarlo a terra.
Ο Σπιτζ όρμησε στο πλευρό του Μπακ, προσπαθώντας να τον ρίξει στο έδαφος.
Sotto quella banda di husky, Buck non avrebbe avuto scampo.
Κάτω από αυτό το όχλο των χάσκι, ο Μπακ δεν θα είχε καμία διαφυγή.
Ma Buck rimase fermo e si preparò al colpo di Spitz.
Αλλά ο Μπακ έμεινε σταθερός και προετοιμασμένος για το χτύπημα του Σπιτζ.
Poi si voltò e corse sul ghiaccio con la squadra in fuga.
Έπειτα γύρισε και έτρεξε στον πάγο με την ομάδα που έφευγε.

Più tardi i nove cani da slitta si radunarono al riparo del bosco.

Αργότερα, τα εννέα σκυλιά έλκηθρου συγκεντρώθηκαν στο καταφύγιο του δάσους.

Nessuno li inseguiva più, ma erano malconci e feriti.

Κανείς δεν τους κυνηγούσε πια, αλλά ήταν ξυλοκοπημένοι και τραυματισμένοι.

Ogni cane presentava delle ferite: quattro o cinque tagli profondi su ogni corpo.

Κάθε σκύλος είχε τραύματα· τέσσερις ή πέντε βαθιές τομές σε κάθε σώμα.

Dub aveva una zampa posteriore ferita e ora faceva fatica a camminare.

Ο Νταμπ είχε τραυματισμένο πίσω πόδι και δυσκολευόταν να περπατήσει τώρα.

Dolly, l'ultimo cane arrivato da Dyea, aveva la gola tagliata.

Η Ντόλι, η νεότερη σκυλίτσα από την Ντάια, είχε κομμένο λαιμό.

Joe aveva perso un occhio e l'orecchio di Billee era stato tagliato a pezzi

Ο Τζο είχε χάσει το ένα του μάτι και το αυτί της Μπίλι είχε κοπεί σε κομμάτια

Tutti i cani piansero per il dolore e la sconfitta durante la notte.

Όλα τα σκυλιά έκλαιγαν από πόνο και ήττα όλη τη νύχτα.

All'alba tornarono lentamente all'accampamento, doloranti e distrutti.

Την αυγή γύρισαν κρυφά στο στρατόπεδο, πληγωμένοι και διαλυμένοι.

Gli husky erano scomparsi, ma il danno era fatto.

Τα χάσκι είχαν εξαφανιστεί, αλλά η ζημιά είχε γίνει.

Perrault e François erano di pessimo umore e osservavano le rovine.

Ο Περώ και ο Φρανσουά στέκονταν με άσχημες διαθέσεις πάνω από τα ερείπια.

Metà del cibo era sparito, rubato dai ladri affamati.

Τα μισά τρόφιμα είχαν εξαφανιστεί, τα άρπαξαν οι πεινασμένοι κλέφτες.

Gli husky avevano strappato le corde e la tela della slitta.

Τα χάσκι είχαν σκίσει δέστρες έλκηθρου και καμβά.
Tutto ciò che aveva odore di cibo era stato divorato completamente.
Οτιδήποτε είχε μυρωδιά φαγητού είχε καταβροχθιστεί ολοσχερώς.
Mangiarono un paio di stivali da viaggio in pelle di alce di Perrault.
Έφαγαν ένα ζευγάρι ταξιδιωτικές μπότες του Περό από δέρμα άλκης.
Hanno masticato le pelli e rovinato i cinturini rendendoli inutilizzabili.
Μασούσαν δερμάτινα ρεΐ και κατέστρεφαν τα λουριά τους αχρησιμοποίητα.
François smise di fissare la frusta strappata per controllare i cani.
Ο Φρανσουά σταμάτησε να κοιτάζει το σκισμένο βλέφαρο για να ελέγξει τα σκυλιά.
«Ah, amici miei», disse con voce bassa e preoccupata.
«Α, φίλοι μου», είπε με χαμηλή φωνή και γεμάτη ανησυχία.
"Forse tutti questi morsi vi trasformeranno in bestie pazze."
«Ίσως όλα αυτά τα δαγκώματα σας μετατρέψουν σε τρελά θηρία.»
"Forse tutti cani rabbiosi, sacredam! Che ne pensi, Perrault?"
«Ίσως όλα τα τρελά σκυλιά, ιερέα! Τι νομίζεις, Περώ;»
Perrault scosse la testa, con gli occhi scuri per la preoccupazione e la paura.
Ο Περώ κούνησε το κεφάλι του, με τα μάτια του σκούρα από ανησυχία και φόβο.
C'erano ancora quattrocento miglia tra loro e Dawson.
Τετρακόσια μίλια απείχαν ακόμα από αυτούς και τον Ντόσον.
La follia dei cani potrebbe ormai distruggere ogni possibilità di sopravvivenza.
Η τρέλα με τα σκυλιά τώρα θα μπορούσε να καταστρέψει κάθε πιθανότητα επιβίωσης.
Hanno passato due ore a imprecare e a cercare di riparare l'attrezzatura.

Πέρασαν δύο ώρες βρίζοντας και προσπαθώντας να επισκευάσουν τον εξοπλισμό.
La squadra ferita alla fine lasciò l'accampamento, distrutta e sconfitta.
Η τραυματισμένη ομάδα τελικά εγκατέλειψε το στρατόπεδο, συντετριμμένη και ηττημένη.
Questo è stato il sentiero più duro finora e ogni passo è stato doloroso.
Αυτή ήταν η πιο δύσκολη διαδρομή μέχρι τώρα, και κάθε βήμα ήταν επώδυνο.
Il fiume Thirty Mile non era ghiacciato e scorreva impetuoso.
Ο ποταμός Thirty Mile δεν είχε παγώσει και ορμούσε μανιωδώς.
Soltanto nei punti calmi e nei vortici il ghiaccio riusciva a resistere.
Μόνο σε ήρεμα σημεία και στροβιλιζόμενους δίνες κατάφερε να συγκρατηθεί ο πάγος.
Trascorsero sei giorni di duro lavoro per percorrere le trenta miglia.
Πέρασαν έξι μέρες σκληρής δουλειάς μέχρι να ολοκληρωθούν τα τριάντα μίλια.
Ogni miglio del sentiero porta con sé pericoli e minacce di morte.
Κάθε μίλι του μονοπατιού έφερνε κίνδυνο και την απειλή του θανάτου.
Uomini e cani rischiavano la vita a ogni passo doloroso.
Οι άντρες και τα σκυλιά διακινδύνευαν τη ζωή τους με κάθε επώδυνο βήμα.
Perrault riuscì a superare i sottili ponti di ghiaccio una dozzina di volte.
Ο Περό έσπασε λεπτές γέφυρες από πάγο δώδεκα διαφορετικές φορές.
Prese un palo e lo lasciò cadere nel buco creato dal suo corpo.
Κρατούσε ένα κοντάρι και το άφησε να πέσει στην τρύπα που είχε κάνει το σώμα του.

Quel palo salvò Perrault più di una volta dall'annegamento.
Αυτός ο στύλος έσωσε τον Περώ από πνιγμό περισσότερες από μία φορές.
L'ondata di freddo persisteva, la temperatura era di cinquanta gradi sotto zero.
Το κύμα ψύχους παρέμεινε σταθερό, ο αέρας ήταν πενήντα βαθμοί υπό το μηδέν.
Ogni volta che cadeva, Perrault era costretto ad accendere un fuoco per sopravvivere.
Κάθε φορά που έπεφτε μέσα, ο Περό έπρεπε να ανάβει φωτιά για να επιβιώσει.
Gli abiti bagnati si congelavano rapidamente, perciò li faceva asciugare vicino al calore cocente.
Τα βρεγμένα ρούχα πάγωσαν γρήγορα, οπότε τα στέγνωσε κοντά σε καυτή ζέστη.
Perrault non provava mai paura, e questo faceva di lui un corriere.
Κανένας φόβος δεν άγγιξε ποτέ τον Περώ, και αυτό τον έκανε αγγελιαφόρο.
Fu scelto per affrontare il pericolo e lo affrontò con silenziosa determinazione.
Επιλέχθηκε για τον κίνδυνο και τον αντιμετώπισε με σιωπηλή αποφασιστικότητα.
Si spinse in avanti controvento, con il viso raggrinzito e congelato.
Προχώρησε μπροστά στον άνεμο, με το ζαρωμένο πρόσωπό του να έχει παγώσει.
Perrault li guidò in avanti dall'alba al tramonto.
Από την αχνή αυγή μέχρι το σούρουπο, ο Περώ τους οδήγησε μπροστά.
Camminava sul ghiaccio sottile che scricchiolava a ogni passo.
Περπατούσε πάνω σε στενό χείλος πάγου που ράγιζε με κάθε βήμα.
Non osavano fermarsi: ogni pausa rischiava di provocare un crollo mortale.

Δεν τολμούσαν να σταματήσουν — κάθε παύση κινδύνευε με θανατηφόρα κατάρρευση.

Una volta la slitta si ruppe, trascinando dentro Dave e Buck.

Μια φορά το έλκηθρο διέσχισε, τραβώντας μέσα τον Ντέιβ και τον Μπακ.

Quando furono liberati, entrambi erano quasi congelati.

Μέχρι τη στιγμή που τους έβγαλαν ελεύθερους, και οι δύο είχαν σχεδόν παγώσει.

Gli uomini accesero rapidamente un fuoco per salvare Buck e Dave.

Οι άντρες άναψαν γρήγορα φωτιά για να κρατήσουν ζωντανούς τον Μπακ και τον Ντέιβ.

I cani erano ricoperti di ghiaccio dal naso alla coda, rigidi come legno intagliato.

Τα σκυλιά ήταν καλυμμένα με πάγο από τη μύτη μέχρι την ουρά, άκαμπτα σαν σκαλιστό ξύλο.

Gli uomini li fecero correre in cerchio vicino al fuoco per scongelarne i corpi.

Οι άντρες τα έτρεξαν σε κύκλους κοντά στη φωτιά για να ξεπαγώσουν τα σώματά τους.

Si avvicinarono così tanto alle fiamme che la loro pelliccia rimase bruciacchiata.

Πλησίασαν τόσο κοντά στις φλόγες που κάηκε η γούνα τους.

Spitz ruppe poi il ghiaccio, trascinando dietro di sé la squadra.

Ο Σπιτζ έσπασε στη συνέχεια τον πάγο, σέρνοντας την ομάδα πίσω του.

La frenata arrivava fino al punto in cui Buck stava tirando.

Το διάλειμμα έφτανε μέχρι εκεί που τραβούσε ο Μπακ.

Buck si appoggiò bruscamente allo schienale, con le zampe che scivolavano e tremavano sul bordo.

Ο Μπακ έγειρε δυνατά προς τα πίσω, με τα πόδια του να γλιστρούν και να τρέμουν στην άκρη.

Anche Dave si sforzò all'indietro, proprio dietro Buck sulla linea.

Ο Ντέιβ επίσης τεντώθηκε προς τα πίσω, ακριβώς πίσω από τον Μπακ στη γραμμή.

François tirava la slitta e i suoi muscoli scricchiolavano per lo sforzo.

Ο Φρανσουά έσερνε το έλκηθρο, οι μύες του έσπασαν από την προσπάθεια.

Un'altra volta, il ghiaccio del bordo si è crepato davanti e dietro la slitta.

Μια άλλη φορά, ο πάγος στο χείλος του έλκηθρου έσπασε πριν και πίσω από το έλκηθρο.

Non avevano altra via d'uscita se non quella di arrampicarsi su una parete ghiacciata.

Δεν είχαν άλλη διέξοδο παρά να σκαρφαλώσουν σε έναν παγωμένο γκρεμό.

In qualche modo Perrault riuscì a scalare il muro: un miracolo lo tenne in vita.

Ο Περώ σκαρφάλωσε με κάποιο τρόπο στον τοίχο· ένα θαύμα τον κράτησε ζωντανό.

François rimase sottocoperta, pregando che gli capitasse la stessa fortuna.

Ο Φρανσουά έμεινε από κάτω, προσευχόμενος για την ίδια τύχη.

Legarono ogni cinghia, legatura e tirante in un'unica lunga corda.

Έδεσαν κάθε ιμάντα, κάθε ιμάντα και κάθε ίχνος σε ένα μακρύ σχοινί.

Gli uomini trascinarono i cani uno alla volta fino in cima.

Οι άντρες τράβηξαν κάθε σκύλο, έναν κάθε φορά, μέχρι την κορυφή.

François salì per ultimo, dopo la slitta e tutto il carico.

Ο Φρανσουά ανέβηκε τελευταίος, μετά το έλκηθρο και ολόκληρο το φορτίο.

Poi iniziò una lunga ricerca di un sentiero che scendesse dalle scogliere.

Έπειτα ξεκίνησε μια μακρά αναζήτηση για ένα μονοπάτι προς τα κάτω από τους γκρεμούς.

Alla fine scesero utilizzando la stessa corda che avevano costruito.
Τελικά κατέβηκαν χρησιμοποιώντας το ίδιο σχοινί που είχαν φτιάξει.
Scese la notte mentre tornavano al letto del fiume, esausti e doloranti.
Η νύχτα έπεσε καθώς επέστρεψαν στην κοίτη του ποταμού, εξαντλημένοι και πληγωμένοι.
Avevano impiegato un giorno intero per percorrere solo un quarto di miglio.
Είχαν χρειαστεί μια ολόκληρη μέρα για να καλύψουν μόνο ένα τέταρτο του μιλίου.
Quando giunsero all'Hootalinqua, Buck era sfinito.
Μέχρι να φτάσουν στο Χουταλίνκουα, ο Μπακ ήταν εξαντλημένος.
Anche gli altri cani soffrivano le stesse condizioni del sentiero.
Τα άλλα σκυλιά υπέφεραν εξίσου άσχημα από τις συνθήκες του μονοπατιού.
Ma Perrault aveva bisogno di recuperare tempo e li spingeva avanti giorno dopo giorno.
Αλλά ο Περώ χρειαζόταν να ανακτήσει τον χρόνο του και τους πίεζε κάθε μέρα που περνούσε.
Il primo giorno percorsero trenta miglia fino a Big Salmon.
Την πρώτη μέρα ταξίδεψαν τριάντα μίλια μέχρι το Μπιγκ Σάλμον.
Il giorno dopo percorsero trentacinque miglia fino a Little Salmon.
Την επόμενη μέρα ταξίδεψαν τριάντα πέντε μίλια μέχρι το Λιτλ Σάλμον.
Il terzo giorno percorsero quaranta miglia ghiacciate.
Την τρίτη μέρα διέσχισαν σαράντα μεγάλα παγωμένα μίλια.
A quel punto si stavano avvicinando all'insediamento di Five Fingers.
Μέχρι τότε, πλησίαζαν τον οικισμό Five Fingers.

I piedi di Buck erano più morbidi di quelli duri degli husky autoctoni.
Τα πόδια του Μπακ ήταν πιο μαλακά από τα σκληρά πόδια των ιθαγενών χάσκι.
Le sue zampe erano diventate tenere nel corso di molte generazioni civilizzate.
Τα πόδια του είχαν γίνει τρυφερά με το πέρασμα πολλών πολιτισμένων γενεών.
Molto tempo fa, i suoi antenati erano stati addomesticati dagli uomini del fiume o dai cacciatori.
Πριν από πολύ καιρό, οι πρόγονοί του είχαν εξημερωθεί από άντρες του ποταμού ή κυνηγούς.
Ogni giorno Buck zoppicava per il dolore, camminando con le zampe screpolate e doloranti.
Κάθε μέρα ο Μπακ κουτσαίνοντας από τον πόνο, περπατώντας σε πληγωμένα, πονεμένα πόδια.
Giunto all'accampamento, Buck cadde come un corpo senza vita sulla neve.
Στην κατασκήνωση, ο Μπακ έπεσε σαν άψυχη μορφή πάνω στο χιόνι.
Sebbene fosse affamato, Buck non si alzò per consumare il pasto serale.
Αν και πεινούσε, ο Μπακ δεν σηκώθηκε για να φάει το βραδινό του.
François portò la sua razione a Buck, mettendogli del pesce vicino al muso.
Ο Φρανσουά έφερε στον Μπακ τη μερίδα του, βάζοντας ψάρια δίπλα στο ρύγχος του.
Ogni notte l'autista massaggiava i piedi di Buck per mezz'ora.
Κάθε βράδυ ο οδηγός έτριβε τα πόδια του Μπακ για μισή ώρα.
François arrivò persino a tagliare i suoi mocassini per farne delle calzature per cani.
Ο Φρανσουά έκοψε ακόμη και τα δικά του μοκασίνια για να φτιάξει υποδήματα για σκύλους.

Quattro scarpe calde diedero a Buck un grande e gradito sollievo.
Τέσσερα ζεστά παπούτσια έδωσαν στον Μπακ μια μεγάλη και ευπρόσδεκτη ανακούφιση.
Una mattina François dimenticò le scarpe e Buck si rifiutò di alzarsi.
Ένα πρωί, ο Φρανσουά ξέχασε τα παπούτσια και ο Μπακ αρνήθηκε να σηκωθεί.
Buck giaceva sulla schiena, con i piedi in aria, e li agitava in modo pietoso.
Ο Μπακ ήταν ξαπλωμένος ανάσκελα, με τα πόδια ψηλά, κουνώντας τα με αξιολύπητο τρόπο.
Persino Perrault sorrise alla vista dell'appello drammatico di Buck.
Ακόμα και ο Περό χαμογέλασε στη θέα της δραματικής έκκλησης του Μπακ.
Ben presto i piedi di Buck diventarono duri e le scarpe poterono essere tolte.
Σύντομα τα πόδια του Μπακ σκληρύνθηκαν και τα παπούτσια μπορούσαν να πεταχτούν.
A Pelly, durante il periodo in cui veniva imbrigliata, Dolly emise un ululato terribile.
Στο Πέλι, κατά τη διάρκεια της χρήσης της ιπποσκευής, η Ντόλι έβγαλε ένα τρομερό ουρλιαχτό.
Il grido era lungo e pieno di follia, e fece tremare tutti i cani.
Η κραυγή ήταν μακρά και γεμάτη τρέλα, τρέμοντας κάθε σκύλο.
Ogni cane si rizzava per la paura, senza capirne il motivo.
Κάθε σκύλος ανατρίχιασε από φόβο χωρίς να ξέρει τον λόγο.
Dolly era impazzita e si era scagliata contro Buck.
Η Ντόλι είχε τρελλαθεί και όρμησε κατευθείαν στον Μπακ.
Buck non aveva mai visto la follia, ma l'orrore gli riempì il cuore.
Ο Μπακ δεν είχε ξαναδεί τρέλα, αλλά η καρδιά του γέμιζε με φρίκη.

Senza pensarci due volte, si voltò e fuggì in preda al panico più assoluto.
Χωρίς να το σκεφτεί, γύρισε και έφυγε τρέχοντας πανικόβλητος.
Dolly lo inseguì, con gli occhi selvaggi e la saliva che le colava dalle fauci.
Η Ντόλι τον κυνήγησε, με τα μάτια της άγρια, και το σάλιο να τρέχει από τα σαγόνια της.
Si tenne sempre dietro a Buck, senza mai guadagnare terreno e senza mai indietreggiare.
Παρέμεινε ακριβώς πίσω από τον Μπακ, χωρίς να κερδίζει ποτέ και χωρίς να υποχωρεί ποτέ.
Buck corse attraverso i boschi, giù per l'isola, sul ghiaccio frastagliato.
Ο Μπακ έτρεξε μέσα από δάση, κάτω από το νησί, πάνω σε τραχύ πάγο.
Attraversò un'isola, poi un'altra, per poi tornare indietro verso il fiume.
Πέρασε σε ένα νησί, μετά σε ένα άλλο, κάνοντας κύκλους πίσω στο ποτάμι.
Dolly continuava a inseguirlo, ringhiando sempre più forte a ogni passo.
Η Ντόλι εξακολουθούσε να τον κυνηγάει, με το γρύλισμα της από πίσω σε κάθε βήμα.
Buck poteva sentire il suo respiro e la sua rabbia, anche se non osava voltarsi indietro.
Ο Μπακ άκουγε την ανάσα και την οργή της, αν και δεν τολμούσε να κοιτάξει πίσω.
François gridò da lontano e Buck si voltò verso la voce.
Ο Φρανσουά φώναξε από μακριά και ο Μπακ γύρισε προς τη φωνή.
Ancora senza fiato, Buck corse oltre, riponendo ogni speranza in François.
Λαχανιάζοντας ακόμα για να αναπνεύσει, ο Μπακ έτρεξε, εναποθέτοντας όλες τις ελπίδες του στον Φρανσουά.
Il conducente del cane sollevò un'ascia e aspettò che Buck gli passasse accanto.

Ο οδηγός του σκύλου σήκωσε ένα τσεκούρι και περίμενε καθώς ο Μπακ περνούσε πετώντας.

L'ascia calò rapidamente e colpì la testa di Dolly con forza mortale.

Το τσεκούρι έπεσε γρήγορα και χτύπησε το κεφάλι της Ντόλι με θανατηφόρα δύναμη.

Buck crollò vicino alla slitta, ansimando e incapace di muoversi.

Ο Μπακ κατέρρευσε κοντά στο έλκηθρο, συριγμώντας και ανίκανος να κουνηθεί.

Quel momento diede a Spitz la possibilità di colpire un nemico esausto.

Εκείνη η στιγμή έδωσε στον Σπιτζ την ευκαιρία να χτυπήσει έναν εξαντλημένο εχθρό.

Morse Buck due volte, strappandogli la carne fino all'osso bianco.

Δύο φορές δάγκωσε τον Μπακ, ξεσχίζοντας τη σάρκα μέχρι το άσπρο κόκκαλο.

La frusta di François schioccò, colpendo Spitz con tutta la sua forza, con furia.

Το μαστίγιο του Φρανσουά έσπασε, χτυπώντας τον Σπιτζ με όλη του τη δύναμη.

Buck guardò con gioia Spitz mentre riceveva il pestaggio più duro fino a quel momento.

Ο Μπακ παρακολουθούσε με χαρά τον Σπιτζ να δέχεται το πιο σκληρό ξυλοδαρμό που είχε υποστεί μέχρι τότε.

«È un diavolo, quello Spitz», borbottò Perrault tra sé e sé.

«Είναι διάβολος αυτός ο Σπιτζ», μουρμούρισε σκοτεινά στον εαυτό του ο Περό.

"Un giorno o l'altro, quel cane maledetto ucciderà Buck, lo giuro."

«Κάποια μέρα σύντομα, αυτός ο καταραμένος σκύλος θα σκοτώσει τον Μπακ—το ορκίζομαι.»

«Quel Buck ha due diavoli dentro di sé», rispose François annuendo.

«Αυτός ο Μπακ έχει δύο διαβόλους μέσα του», απάντησε ο Φρανσουά με ένα νεύμα.

"Quando osservo Buck, so che dentro di lui si cela qualcosa di feroce."
«Όταν παρακολουθώ τον Μπακ, ξέρω ότι κάτι άγριο τον περιμένει μέσα του.»
"Un giorno, si infurierà come il fuoco e farà a pezzi Spitz."
«Μια μέρα, θα θυμώσει σαν φωτιά και θα κάνει κομμάτια τον Σπιτζ.»
"Masticherà quel cane e lo sputerà sulla neve ghiacciata."
«Θα μασήσει αυτό το σκυλί και θα το φτύσει στο παγωμένο χιόνι.»
"Certo, lo so fin nel profondo."
«Σίγουρα, όπως οτιδήποτε άλλο, το ξέρω αυτό βαθιά μέσα μου.»
Da quel momento in poi, i due cani furono in guerra tra loro.
Από εκείνη τη στιγμή και μετά, τα δύο σκυλιά ήταν μπλεγμένα σε πόλεμο.
Spitz guidava la squadra e deteneva il potere, ma Buck lo sfidava.
Ο Σπιτζ ηγήθηκε της ομάδας και κατείχε την εξουσία, αλλά ο Μπακ το αμφισβήτησε αυτό.
Spitz si rese conto che il suo rango era minacciato da questo strano straniero del Sud.
Ο Σπιτζ είδε την κατάταξή του να απειλείται από αυτόν τον περίεργο ξένο του Σάουθλαντ.
Buck era diverso da tutti i cani del sud che Spitz aveva conosciuto fino ad allora.
Ο Μπακ δεν έμοιαζε με κανέναν σκύλο του Νότου που είχε γνωρίσει πριν ο Σπιτζ.
La maggior parte di loro fallì: troppo deboli per sopravvivere al freddo e alla fame.
Οι περισσότεροι από αυτούς απέτυχαν — πολύ αδύναμοι για να επιβιώσουν από το κρύο και την πείνα.
Morirono rapidamente a causa del lavoro, del gelo e del lento bruciare della carestia.
Πέθαιναν γρήγορα κάτω από την εργασία, τον παγετό και την αργή καύση του λιμού.

Buck si distingueva: ogni giorno più forte, più intelligente e più selvaggio.
Ο Μπακ ξεχώριζε—όλο και πιο δυνατός, πιο έξυπνος και πιο άγριος κάθε μέρα.

Ha prosperato nonostante le difficoltà, crescendo al pari degli husky del nord.
Άνθισε στις κακουχίες, μεγαλώνοντας για να φτάσει τα βόρεια χάσκι.

Buck era dotato di forza, abilità straordinaria e un istinto paziente e letale.
Ο Μπακ είχε δύναμη, άγρια επιδεξιότητα και ένα υπομονετικό, θανατηφόρο ένστικτο.

L'uomo con la mazza aveva annientato Buck per fargli perdere la temerarietà.
Ο άντρας με το ρόπαλο είχε διώξει την απερισκεψία του Μπακ.

La furia cieca se n'era andata, sostituita da un'astuzia silenziosa e dal controllo.
Η τυφλή οργή είχε εξαφανιστεί, και τη θέση της είχε πάρει η ήσυχη πονηριά και ο έλεγχος.

Attese, calmo e primordiale, in attesa del momento giusto.
Περίμενε, ήρεμος και πρωτόγονος, αναζητώντας την κατάλληλη στιγμή.

La loro lotta per il comando divenne inevitabile e chiara.
Η μάχη τους για την κυριαρχία έγινε αναπόφευκτη και ξεκάθαρη.

Buck desiderava la leadership perché il suo spirito la richiedeva.
Ο Μπακ επιθυμούσε ηγεσία επειδή το απαιτούσε το πνεύμα του.

Era spinto da quello strano orgoglio che nasceva dal sentiero e dall'imbracatura.
Τον παρακινούσε η παράξενη υπερηφάνεια που γεννιέται από το μονοπάτι και την ιπποσκευή.

Quell'orgoglio faceva sì che i cani tirassero fino a crollare sulla neve.

Αυτή η υπερηφάνεια έκανε τα σκυλιά να σέρνονται μέχρι που σωριάστηκαν στο χιόνι.
L'orgoglio li spinse a dare tutta la forza che avevano.
Η υπερηφάνεια τους παρέσυρε να δώσουν όλη τους τη δύναμη.
L'orgoglio può trascinare un cane da slitta fino al punto di ucciderlo.
Η υπερηφάνεια μπορεί να δελεάσει ένα σκυλί έλκηθρου ακόμη και μέχρι θανάτου.
Perdere l'imbracatura rendeva i cani deboli e senza scopo.
Η απώλεια της ζώνης άφησε τα σκυλιά λυγισμένα και χωρίς σκοπό.
Il cuore di un cane da slitta può essere spezzato dalla vergogna quando va in pensione.
Η καρδιά ενός σκύλου έλκηθρου μπορεί να συντριβεί από ντροπή όταν αποσυρθεί.
Dave viveva con questo orgoglio mentre trascinava la slitta da dietro.
Ο Ντέιβ ζούσε με αυτή την υπερηφάνεια καθώς έσερνε το έλκηθρο από πίσω.
Anche Solleks diede il massimo con cupa forza e lealtà.
Και ο Σόλεκς έδωσε τον καλύτερό του εαυτό με σκληρή δύναμη και αφοσίωση.
Ogni mattina l'orgoglio li trasformava da amareggiati a determinati.
Κάθε πρωί, η υπερηφάνεια τους μετέτρεπε από πικρούς σε αποφασιστικούς.
Spinsero per tutto il giorno, poi tacquero una volta giunti alla fine dell'accampamento.
Σπρώχνονταν όλη μέρα και μετά σιωπούσαν στην άκρη του στρατοπέδου.
Quell'orgoglio diede a Spitz la forza di mettere in riga i fannulloni.
Αυτή η υπερηφάνεια έδωσε στον Σπιτζ τη δύναμη να νικήσει τους ατίθασους.
Spitz temeva Buck perché Buck nutriva lo stesso profondo orgoglio.

Ο Σπιτζ φοβόταν τον Μπακ επειδή ο Μπακ έτρεφε την ίδια βαθιά υπερηφάνεια.

L'orgoglio di Buck ora si agitò contro Spitz, ma lui non si fermò.

Η υπερηφάνεια του Μπακ τώρα σάλεψε με τον Σπιτζ και δεν σταμάτησε.

Buck sfidò il potere di Spitz e gli impedì di punire i cani.

Ο Μπακ αψήφησε τη δύναμη του Σπιτζ και τον εμπόδισε να τιμωρήσει σκυλιά.

Quando gli altri fallivano, Buck si frapponeva tra loro e il loro capo.

Όταν άλλοι αποτύγχαναν, ο Μπακ έμπαινε ανάμεσα σε αυτούς και τον αρχηγό τους.

Lo fece con intenzione, rendendo la sua sfida aperta e chiara.

Το έκανε αυτό με πρόθεση, καθιστώντας την πρόκλησή του ανοιχτή και σαφή.

Una notte una forte nevicata coprì il mondo in un profondo silenzio.

Μια νύχτα, πυκνό χιόνι σκέπασε τον κόσμο σε βαθιά σιωπή.

La mattina dopo, Pike, pigro come sempre, non si alzò per andare al lavoro.

Το επόμενο πρωί, ο Πάικ, τεμπέλης όπως πάντα, δεν σηκώθηκε για τη δουλειά.

Rimase nascosto nel suo nido sotto uno spesso strato di neve.

Έμεινε κρυμμένος στη φωλιά του κάτω από ένα παχύ στρώμα χιονιού.

François gridò e cercò, ma non riuscì a trovare il cane.

Ο Φρανσουά φώναξε και έψαξε, αλλά δεν μπόρεσε να βρει τον σκύλο.

Spitz si infuriò e si scagliò contro l'accampamento coperto di neve.

Ο Σπιτζ έγινε έξαλλος και εισέβαλε στο χιονισμένο στρατόπεδο.

Ringhiò e annusò, scavando freneticamente con gli occhi fiammeggianti.

Γρύλισε και ρουθούνισε, σκάβοντας σαν τρελό με φλεγόμενα μάτια.

La sua rabbia era così violenta che Pike tremava sotto la neve per la paura.

Η οργή του ήταν τόσο έντονη που ο Πάικ έτρεμε κάτω από το χιόνι από φόβο.

Quando finalmente Pike fu trovato, Spitz si lanciò per punire il cane nascosto.

Όταν ο Πάικ τελικά βρέθηκε, ο Σπιτζ όρμησε για να τιμωρήσει τον σκύλο που κρυβόταν.

Ma Buck si scagliò tra loro con una furia pari a quella di Spitz.

Αλλά ο Μπακ όρμησε ανάμεσά τους με μια οργή ίση με τη δική του Σπιτζ.

L'attacco fu così improvviso e astuto che Spitz cadde a terra.

Η επίθεση ήταν τόσο ξαφνική και έξυπνη που ο Σπιτζ έπεσε από τα πόδια του.

Pike, che tremava, trasse coraggio da questa sfida.

Ο Πάικ, που έτρεμε, πήρε θάρρος από αυτή την ανυπακοή.

Seguendo l'audace esempio di Buck, saltò sullo Spitz caduto.

Πήδηξε πάνω στον πεσμένο Σπιτζ, ακολουθώντας το τολμηρό παράδειγμα του Μπακ.

Buck, non più vincolato dall'equità, si unì allo sciopero di Spitz.

Ο Μπακ, μη δεσμευμένος πλέον από δικαιοσύνη, συμμετείχε στην απεργία κατά του Σπιτζ.

François, divertito ma fermo nella disciplina, agitò la sua pesante frusta.

Ο Φρανσουά, διασκεδασμένος αλλά σταθερός στην πειθαρχία, κούνησε το βαρύ μαστίγιό του.

Colpì Buck con tutta la sua forza per interrompere la rissa.

Χτύπησε τον Μπακ με όλη του τη δύναμη για να διακόψει τη μάχη.

Buck si rifiutò di muoversi e rimase in groppa al capo caduto.

Ο Μπακ αρνήθηκε να κινηθεί και έμεινε πάνω στον πεσμένο αρχηγό.

François allora usò il manico della frusta e colpì Buck con violenza.
Ο Φρανσουά χρησιμοποίησε στη συνέχεια τη λαβή του μαστιγίου, χτυπώντας δυνατά τον Μπακ.
Barcollando per il colpo, Buck cadde all'indietro sotto l'assalto.
Τρεκλίζοντας από το χτύπημα, ο Μπακ υποχώρησε υπό την επίθεση.
François colpì più volte mentre Spitz puniva Pike.
Ο Φρανσουά χτυπούσε ξανά και ξανά ενώ ο Σπιτς τιμωρούσε τον Πάικ.

Passarono i giorni e Dawson City si avvicinava sempre di più.
Οι μέρες περνούσαν και η πόλη Ντόσον πλησίαζε όλο και περισσότερο.
Buck continuava a intromettersi, infilandosi tra Spitz e gli altri cani.
Ο Μπακ συνέχιζε να ανακατεύεται, γλιστρώντας ανάμεσα στον Σπιτζ και τα άλλα σκυλιά.
Sceglieva bene i suoi momenti, aspettando sempre che François se ne andasse.
Διάλεγε καλά τις στιγμές του, περιμένοντας πάντα τον Φρανσουά να φύγει.
La ribellione silenziosa di Buck si diffuse e il disordine prese piede nella squadra.
Η σιωπηλή εξέγερση του Μπακ εξαπλώθηκε και η αταξία ρίζωσε στην ομάδα.
Dave e Solleks rimasero leali, ma altri diventarono indisciplinati.
Ο Ντέιβ και ο Σόλεκς παρέμειναν πιστοί, αλλά άλλοι έγιναν άτακτοι.
La squadra peggiorò: divenne irrequieta, litigiosa e fuori luogo.
Η ομάδα χειροτέρευε — ήταν ανήσυχη, καβγατζής και εκτός ορίων.

Ormai niente filava liscio e le liti diventavano all'ordine del giorno.
Τίποτα δεν λειτουργούσε πια ομαλά και οι καβγάδες έγιναν συνηθισμένοι.
Buck rimase sempre al centro dei guai, provocando disordini.
Ο Μπακ παρέμεινε στην καρδιά του προβλήματος, προκαλώντας πάντα αναταραχή.
François rimase vigile, temendo la lotta tra Buck e Spitz.
Ο Φρανσουά παρέμεινε σε εγρήγορση, φοβούμενος τη μάχη μεταξύ του Μπακ και του Σπιτζ.
Ogni notte veniva svegliato da zuffe e temeva che finalmente fosse arrivato l'inizio.
Κάθε βράδυ, τον ξυπνούσαν συμπλοκές, φοβούμενος ότι επιτέλους θα είχε έρθει η αρχή.
Balzò fuori dalla veste, pronto a interrompere la rissa.
Πήδηξε από τη ρόμπα του, έτοιμος να διαλύσει τη μάχη.
Ma il momento non arrivò mai e alla fine raggiunsero Dawson.
Αλλά η στιγμή δεν ήρθε ποτέ, και τελικά έφτασαν στο Ντόσον.
La squadra entrò in città in un pomeriggio cupo, teso e silenzioso.
Η ομάδα μπήκε στην πόλη ένα ζοφερό απόγευμα, τεταμένη και ήσυχη.
La grande battaglia per la leadership era ancora sospesa nell'aria gelida.
Η μεγάλη μάχη για την ηγεσία εξακολουθούσε να αιωρείται στον παγωμένο αέρα.
Dawson era piena di uomini e cani da slitta, tutti impegnati nel lavoro.
Το Ντόσον ήταν γεμάτο άντρες και σκυλιά για έλκηθρα, όλοι απασχολημένοι με τη δουλειά.
Buck osservava i cani trainare i carichi dalla mattina alla sera.
Ο Μπακ παρακολουθούσε τα σκυλιά να τραβούν φορτία από το πρωί μέχρι το βράδυ.

Trasportavano tronchi e legna da ardere e spedivano rifornimenti alle miniere.
Μετέφεραν κορμούς και καυσόξυλα, μετέφεραν προμήθειες στα ορυχεία.

Nel Southland, dove un tempo lavoravano i cavalli, ora lavoravano i cani.
Εκεί που κάποτε δούλευαν τα άλογα στο Σάουθλαντ, τώρα δούλευαν τα σκυλιά.

Buck vide alcuni cani provenienti dal Sud, ma la maggior parte erano husky simili a lupi.
Ο Μπακ είδε μερικά σκυλιά από τον Νότο, αλλά τα περισσότερα ήταν χάσκι που έμοιαζαν με λύκους.

Di notte, puntuali come un orologio, i cani alzavano la voce e cantavano.
Τη νύχτα, σαν ρολόι, τα σκυλιά ύψωσαν τις φωνές τους τραγουδώντας.

Alle nove, a mezzanotte e di nuovo alle tre, il canto cominciò.
Στις εννέα, τα μεσάνυχτα και ξανά στις τρεις, άρχισε το τραγούδι.

Buck amava unirsi al loro canto inquietante, selvaggio e antico nel suono.
Ο Μπακ λάτρευε να συμμετέχει στην απόκοσμη ψαλμωδία τους, με άγριο και αρχαίο ήχο.

L'aurora fiammeggiava, le stelle danzavano e la neve ricopriva la terra.
Το σέλας φλόγιζε, τα αστέρια χόρευαν και το χιόνι σκέπαζε τη γη.

Il canto dei cani si elevava come un grido contro il silenzio e il freddo pungente.
Το τραγούδι των σκύλων υψώθηκε σαν κραυγή ενάντια στη σιωπή και το τσουχτερό κρύο.

Ma il loro urlo esprimeva tristezza, non sfida, in ogni lunga nota.
Αλλά η κραυγή τους περιείχε θλίψη, όχι πρόκληση, σε κάθε μακρά νότα.

Ogni lamento era pieno di supplica: il peso stesso della vita.

Κάθε θρηνητική κραυγή ήταν γεμάτη ικεσίες· το βάρος της ίδιας της ζωής.

Quella canzone era vecchia, più vecchia delle città e più vecchia degli incendi

Αυτό το τραγούδι ήταν παλιό — παλαιότερο από τις πόλεις, και παλαιότερο από τις φωτιές

Quel canto era più antico perfino delle voci degli uomini.

Αυτό το τραγούδι ήταν αρχαιότερο ακόμη και από τις φωνές των ανθρώπων.

Era una canzone del mondo dei giovani, quando tutte le canzoni erano tristi.

Ήταν ένα τραγούδι από τον νεανικό κόσμο, όταν όλα τα τραγούδια ήταν λυπηρά.

La canzone porta con sé il dolore di innumerevoli generazioni di cani.

Το τραγούδι κουβαλούσε θλίψη από αμέτρητες γενιές σκύλων.

Buck percepì profondamente la melodia, gemendo per un dolore radicato nei secoli.

Ο Μπακ ένιωσε βαθιά τη μελωδία, βογκώντας από πόνο που είχε τις ρίζες του στους αιώνες.

Singhiozzava per un dolore antico quanto il sangue selvaggio nelle sue vene.

Έκλαιγε με λυγμούς από μια θλίψη τόσο παλιά όσο το άγριο αίμα στις φλέβες του.

Il freddo, l'oscurità e il mistero toccarono l'anima di Buck.

Το κρύο, το σκοτάδι και το μυστήριο άγγιξαν την ψυχή του Μπακ.

Quella canzone dimostrava quanto Buck fosse tornato alle sue origini.

Αυτό το τραγούδι απέδειξε πόσο μακριά είχε επιστρέψει ο Μπακ στις ρίζες του.

Tra la neve e gli ululati aveva trovato l'inizio della sua vita.

Μέσα στο χιόνι και τις ουρλιαχτές είχε βρει την αρχή της δικής του ζωής.

Sette giorni dopo l'arrivo a Dawson, ripartirono.

Επτά ημέρες αφότου έφτασαν στο Ντόσον, ξεκίνησαν ξανά.
La squadra si è lanciata dalla caserma fino allo Yukon Trail.
Η ομάδα κατέβηκε από τους Στρατώνες στο Μονοπάτι Γιούκον.
Iniziarono il viaggio di ritorno verso Dyea e Salt Water.
Ξεκίνησαν το ταξίδι της επιστροφής προς τη Ντάια και το Αλμυρό Νερό.
Perrault trasmise dispacci ancora più urgenti di prima.
Ο Περώ μετέφερε αποστολές ακόμη πιο επείγουσες από πριν.
Era anche preso dall'orgoglio per la corsa e puntava a stabilire un record.
Τον κατέλαβε επίσης η υπερηφάνεια για το μονοπάτι και στόχευε να καταρρίψει ένα ρεκόρ.
Questa volta Perrault aveva diversi vantaggi.
Αυτή τη φορά, πολλά πλεονεκτήματα ήταν με το μέρος του Perrault.
I cani avevano riposato per un'intera settimana e avevano ripreso le forze.
Τα σκυλιά είχαν ξεκουραστεί για μια ολόκληρη εβδομάδα και είχαν ανακτήσει τις δυνάμεις τους.
La pista che avevano tracciato era ora battuta da altri.
Το μονοπάτι που είχαν χαράξει ήταν τώρα σκληρό από άλλους.
In alcuni punti la polizia aveva immagazzinato cibo sia per i cani che per gli uomini.
Σε ορισμένα μέρη, η αστυνομία είχε αποθηκεύσει τρόφιμα τόσο για σκύλους όσο και για άνδρες.
Perrault viaggiava leggero, si muoveva velocemente e aveva poco a cui aggrapparsi.
Ο Περώ ταξίδευε ελαφρύς, κινούμενος γρήγορα, χωρίς πολλά να τον βαραίνουν.
La prima sera raggiunsero la Sixty-Mile, una corsa lunga 50 miglia.
Έφτασαν στο Sixty-Mile, μια διαδρομή πενήντα μιλίων, την πρώτη νύχτα.

Il secondo giorno risalirono rapidamente lo Yukon in direzione di Pelly.

Τη δεύτερη μέρα, έσπευσαν στον Γιούκον προς το Πέλι.

Ma questi grandi progressi comportarono anche molta fatica per François.

Αλλά μια τέτοια εξαιρετική πρόοδος ήρθε με μεγάλη πίεση για τον Φρανσουά.

La ribellione silenziosa di Buck aveva infranto la disciplina della squadra.

Η σιωπηλή εξέγερση του Μπακ είχε διαλύσει την πειθαρχία της ομάδας.

Non si univano più come un'unica bestia al comando.

Δεν τραβούσαν πια μαζί σαν ένα θηρίο στα ηνία.

Buck aveva spinto altri alla sfida con il suo coraggioso esempio.

Ο Μπακ είχε οδηγήσει άλλους σε ανυπακοή με το τολμηρό του παράδειγμα.

L'ordine di Spitz non veniva più accolto con timore o rispetto.

Η διοίκηση του Σπιτζ δεν αντιμετωπίστηκε πλέον με φόβο ή σεβασμό.

Gli altri persero ogni timore reverenziale nei suoi confronti e osarono opporsi al suo governo.

Οι άλλοι έχασαν το δέος τους γι' αυτόν και τόλμησαν να αντισταθούν στην κυριαρχία του.

Una notte, Pike rubò mezzo pesce e lo mangiò sotto gli occhi di Buck.

Ένα βράδυ, ο Πάικ έκλεψε μισό ψάρι και το έφαγε μπροστά στα μάτια του Μπακ.

Un'altra notte, Dub e Joe combatterono contro Spitz e rimasero impuniti.

Ένα άλλο βράδυ, ο Νταμπ και ο Τζο πάλεψαν με τον Σπιτζ και έμειναν ατιμώρητοι.

Anche Billee gemette meno dolcemente e mostrò una nuova acutezza.

Ακόμα και η Μπίλι γκρίνιαξε λιγότερο γλυκά και έδειξε νέα οξύτητα.

Buck ringhiava a Spitz ogni volta che si incrociavano.
Ο Μπακ γρύλιζε στον Σπιτζ κάθε φορά που διασταυρώνονταν.
L'atteggiamento di Buck divenne audace e minaccioso, quasi come quello di un bullo.
Η στάση του Μπακ έγινε τολμηρή και απειλητική, σχεδόν σαν νταή.
Camminava avanti e indietro davanti a Spitz con un'andatura spavalda e piena di minaccia beffarda.
Περπάτησε μπροστά από τον Σπιτζ με αλαζονεία, γεμάτος χλευαστική απειλή.
Questo crollo dell'ordine si diffuse anche tra i cani da slitta.
Αυτή η κατάρρευση της τάξης εξαπλώθηκε και ανάμεσα στα σκυλιά που έσερναν έλκηθρο.
Litigarono e discussero più che mai, riempiendo l'accampamento di rumore.
Τσακώθηκαν και λογομάχησαν περισσότερο από ποτέ, γεμίζοντας το στρατόπεδο με θόρυβο.
Ogni notte la vita nel campeggio si trasformava in un caos selvaggio e ululante.
Η ζωή στην κατασκήνωση μετατρεπόταν σε ένα άγριο, ουρλιαχτό χάος κάθε βράδυ.
Solo Dave e Solleks rimasero fermi e concentrati.
Μόνο ο Ντέιβ και ο Σόλεκς παρέμειναν σταθεροί και συγκεντρωμένοι.
Ma anche loro diventarono irascibili a causa delle continue risse.
Αλλά ακόμη και αυτοί οξύθυμοι έγιναν από τους συνεχείς καβγάδες.
François imprecò in lingue strane e batté i piedi per la frustrazione.
Ο Φρανσουά έβριζε σε παράξενες γλώσσες και ποδοπατούσε από απογοήτευση.
Si strappò i capelli e urlò mentre la neve gli volava sotto i piedi.
Έσκισε τα μαλλιά του και φώναξε ενώ το χιόνι έπεφτε κάτω από τα πόδια του.

La sua frusta schioccò contro il gruppo, ma a malapena riuscì a tenerli in riga.
Το μαστίγιό του χτύπησε απότομα την αγέλη, αλλά μετά βίας τους κράτησε στην ευθεία.
Ogni volta che voltava le spalle, la lotta ricominciava.
Κάθε φορά που του γύριζε την πλάτη, οι μάχες ξαναξηνόντουσαν.
François usò la frusta per Spitz, mentre Buck guidava i ribelli.
Ο Φρανσουά χρησιμοποίησε το μαστίγιο για τον Σπιτζ, ενώ ο Μπακ ηγήθηκε των επαναστατών.
Ognuno conosceva il ruolo dell'altro, ma Buck evitava di addossare ogni colpa.
Ο καθένας γνώριζε τον ρόλο του άλλου, αλλά ο Μπακ απέφευγε οποιαδήποτε ευθύνη.
François non ha mai colto Buck mentre iniziava una rissa o si sottraeva al suo lavoro.
Ο Φρανσουά δεν έπιασε ποτέ τον Μπακ να ξεκινά καβγά ή να αποφεύγει τη δουλειά του.
Buck lavorava duramente ai finimenti: la fatica ora gli dava entusiasmo.
Ο Μπακ δούλευε σκληρά φορώντας ιμάντες — ο μόχθος τώρα τον συγκινούσε.
Ma trovava ancora più gioia nel fomentare risse e caos nell'accampamento.
Αλλά έβρισκε ακόμη μεγαλύτερη χαρά στο να προκαλεί μάχες και χάος στο στρατόπεδο.

Una sera, alla foce del Tahkeena, Dub spaventò un coniglio.
Ένα βράδυ, στις εκβολές της Ταχκίνα, ο Νταμπ τρόμαξε ένα κουνέλι.
Mancò la presa e il coniglio con la racchetta da neve balzò via.
Έχασε την ψαριά και το κουνέλι με τα χιονοπέδιλα πετάχτηκε μακριά.
Nel giro di pochi secondi, l'intera squadra di slitte si lanciò all'inseguimento, gridando a squarciagola.

Σε δευτερόλεπτα, ολόκληρη η ομάδα του έλκηθρου όρμησε στο κυνήγι με άγριες κραυγές.

Nelle vicinanze, un accampamento della polizia del nord-ovest ospitava cinquanta cani husky.

Σε κοντινή απόσταση, ένα στρατόπεδο της Βορειοδυτικής Αστυνομίας φιλοξενούσε πενήντα χάσκι σκυλιά.

Si unirono alla caccia, scendendo insieme il fiume ghiacciato.

Μπήκαν στο κυνήγι, κατεβαίνοντας ορμητικά μαζί το παγωμένο ποτάμι.

Il coniglio lasciò il fiume e fuggì lungo il letto ghiacciato di un ruscello.

Το κουνέλι έστριψε την όχθη του ποταμού, τρέχοντας προς την παγωμένη κοίτη ενός ρυακιού.

Il coniglio saltellava leggero sulla neve mentre i cani si facevano strada a fatica.

Το κουνέλι χοροπηδούσε ελαφρά πάνω στο χιόνι ενώ τα σκυλιά πάλευαν να το διαπεράσουν.

Buck guidava l'enorme branco di sessanta cani attorno a ogni curva tortuosa.

Ο Μπακ οδήγησε την τεράστια αγέλη των εξήντα σκύλων γύρω από κάθε στροφή.

Si spinse in avanti, basso e impaziente, ma non riuscì a guadagnare terreno.

Προχώρησε, χαμηλόφωνα και πρόθυμα, αλλά δεν μπορούσε να κερδίσει έδαφος.

Il suo corpo brillava sotto la pallida luna a ogni potente balzo.

Το σώμα του άστραφτε κάτω από το χλωμό φεγγάρι με κάθε δυνατό άλμα.

Davanti a loro, il coniglio si muoveva come un fantasma, silenzioso e troppo veloce per essere catturato.

Μπροστά, το κουνέλι κινούνταν σαν φάντασμα, σιωπηλό και πολύ γρήγορα για να το πιάσει.

Tutti quei vecchi istinti, la fame, l'eccitazione, attraversarono Buck.

Όλα αυτά τα παλιά ένστικτα —η πείνα, η συγκίνηση— διαπέρασαν τον Μπακ.

A volte gli esseri umani avvertono questo istinto e sono spinti a cacciare con armi da fuoco e proiettili.

Οι άνθρωποι νιώθουν αυτό το ένστικτο κατά καιρούς, ωθούμενοι να κυνηγούν με όπλο και σφαίρα.

Ma Buck provava questa sensazione a un livello più profondo e personale.

Αλλά ο Μπακ ένιωσε αυτό το συναίσθημα σε ένα βαθύτερο και πιο προσωπικό επίπεδο.

Non riuscivano a percepire la natura selvaggia nel loro sangue come Buck.

Δεν μπορούσαν να νιώσουν την άγρια φύση στο αίμα τους με τον τρόπο που την ένιωθε ο Μπακ.

Inseguiva la carne viva, pronto a uccidere con i denti e ad assaggiare il sangue.

Κυνηγούσε ζωντανό κρέας, έτοιμο να σκοτώσει με τα δόντια του και να γευτεί αίμα.

Il suo corpo si tendeva per la gioia, desiderando immergersi nel caldo rosso della vita.

Το σώμα του τεντώθηκε από χαρά, θέλοντας να λουστεί στη ζεστή κόκκινη ζωή.

Una strana gioia segna il punto più alto che la vita possa mai raggiungere.

Μια παράξενη χαρά σηματοδοτεί το υψηλότερο σημείο που μπορεί ποτέ να φτάσει η ζωή.

La sensazione di raggiungere un picco in cui i vivi dimenticano di essere vivi.

Η αίσθηση μιας κορυφής όπου οι ζωντανοί ξεχνούν καν ότι είναι ζωντανοί.

Questa gioia profonda tocca l'artista immerso in un'ispirazione ardente.

Αυτή η βαθιά χαρά αγγίζει τον καλλιτέχνη που είναι χαμένος σε μια φλεγόμενη έμπνευση.

Questa gioia afferra il soldato che combatte selvaggiamente e non risparmia alcun nemico.

Αυτή η χαρά κυριεύει τον στρατιώτη που μάχεται άγρια και δεν λυπάται κανέναν εχθρό.

Questa gioia ora colpì Buck mentre guidava il branco in preda alla fame primordiale.

Αυτή η χαρά κατέλαβε τώρα τον Μπακ καθώς ηγούνταν της αγέλης στην αρχέγονη πείνα.

Ululò con l'antico grido del lupo, emozionato per l'inseguimento.

Ούρλιαξε με την αρχαία κραυγή του λύκου, ενθουσιασμένος από το ζωντανό κυνήγι.

Buck fece appello alla parte più antica di sé, persa nella natura selvaggia.

Ο Μπακ άκουσε το πιο γερασμένο κομμάτι του εαυτού του, χαμένο στην άγρια φύση.

Scavò in profondità dentro di sé, oltre la memoria, fino al tempo grezzo e antico.

Έφτασε βαθιά μέσα στην περασμένη μνήμη, στον ακατέργαστο, αρχαίο χρόνο.

Un'ondata di vita pura pervase ogni muscolo e tendine.

Ένα κύμα αγνής ζωής ξεχύθηκε μέσα από κάθε μυ και τένοντα.

Ogni salto gridava che viveva, che attraversava la morte.

Κάθε πήδημα φώναζε ότι ζούσε, ότι κινούνταν μέσα στον θάνατο.

Il suo corpo si librava gioioso su una terra immobile e fredda che non si muoveva mai.

Το σώμα του πετούσε χαρούμενα πάνω σε ακίνητη, κρύα γη που δεν σαλεύτηκε ποτέ.

Spitz rimase freddo e astuto anche nei suoi momenti più selvaggi.

Ο Σπιτζ παρέμεινε ψυχρός και πονηρός, ακόμα και στις πιο άγριες στιγμές του.

Lasciò il sentiero e attraversò un terreno dove il torrente formava una curva ampia.

Άφησε το μονοπάτι και διέσχισε τη γη όπου το ρυάκι έστριβε πλατιά.

Buck, ignaro di ciò, rimase sul sentiero tortuoso del coniglio.

Ο Μπακ, αγνοώντας αυτό, έμεινε στο ελικοειδές μονοπάτι του κουνελιού.

Poi, mentre Buck svoltava dietro una curva, il coniglio spettrale si trovò davanti a lui.

Έπειτα, καθώς ο Μπακ έστριβε σε μια στροφή, το κουνέλι που έμοιαζε με φάντασμα εμφανίστηκε μπροστά του.

Vide una seconda figura balzare dalla riva precedendo la preda.

Είδε μια δεύτερη φιγούρα να πηδάει από την όχθη μπροστά από το θήραμα.

La figura era Spitz, atterrato proprio sulla traiettoria del coniglio in fuga.

Η φιγούρα ήταν ο Σπιτζ, που προσγειωνόταν ακριβώς στο μονοπάτι του κουνελιού που έφευγε.

Il coniglio non riuscì a girarsi e incontrò le fauci di Spitz a mezz'aria.

Το κουνέλι δεν μπορούσε να γυρίσει και συνάντησε τα σαγόνια του Σπιτζ στον αέρα.

La spina dorsale del coniglio si spezzò con un grido acuto come il grido di un essere umano morente.

Η σπονδυλική στήλη του κουνελιού έσπασε από μια κραυγή τόσο αιχμηρή όσο το κλάμα ενός ετοιμοθάνατου ανθρώπου.

A quel suono, il passaggio dalla vita alla morte, il branco ululò forte.

Σε αυτόν τον ήχο — την πτώση από τη ζωή στον θάνατο — η αγέλη ούρλιαξε δυνατά.

Un coro selvaggio si levò da dietro Buck, pieno di oscura gioia.

Μια άγρια χορωδία ακούστηκε πίσω από τον Μπακ, γεμάτη σκοτεινή απόλαυση.

Buck non emise alcun grido, nessun suono e si lanciò dritto verso Spitz.

Ο Μπακ δεν έβγαλε ούτε κραυγή, ούτε ήχο, και όρμησε κατευθείαν στον Σπιτζ.

Mirò alla gola, ma colpì invece la spalla.

Στόχευσε στον λαιμό, αλλά αντ' αυτού χτύπησε τον ώμο.

Caddero nella neve soffice, i loro corpi erano intrappolati in un combattimento.
Σέρνονταν μέσα στο μαλακό χιόνι· τα σώματά τους ήταν παγιδευμένα στη μάχη.

Spitz balzò in piedi rapidamente, come se non fosse mai stato atterrato.
Ο Σπιτζ πετάχτηκε γρήγορα, σαν να μην είχε χτυπηθεί ποτέ κάτω.

Colpì Buck alla spalla e poi balzò fuori dalla mischia.
Χτύπησε τον Μπακ στον ώμο και μετά πήδηξε μακριά από τη μάχη.

Per due volte i suoi denti schioccarono come trappole d'acciaio, e le sue labbra si arricciarono e si fecero feroci.
Δύο φορές τα δόντια του έσπασαν σαν ατσάλινες παγίδες, με τα χείλη του κυρτωμένα και άγρια.

Arretrò lentamente, cercando un terreno solido sotto i piedi.
Υποχώρησε αργά, αναζητώντας στέρεο έδαφος κάτω από τα πόδια του.

Buck comprese il momento all'istante e pienamente.
Ο Μπακ κατάλαβε τη στιγμή αμέσως και πλήρως.

Il momento era giunto: la lotta sarebbe stata una lotta all'ultimo sangue.
Είχε έρθει η ώρα· η μάχη θα ήταν μάχη μέχρι θανάτου.

I due cani giravano in cerchio, ringhiando, con le orecchie piatte e gli occhi socchiusi.
Τα δύο σκυλιά έκαναν κύκλους, γρυλίζοντας, με τα αυτιά τους σκεπασμένα και τα μάτια τους στένεψαν.

Ogni cane aspettava che l'altro mostrasse debolezza o facesse un passo falso.
Κάθε σκύλος περίμενε τον άλλον να δείξει αδυναμία ή να κάνει λάθος βήμα.

Buck percepiva quella scena come stranamente nota e profondamente ricordata.
Για τον Μπακ, η σκηνή ήταν απόκοσμα γνωστή και βαθιά στη μνήμη του.

I boschi bianchi, la terra fredda, la battaglia al chiaro di luna.

Τα λευκά δάση, η κρύα γη, η μάχη κάτω από το φως του φεγγαριού.

Un silenzio pesante, profondo e innaturale riempiva la terra.

Μια βαριά σιωπή πλημμύρισε τη γη, βαθιά και αφύσικη.

Nessun vento si alzava, nessuna foglia si muoveva, nessun suono rompeva il silenzio.

Κανένας άνεμος δεν κουνήθηκε, κανένα φύλλο δεν κουνήθηκε, κανένας ήχος δεν διέκοψε την ησυχία.

Il respiro dei cani si levava come fumo nell'aria gelida e silenziosa.

Οι ανάσες των σκύλων ανέβαιναν σαν καπνός στον παγωμένο, ήσυχο αέρα.

Il coniglio era stato dimenticato da tempo dal branco di animali selvatici.

Το κουνέλι είχε ξεχαστεί εδώ και καιρό από την αγέλη των άγριων θηρίων.

Questi lupi semiaddomesticati ora stavano fermi in un ampio cerchio.

Αυτοί οι ημι-εξημερωμένοι λύκοι στέκονταν τώρα ακίνητοι σε έναν πλατύ κύκλο.

Erano silenziosi, solo i loro occhi luminosi rivelavano la loro fame.

Ήταν σιωπηλοί, μόνο τα λαμπερά τους μάτια αποκάλυπταν την πείνα τους.

Il loro respiro saliva, mentre osservavano l'inizio dello scontro finale.

Η ανάσα τους ανέβαινε προς τα πάνω, παρακολουθώντας την έναρξη της τελικής μάχης.

Per Buck questa battaglia era vecchia e attesa, per niente strana.

Για τον Μπακ, αυτή η μάχη ήταν παλιά και αναμενόμενη, καθόλου παράξενη.

Era come il ricordo di qualcosa che doveva accadere da sempre.

Ένιωθα σαν μια ανάμνηση από κάτι που πάντα έμελλε να συμβεί.

Spitz era un cane da combattimento addestrato, affinato da innumerevoli risse selvagge.
Ο Σπιτζ ήταν ένα εκπαιδευμένο σκυλί μάχης, ακονισμένο σε αμέτρητες άγριες συμπλοκές.

Dallo Spitzbergen al Canada, aveva sconfitto molti nemici.
Από το Σπιτζμπέργκεν μέχρι τον Καναδά, είχε νικήσει πολλούς εχθρούς.

Era pieno di rabbia, ma non cedette mai il controllo alla rabbia.
Ήταν γεμάτος οργή, αλλά ποτέ δεν έλεγχε την οργή του.

La sua passione era acuta, ma sempre temperata dal duro istinto.
Το πάθος του ήταν οξύ, αλλά πάντα μετριαζόταν από σκληρό ένστικτο.

Non ha mai attaccato finché non ha avuto la sua difesa pronta.
Δεν επιτέθηκε ποτέ μέχρι να τεθεί σε εφαρμογή η δική του άμυνα.

Buck provò più volte a raggiungere il collo vulnerabile di Spitz.
Ο Μπακ προσπάθησε ξανά και ξανά να φτάσει τον ευάλωτο λαιμό του Σπιτζ.

Ma ogni colpo veniva accolto da un fendente dei denti affilati di Spitz.
Αλλά κάθε χτύπημα αντιμετώπιζε ένα ξύσιμο από τα κοφτερά δόντια του Σπιτζ.

Le loro zanne si scontrarono ed entrambi i cani sanguinarono dalle labbra lacerate.
Οι κυνόδοντές τους συγκρούστηκαν και και τα δύο σκυλιά αιμορραγούσαν από σκισμένα χείλη.

Nonostante i suoi sforzi, Buck non riusciva a rompere la difesa.
Όσο κι αν όρμησε ο Μπακ, δεν μπορούσε να διασπάσει την άμυνα.

Divenne sempre più furioso e si lanciò verso di lui con violente esplosioni di potenza.

Έγινε πιο έξαλλος, ορμώντας μέσα με άγριες εκρήξεις δύναμης.
Buck colpì ripetutamente la bianca gola di Spitz.
Ξανά και ξανά, ο Μπακ χτυπούσε για τον άσπρο λαιμό του Σπιτζ.
Ogni volta Spitz schivava e contrattaccava con un morso tagliente.
Κάθε φορά ο Σπιτζ απέφευγε και ανταπέδιδε ένα δάγκωμα σε φέτες.
Poi Buck cambiò tattica, avventandosi di nuovo come se volesse colpirlo alla gola.
Τότε ο Μπακ άλλαξε τακτική, ορμώντας ξανά σαν να ήθελε τον λαιμό.
Ma a metà attacco si è ritirato, girandosi per colpire di lato.
Αλλά υποχώρησε κατά τη διάρκεια της επίθεσης, στρεφόμενος για να χτυπήσει από το πλάι.
Colpì Spitz con una spallata, con l'intento di buttarlo a terra.
Έριξε τον ώμο του στον Σπιτζ, με στόχο να τον ρίξει κάτω.
Ogni volta che ci provava, Spitz lo schivava e rispondeva con un fendente.
Κάθε φορά που προσπαθούσε, ο Σπιτζ απέφευγε και αντεπιτίθετο με ένα χτύπημα.
La spalla di Buck si faceva scorticare mentre Spitz si liberava dopo ogni colpo.
Ο ώμος του Μπακ τράβηξε την προσοχή καθώς ο Σπιτζ πηδούσε μακριά μετά από κάθε χτύπημα.
Spitz non era stato toccato, mentre Buck sanguinava dalle numerose ferite.
Ο Σπιτζ δεν είχε αγγιχτεί, ενώ ο Μπακ αιμορραγούσε από πολλές πληγές.
Il respiro di Buck era affannoso e pesante, il suo corpo era viscido di sangue.
Η ανάσα του Μπακ ήταν γρήγορη και βαριά, το σώμα του γλιστρούσε από το αίμα.
La lotta diventava più brutale a ogni morso e carica.
Η μάχη γινόταν πιο άγρια με κάθε δάγκωμα και έφοδο.

Attorno a loro, sessanta cani silenziosi aspettavano che il primo cadesse.
Γύρω τους, εξήντα σιωπηλά σκυλιά περίμεναν να πέσουν τα πρώτα.
Se un cane fosse caduto, il branco avrebbe posto fine alla lotta.
Αν έπεφτε ένα σκυλί, η αγέλη θα τελείωνε τον αγώνα.
Spitz vide Buck indebolirsi e cominciò ad attaccare.
Ο Σπιτζ είδε τον Μπακ να εξασθενεί και άρχισε να επιτίθεται.
Mantenne Buck sbilanciato, costringendolo a lottare per restare in piedi.
Κράτησε τον Μπακ εκτός ισορροπίας, αναγκάζοντάς τον να παλέψει για να σταθεί στα πόδια του.
Una volta Buck inciampò e cadde, e tutti i cani si rialzarono.
Κάποτε ο Μπακ σκόνταψε και έπεσε, και όλα τα σκυλιά σηκώθηκαν όρθια.
Ma Buck si raddrizzò a metà caduta e tutti ricaddero.
Αλλά ο Μπακ ισιώθηκε στη μέση της πτώσης και όλοι βυθίστηκαν ξανά κάτω.
Buck aveva qualcosa di raro: un'immaginazione nata da un profondo istinto.
Ο Μπακ είχε κάτι σπάνιο — φαντασία που γεννιόταν από βαθύ ένστικτο.
Combatté per istinto naturale, ma combatté anche con astuzia.
Πολέμησε από φυσική ορμή, αλλά πολεμούσε και με πονηριά.
Tornò ad attaccare come se volesse ripetere il trucco dell'attacco alla spalla.
Όρμησε ξανά σαν να επαναλάμβανε το κόλπο του με την επίθεση στον ώμο.
Ma all'ultimo secondo si abbassò e passò sotto Spitz.
Αλλά την τελευταία στιγμή, έπεσε χαμηλά και σάρωσε κάτω από τον Σπιτζ.
I suoi denti si bloccarono sulla zampa anteriore sinistra di Spitz con uno schiocco.

Τα δόντια του χτύπησαν το μπροστινό αριστερό πόδι του Σπιτζ με ένα κλικ.

Spitz ora era instabile e il suo peso gravava solo su tre zampe.

Ο Σπιτζ στεκόταν τώρα ασταθής, με το βάρος του να στηρίζεται μόνο σε τρία πόδια.

Buck colpì di nuovo e tentò tre volte di atterrarlo.

Ο Μπακ χτύπησε ξανά, προσπάθησε τρεις φορές να τον ρίξει κάτω.

Al quarto tentativo ha usato la stessa mossa con successo

Στην τέταρτη προσπάθεια χρησιμοποίησε την ίδια κίνηση με επιτυχία

Questa volta Buck riuscì a mordere la zampa destra di Spitz.

Αυτή τη φορά ο Μπακ κατάφερε να δαγκώσει το δεξί πόδι του Σπιτζ.

Spitz, benché storpio e in agonia, continuò a lottare per sopravvivere.

Ο Σπιτζ, αν και ανάπηρος και σε αγωνία, συνέχισε να αγωνίζεται να επιβιώσει.

Vide il cerchio degli husky stringersi, con le lingue fuori e gli occhi luminosi.

Είδε τον κύκλο των χάσκι να σφίγγεται, με τις γλώσσες έξω, τα μάτια να λάμπουν.

Aspettarono di divorarlo, proprio come avevano fatto con gli altri.

Περίμεναν να τον καταβροχθίσουν, όπως ακριβώς είχαν κάνει και με άλλους.

Questa volta era lui al centro, sconfitto e condannato.

Αυτή τη φορά, στεκόταν στο κέντρο· ηττημένος και καταδικασμένος.

Ormai il cane bianco non aveva più alcuna possibilità di fuga.

Δεν υπήρχε πλέον επιλογή διαφυγής για το λευκό σκυλί.

Buck non mostrò alcuna pietà, perché la pietà non era a posto nella natura selvaggia.

Ο Μπακ δεν έδειξε έλεος, γιατί το έλεος δεν ανήκε στην άγρια φύση.

Buck si mosse con cautela, preparandosi per la carica finale.
Ο Μπακ κινήθηκε προσεκτικά, ετοιμάζοντας την τελική έφοδο.
Il cerchio degli husky si stringeva; lui sentiva i loro respiri caldi.
Ο κύκλος των χάσκι πλησίασε· ένιωσε τις ζεστές ανάσες τους.
Si accovacciarono, pronti a scattare quando fosse giunto il momento.
Σκύβουν χαμηλά, έτοιμοι να πηδήξουν όταν έρθει η ώρα.
Spitz tremava nella neve, ringhiando e cambiando posizione.
Ο Σπιτζ έτρεμε στο χιόνι, γρυλίζοντας και αλλάζοντας στάση.
I suoi occhi brillavano, le labbra si arricciavano, i denti brillavano in un'espressione disperata e minacciosa.
Τα μάτια του έλαμπαν, τα χείλη του έσφιγγαν, τα δόντια του έλαμπαν απειλητικά.
Barcollò, cercando ancora di resistere al freddo morso della morte.
Παραπάτησε, προσπαθώντας ακόμα να συγκρατήσει το ψυχρό δάγκωμα του θανάτου.
Aveva già visto situazioni simili, ma sempre dalla parte dei vincitori.
Το είχε ξαναδεί αυτό, αλλά πάντα από την πλευρά του νικητή.
Ora era dalla parte perdente; lo sconfitto; la preda; la morte.
Τώρα ήταν στην πλευρά των ηττημένων· των ηττημένων· του θύματος· του θανάτου.
Buck si preparò al colpo finale, mentre il cerchio dei cani si faceva sempre più stretto.
Ο Μπακ έκανε κύκλους για το τελικό χτύπημα, με τον κύκλο των σκύλων να σφίγγεται πιο κοντά.
Poteva sentire i loro respiri caldi; erano pronti a uccidere.
Μπορούσε να νιώσει τις καυτές ανάσες τους· έτοιμοι για τη σφαγή.

Calò il silenzio; tutto era al suo posto; il tempo si era fermato.
Μια σιωπή έπεσε, όλα ήταν στη θέση τους, ο χρόνος είχε σταματήσει.
Persino l'aria fredda tra loro si congelò per un ultimo istante.
Ακόμα και ο κρύος αέρας ανάμεσά τους πάγωσε για μια τελευταία στιγμή.
Soltanto Spitz si mosse, cercando di trattenere la sua fine amara.
Μόνο ο Σπιτζ κινήθηκε, προσπαθώντας να συγκρατήσει το πικρό του τέλος.
Il cerchio dei cani si stava stringendo attorno a lui, come era suo destino.
Ο κύκλος των σκύλων έκλεινε γύρω του, όπως και η μοίρα του.
Ora era disperato, sapendo cosa stava per accadere.
Ήταν πλέον απελπισμένος, ξέροντας τι επρόκειτο να συμβεί.
Buck balzò dentro e la sua spalla incontrò la sua spalla per l'ultima volta.
Ο Μπακ πήδηξε μέσα, ο ώμος συνάντησε τον ώμο για τελευταία φορά.
I cani si lanciarono in avanti, nascondendo Spitz nell'oscurità della neve.
Τα σκυλιά όρμησαν μπροστά, καλύπτοντας τον Σπιτζ στο χιονισμένο σκοτάδι.
Buck osservava, eretto e fiero; il vincitore in un mondo selvaggio.
Ο Μπακ παρακολουθούσε, όρθιος· ο νικητής σε έναν άγριο κόσμο.
La bestia primordiale dominante aveva fatto la sua uccisione, e la aveva fatta bene.
Το κυρίαρχο αρχέγονο θηρίο είχε κάνει το θήραμά του, και ήταν καλό.

Colui che ha conquistato la maestria
Αυτός, που έχει κερδίσει την κυριαρχία

"Eh? Cosa ho detto? Dico la verità quando dico che Buck è un diavolo."
«Ε; Τι είπα; Λέω αλήθεια όταν λέω ότι ο Μπακ είναι διάβολος.»

François raccontò questo la mattina dopo aver scoperto la scomparsa di Spitz.
Ο Φρανσουά το είπε αυτό το επόμενο πρωί, αφού βρήκε τον Σπιτζ αγνοούμενο.

Buck rimase lì, coperto di ferite causate dal violento combattimento.
Ο Μπακ στεκόταν εκεί, καλυμμένος με πληγές από την άγρια μάχη.

François tirò Buck vicino al fuoco e indicò le ferite.
Ο Φρανσουά τράβηξε τον Μπακ κοντά στη φωτιά και έδειξε τα τραύματα.

«Quello Spitz ha combattuto come il Devik», disse Perrault, osservando i profondi tagli.
«Αυτός ο Σπιτζ πολέμησε σαν τον Ντέβικ», είπε ο Περό, κοιτάζοντας τις βαθιές πληγές.

«E quel Buck si batteva come due diavoli», rispose subito François.
«Και αυτός ο Μπακ πάλεψε σαν δύο διάβολοι», απάντησε αμέσως ο Φρανσουά.

"Ora faremo buon passo; niente più Spitz, niente più guai."
«Τώρα θα κάνουμε καλή δουλειά. Τέλος ο Σπιτζ, τέλος η ταλαιπωρία.»

Perrault stava preparando l'attrezzatura e caricò la slitta con cura.
Ο Περώ μάζευε τον εξοπλισμό και φόρτωνε το έλκηθρο με προσοχή.

François bardò i cani per prepararli alla corsa della giornata.
Ο Φρανσουά έδεσε τα σκυλιά προετοιμάζοντας το τρέξιμο της ημέρας.

Buck trotterellò dritto verso la posizione di testa, precedentemente occupata da Spitz.
Ο Μπακ έτρεξε κατευθείαν στην πρωτοποριακή θέση που κάποτε κατείχε ο Σπιτζ.
Ma François, senza accorgersene, condusse Solleks in prima linea.
Αλλά ο Φρανσουά, αγνοώντας το, οδήγησε τον Σολέκς μπροστά.
Secondo François, Solleks era ora il miglior cane da corsa.
Κατά την κρίση του Φρανσουά, ο Σόλεκς ήταν πλέον ο καλύτερος αρχηγός.
Buck si scagliò furioso contro Solleks e lo respinse indietro in segno di protesta.
Ο Μπακ όρμησε εναντίον του Σόλεκς με οργή και τον έδιωξε σε ένδειξη διαμαρτυρίας.
Si fermò dove un tempo si era fermato Spitz, rivendicando la posizione di comando.
Στάθηκε εκεί που κάποτε βρισκόταν ο Σπιτζ, διεκδικώντας την ηγετική θέση.
"Eh? Eh?" esclamò François, dandosi una pacca sulle cosce divertito.
«Ε; Ε;» φώναξε ο Φρανσουά, χτυπώντας τους μηρούς του από ευθυμία.
"Guarda Buck: ha ucciso Spitz, ora vuole prendersi il posto!"
«Κοίτα τον Μπακ—σκότωσε τον Σπιτζ, τώρα θέλει να πάρει τη δουλειά!»
"Vattene via, Chook!" urlò, cercando di scacciare Buck.
«Φύγε, Τσουκ!» φώναξε, προσπαθώντας να διώξει τον Μπακ.
Ma Buck si rifiutò di muoversi e rimase immobile nella neve.
Αλλά ο Μπακ αρνήθηκε να κουνηθεί και στάθηκε σταθερός στο χιόνι.
François afferrò Buck per la collottola e lo trascinò da parte.
Ο Φρανσουά άρπαξε τον Μπακ από το σβέρκο και τον τράβηξε στην άκρη.
Buck ringhiò basso e minaccioso, ma non attaccò.

Ο Μπακ γρύλισε χαμηλόφωνα και απειλητικά, αλλά δεν επιτέθηκε.

François rimette Solleks in testa, cercando di risolvere la disputa

Ο Φρανσουά έδωσε ξανά προβάδισμα στον Σόλεκς, προσπαθώντας να διευθετήσει τη διαμάχη.

Il vecchio cane mostrò paura di Buck e non voleva restare.

Το γέρικο σκυλί έδειξε φόβο για τον Μπακ και δεν ήθελε να μείνει.

Quando François gli voltò le spalle, Buck scacciò di nuovo Solleks.

Όταν ο Φρανσουά του γύρισε την πλάτη, ο Μπακ έδιωξε ξανά τον Σόλεκς.

Solleks non oppose resistenza e si fece di nuovo da parte in silenzio.

Ο Σόλεκς δεν αντιστάθηκε και έκανε ξανά αθόρυβα στην άκρη.

François si arrabbiò e urlò: "Per Dio, ti sistemo!"

Ο Φρανσουά θύμωσε και φώναξε: «Μα τον Θεό, σε φτιάχνω!»

Si avvicinò a Buck tenendo in mano una pesante mazza.

Ήρθε προς τον Μπακ κρατώντας ένα βαρύ ρόπαλο στο χέρι του.

Buck ricordava bene l'uomo con il maglione rosso.

Ο Μπακ θυμόταν καλά τον άντρα με το κόκκινο πουλόβερ.

Si ritirò lentamente, osservando François ma ringhiando profondamente.

Υποχώρησε αργά, παρακολουθώντας τον Φρανσουά, αλλά γρυλίζοντας βαθιά.

Non si affrettò a tornare indietro, nemmeno quando Solleks si mise al suo posto.

Δεν έσπευσε να επιστρέψει, ακόμα και όταν ο Σόλεκς στάθηκε στη θέση του.

Buck si girò in cerchio, appena fuori dalla sua portata, ringhiando furioso e protestando.

Ο Μπακ έκανε κύκλους που ήταν λίγο έξω από τον εαυτό του, γρυλίζοντας από οργή και διαμαρτυρία.

Teneva gli occhi fissi sulla mazza, pronto a schivare il colpo se François l'avesse lanciata.
Κρατούσε τα μάτια του στο ρόπαλο, έτοιμος να αποφύγει αν ο Φρανσουά έριχνε.
Era diventato saggio e cauto nei confronti degli uomini che maneggiavano le armi.
Είχε γίνει σοφός και επιφυλακτικός στους τρόπους των ανθρώπων με όπλα.
François si arrese e chiamò di nuovo Buck al suo vecchio posto.
Ο Φρανσουά τα παράτησε και κάλεσε ξανά τον Μπακ στο προηγούμενο σπίτι του.
Ma Buck fece un passo indietro con cautela, rifiutandosi di obbedire all'ordine.
Αλλά ο Μπακ έκανε ένα βήμα πίσω προσεκτικά, αρνούμενος να υπακούσει στην εντολή.
François lo seguì, ma Buck indietreggiò solo di pochi passi.
Ο Φρανσουά τον ακολούθησε, αλλά ο Μπακ υποχώρησε μόνο λίγα βήματα ακόμα.
Dopo un po' François gettò a terra l'arma, frustrato.
Μετά από λίγο, ο Φρανσουά πέταξε κάτω το όπλο απογοητευμένος.
Pensava che Buck avesse paura di essere picchiato e che avrebbe fatto lo stesso senza far rumore.
Νόμιζε ότι ο Μπακ φοβόταν τον ξυλοδαρμό και θα ερχόταν αθόρυβα.
Ma Buck non stava evitando la punizione: stava lottando per ottenere un rango.
Αλλά ο Μπακ δεν απέφευγε την τιμωρία — πάλευε για τον βαθμό.
Si era guadagnato il posto di capobranco combattendo fino alla morte
Είχε κερδίσει τη θέση του αρχηγού μέσα από μια μάχη μέχρι θανάτου
non si sarebbe accontentato di niente di meno che di essere il leader.

δεν επρόκειτο να συμβιβαστεί με τίποτα λιγότερο από το να είναι ο ηγέτης.

Perrault si unì all'inseguimento per aiutare a catturare il ribelle Buck.
Ο Περό συμμετείχε στην καταδίωξη για να βοηθήσει να πιάσει τον επαναστάτη Μπακ.
Insieme lo portarono in giro per l'accampamento per quasi un'ora.
Μαζί, τον περιέφεραν σε όλο το στρατόπεδο για σχεδόν μία ώρα.
Gli scagliarono contro dei bastoni, ma Buck li schivò abilmente uno per uno.
Του πέταξαν ρόπαλα, αλλά ο Μπακ τα απέφυγε όλα επιδέξια.
Maledissero lui, i suoi antenati, i suoi discendenti e ogni suo capello.
Τον καταράστηκαν, τους προγόνους του, τους απογόνους του και κάθε τρίχα του.
Ma Buck si limitò a ringhiare e a restare appena fuori dalla loro portata.
Αλλά ο Μπακ απλώς γρύλισε και έμεινε λίγο μακριά από την εμβέλειά τους.
Non cercò mai di scappare, ma continuò a girare intorno all'accampamento deliberatamente.
Δεν προσπάθησε ποτέ να δραπετεύσει, αλλά έκανε κύκλους γύρω από το στρατόπεδο επίτηδες.
Disse chiaramente che avrebbe obbedito una volta ottenuto ciò che voleva.
Ξεκαθάρισε ότι θα υπάκουε μόλις του έδιναν αυτό που ήθελε.
Alla fine François si sedette e si grattò la testa, frustrato.
Ο Φρανσουά κάθισε τελικά και έξυσε το κεφάλι του από απογοήτευση.
Perrault controllò l'orologio, imprecò e borbottò qualcosa sul tempo perso.

Ο Περώ κοίταξε το ρολόι του, έβρισε και μουρμούρισε για τον χαμένο χρόνο.

Era già trascorsa un'ora, mentre avrebbero dovuto essere sulle tracce.

Είχε ήδη περάσει μια ώρα ενώ θα έπρεπε να είχαν ξεκινήσει το μονοπάτι.

François alzò le spalle timidamente, guardando il corriere, che sospirò sconfitto.

Ο Φρανσουά σήκωσε τους ώμους του ντροπαλά προς τον αγγελιαφόρο, ο οποίος αναστέναξε ηττημένος.

Poi François si avvicinò a Solleks e chiamò ancora una volta Buck.

Έπειτα ο Φρανσουά περπάτησε προς τον Σολέκς και φώναξε ξανά τον Μπακ.

Buck rise come ride un cane, ma mantenne una cauta distanza.

Ο Μπακ γέλασε σαν γελάει ο σκύλος, αλλά κράτησε την προσεκτική του απόσταση.

François tolse l'imbracatura a Solleks e lo rimise al suo posto.

Ο Φρανσουά αφαίρεσε την ζώνη του Σολέκς και τον επέστρεψε στη θέση του.

La squadra di slittini era completamente imbracata, con un solo posto libero.

Η ομάδα έλκηθρου ήταν πλήρως εξοπλισμένη, με μόνο μία θέση κενή.

La posizione di comando rimase vuota, chiaramente riservata solo a Buck.

Η θέση του επικεφαλής παρέμεινε κενή, σαφώς προοριζόμενη μόνο για τον Μπακ.

François chiamò di nuovo e di nuovo Buck rise e mantenne la sua posizione.

Ο Φρανσουά φώναξε ξανά, και ο Μπακ γέλασε ξανά και κράτησε τη θέση του.

«Gettate giù la mazza», ordinò Perrault senza esitazione.

«Πετάξτε κάτω το ρόπαλο», διέταξε ο Περώ χωρίς δισταγμό.

François obbedì e Buck si lanciò subito avanti con orgoglio.
Ο Φρανσουά υπάκουσε και ο Μπακ αμέσως έτρεξε μπροστά περήφανα.
Rise trionfante e assunse la posizione di comando.
Γέλασε θριαμβευτικά και πήρε την πρώτη θέση.
François fissò le corde e la slitta si staccò.
Ο Φρανσουά εξασφάλισε τα ίχνη του και το έλκηθρο λύθηκε.
Entrambi gli uomini corsero fianco a fianco mentre la squadra si lanciava lungo il sentiero del fiume.
Και οι δύο άντρες έτρεχαν παράλληλα καθώς η ομάδα έτρεχε στο μονοπάτι του ποταμού.
François aveva avuto una grande stima dei "due diavoli" di Buck,
Ο Φρανσουά είχε μεγάλη εκτίμηση για τους «δύο διαβόλους» του Μπακ,
ma ben presto si rese conto di aver in realtà sottovalutato il cane.
αλλά σύντομα συνειδητοποίησε ότι στην πραγματικότητα είχε υποτιμήσει τον σκύλο.
Buck assunse rapidamente la leadership e si comportò in modo eccellente.
Ο Μπακ ανέλαβε γρήγορα την ηγεσία και τα πήγε άψογα.
Buck superò Spitz per capacità di giudizio, rapidità di pensiero e rapidità di azione.
Σε κρίση, γρήγορη σκέψη και γρήγορη δράση, ο Μπακ ξεπέρασε τον Σπιτζ.
François non aveva mai visto un cane pari a quello che Buck mostrava ora.
Ο Φρανσουά δεν είχε ξαναδεί σκύλο ισάξιο αυτού που επέδειξε τώρα ο Μπακ.
Ma Buck eccelleva davvero nel far rispettare l'ordine e nel imporre rispetto.
Αλλά ο Μπακ πραγματικά διέπρεψε στην επιβολή της τάξης και στην επιβολή σεβασμού.
Dave e Solleks accettarono il cambiamento senza preoccupazioni o proteste.

Ο Ντέιβ και ο Σόλεκς δέχτηκαν την αλλαγή χωρίς ανησυχία ή διαμαρτυρία.
Si concentravano solo sul lavoro e tiravano forte le redini.
Επικεντρώνονταν μόνο στη δουλειά και στο να τραβούν δυνατά τα ηνία.
A loro importava poco chi guidasse, purché la slitta continuasse a muoversi.
Λίγο τους ένοιαζε ποιος οδηγούσε, αρκεί το έλκηθρο να συνέχιζε να κινείται.
Billee, quella allegra, avrebbe potuto comandare per quel che volevano.
Η Μπίλι, η χαρούμενη, θα μπορούσε να είχε ηγηθεί όσο κι αν τους ένοιαζε.
Ciò che contava per loro era la pace e l'ordine tra i ranghi.
Αυτό που είχε σημασία για αυτούς ήταν η ειρήνη και η τάξη στις τάξεις.

Il resto della squadra era diventato indisciplinato durante il declino di Spitz.
Η υπόλοιπη ομάδα είχε γίνει άτακτη κατά τη διάρκεια της παρακμής του Σπιτζ.
Rimasero sciocati quando Buck li riportò immediatamente all'ordine.
Έμειναν σοκαρισμένοι όταν ο Μπακ τους έβαλε αμέσως σε τάξη.
Pike era sempre stato pigro e aveva sempre tergiversato dietro a Buck.
Ο Πάικ ήταν πάντα τεμπέλης και σέρνονταν πίσω από τον Μπακ.
Ma ora è stato severamente disciplinato dalla nuova leadership.
Αλλά τώρα τιμωρήθηκε αυστηρά από τη νέα ηγεσία.
E imparò rapidamente a dare il suo contributo alla squadra.
Και γρήγορα έμαθε να έχει το βάρος του στην ομάδα.
Alla fine della giornata, Pike lavorò più duramente che mai.
Μέχρι το τέλος της ημέρας, ο Πάικ δούλεψε πιο σκληρά από ποτέ.

Quella notte all'accampamento, Joe, il cane scontroso, fu finalmente domato.

Εκείνο το βράδυ στην κατασκήνωση, ο Τζο, το ξινό σκυλί, τελικά ησύχασε.

Spitz non era riuscito a disciplinarlo, ma Buck non aveva fallito.

Ο Σπιτζ δεν είχε καταφέρει να τον πειθαρχήσει, αλλά ο Μπακ δεν απέτυχε.

Sfruttando il suo peso maggiore, Buck sopraffece Joe in pochi secondi.

Χρησιμοποιώντας το μεγαλύτερο βάρος του, ο Μπακ ξεπέρασε τον Τζο σε δευτερόλεπτα.

Morse e picchiò Joe finché questi non si mise a piagnucolare e smise di opporre resistenza.

Δάγκωσε και ξυλοκόπησε τον Τζο μέχρι που κλαψούρισε και σταμάτησε να αντιστέκεται.

Da quel momento in poi l'intera squadra migliorò.

Όλη η ομάδα βελτιώθηκε από εκείνη τη στιγμή και μετά.

I cani ritrovarono la loro antica unità e disciplina.

Τα σκυλιά ανέκτησαν την παλιά τους ενότητα και πειθαρχία.

A Rink Rapids si sono uniti al gruppo due nuovi husky autoctoni, Teek e Koona.

Στο Ρινκ Ράπιντς, ενώθηκαν δύο νέα ιθαγενή χάσκι, ο Τικ και η Κούνα.

La rapidità con cui Buck li addestramento stupì perfino François.

Η γρήγορη εκπαίδευσή τους από τον Μπακ εξέπληξε ακόμη και τον Φρανσουά.

"Non è mai esistito un cane come quel Buck!" esclamò stupito.

«Ποτέ δεν υπήρξε τέτοιο σκυλί σαν αυτόν τον Μπακ!» φώναξε με έκπληξη.

"No, mai! Vale mille dollari, per Dio!"

«Όχι, ποτέ! Αξίζει χίλια δολάρια, μα τον Θεό!»

"Eh? Che ne dici, Perrault?" chiese con orgoglio.

«Ε; Τι λες, Περό;» ρώτησε με υπερηφάνεια.

Perrault annuì in segno di assenso e controllò i suoi appunti.
Ο Περώ έγνεψε καταφατικά και έλεγξε τις σημειώσεις του.
Siamo già in anticipo sui tempi e guadagniamo sempre di più ogni giorno.
Είμαστε ήδη μπροστά από το χρονοδιάγραμμα και κερδίζουμε περισσότερα κάθε μέρα.
Il sentiero era compatto e liscio, senza neve fresca.
Το μονοπάτι ήταν σκληρό και ομαλό, χωρίς φρέσκο χιόνι.
Il freddo era costante, con temperature che si aggiravano sempre sui cinquanta gradi sotto zero.
Το κρύο ήταν σταθερό, κυμαινόμενο στους πενήντα βαθμούς υπό το μηδέν καθ' όλη τη διάρκεια.
Per scaldarsi e guadagnare tempo, gli uomini si alternavano a cavallo e a correre.
Οι άντρες ίππευαν και έτρεχαν με τη σειρά για να ζεσταθούν και να κερδίσουν χρόνο.
I cani correvano veloci, fermandosi di rado, spingendosi sempre in avanti.
Τα σκυλιά έτρεχαν γρήγορα με λίγες στάσεις, σπρώχνοντας πάντα μπροστά.
Il fiume Thirty Mile era per la maggior parte ghiacciato e facile da attraversare.
Ο ποταμός Thirty Mile ήταν ως επί το πλείστον παγωμένος και εύκολος στη διέλευσή του.
In un giorno realizzarono ciò che per arrivare aveva impiegato dieci giorni.
Έφυγαν σε μία μέρα, ενώ είχαν πάρει δέκα μέρες για να έρθουν.
Percorsero circa 96 chilometri dal lago Le Barge a White Horse.
Έκαναν μια διαδρομή εξήντα μιλίων από τη λίμνη Λε Μπαρζ μέχρι το Γουάιτ Χορς.
Si muovevano a velocità incredibile attraverso i laghi Marsh, Tagish e Bennett.
Στις λίμνες Μαρς, Ταγκίς και Μπένετ κινήθηκαν απίστευτα γρήγορα.

L'uomo che correva veniva trainato dietro la slitta con una corda.

Ο τρέχων άντρας σύρθηκε πίσω από το έλκηθρο με σχοινί.

L'ultima notte della seconda settimana giunsero a destinazione.

Την τελευταία νύχτα της δεύτερης εβδομάδας έφτασαν στον προορισμό τους.

Insieme avevano raggiunto la cima del White Pass.

Είχαν φτάσει μαζί στην κορυφή του Λευκού Περάσματος.

Scesero fino al livello del mare, con le luci dello Skaguay sotto di loro.

Κατέβηκαν στο επίπεδο της θάλασσας με τα φώτα του Σκάγκουεϊ από κάτω τους.

Era stata una corsa da record attraverso chilometri di fredda natura selvaggia.

Ήταν μια διαδρομή ρεκόρ σε χιλιόμετρα κρύας ερημιάς.

Per quattordici giorni di fila percorsero in media circa quaranta miglia.

Για δεκατέσσερις συνεχόμενες ημέρες, έτρεχαν κατά μέσο όρο σαράντα μίλια.

A Skaguay, Perrault e François trasportavano merci attraverso la città.

Στο Σκαγκέι, ο Περό και ο Φρανσουά μετέφεραν εμπορεύματα μέσα στην πόλη.

Furono applauditi e ricevettero numerose bevande dalla folla ammirata.

Τους επευφημούσαν και τους πρόσφεραν πολλά ποτά το θαυμαστικό πλήθος.

I cacciatori di cani e gli operai si sono riuniti attorno alla famosa squadra cinofila.

Κυνηγητικοί σκύλων και εργάτες συγκεντρώθηκαν γύρω από την περίφημη ομάδα σκύλων.

Poi i fuorilegge del West giunsero in città e subirono una violenta sconfitta.

Στη συνέχεια, οι δυτικοί παράνομοι ήρθαν στην πόλη και υπέστησαν βίαιη ήττα.

La gente si dimenticò presto della squadra e si concentrò sul nuovo dramma.
Οι άνθρωποι σύντομα ξέχασαν την ομάδα και επικεντρώθηκαν σε νέο δράμα.

Poi arrivarono i nuovi ordini che cambiarono tutto in un colpo.
Έπειτα ήρθαν οι νέες εντολές που άλλαξαν τα πάντα μονομιάς.

François chiamò Buck e lo abbracciò con orgoglio e lacrime.
Ο Φρανσουά φώναξε τον Μπακ κοντά του και τον αγκάλιασε με δακρυσμένη υπερηφάνεια.

Quel momento fu l'ultima volta che Buck vide di nuovo François.
Εκείνη η στιγμή ήταν η τελευταία φορά που ο Μπακ είδε ξανά τον Φρανσουά.

Come molti altri uomini prima di lui, sia François che Perrault se n'erano andati.
Όπως πολλοί άντρες στο παρελθόν, τόσο ο Φρανσουά όσο και ο Περώ είχαν φύγει.

Un meticcio scozzese si prese cura di Buck e dei suoi compagni di squadra con i cani da slitta.
Ένα Σκωτσέζικο ημίαιμο ανέλαβε τον Μπακ και τους συναθλητές του, τους σκύλους έλκηθρου.

Con una dozzina di altre mute di cani, ritornarono lungo il sentiero fino a Dawson.
Με δώδεκα άλλες ομάδες σκύλων, επέστρεψαν κατά μήκος του μονοπατιού προς το Ντόσον.

Non si trattava più di una corsa veloce, ma solo di un duro lavoro con un carico pesante ogni giorno.
Δεν ήταν πια γρήγορο τρέξιμο—μόνο βαριά δουλειά με βαρύ φορτίο κάθε μέρα.

Si trattava del treno postale che portava notizie ai cercatori d'oro vicino al Polo.
Αυτό ήταν το ταχυδρομικό τρένο, που έφερνε τα νέα στους κυνηγούς χρυσού κοντά στον Πόλο.

Buck non amava il lavoro, ma lo sopportò bene, essendo orgoglioso del suo impegno.

Ο Μπακ δεν άρεσε η δουλειά, αλλά την άντεχε καλά, περήφανος για την προσπάθειά του.
Come Dave e Solleks, Buck dimostrava dedizione in ogni compito quotidiano.
Όπως ο Ντέιβ και ο Σόλεκς, ο Μπακ έδειχνε αφοσίωση σε κάθε καθημερινή εργασία.
Si è assicurato che tutti i suoi compagni di squadra dessero il massimo.
Φρόντισε όλοι οι συμπαίκτες του να βάλουν το βάρος που τους αναλογούσε.
La vita sui sentieri divenne noiosa e si ripeteva con la precisione di una macchina.
Η ζωή στα μονοπάτια έγινε βαρετή, επαναλαμβανόμενη με την ακρίβεια μιας μηχανής.
Ogni giorno era uguale, una mattina si fondeva con quella successiva.
Κάθε μέρα έμοιαζε ίδια, το ένα πρωί έσμιγε με το επόμενο.
Alla stessa ora, i cuochi si alzarono per accendere il fuoco e preparare il cibo.
Την ίδια ώρα, οι μάγειρες σηκώθηκαν για να ανάψουν φωτιές και να ετοιμάσουν φαγητό.
Dopo colazione alcuni lasciarono l'accampamento mentre altri attaccarono i cani.
Μετά το πρωινό, κάποιοι έφυγαν από το στρατόπεδο, ενώ άλλοι έδεσαν τα σκυλιά.
Raggiunsero il sentiero prima che il pallido segnale dell'alba sfiorasse il cielo.
Βρέθηκαν στο μονοπάτι πριν η αμυδρή προειδοποίηση της αυγής αγγίξει τον ουρανό.
Di notte si fermavano per accamparsi, e a ogni uomo veniva assegnato un compito.
Τη νύχτα, σταματούσαν για να στρατοπεδεύσουν, ο καθένας με ένα καθορισμένο καθήκον.
Alcuni montarono le tende, altri tagliarono la legna da ardere e raccolsero rami di pino.
Κάποιοι έστησαν τις σκηνές, άλλοι έκοψαν καυσόξυλα και μάζεψαν κλαδιά πεύκου.

Acqua o ghiaccio venivano portati ai cuochi per la cena serale.
Νερό ή πάγος μεταφέρονταν πίσω στους μάγειρες για το βραδινό γεύμα.

I cani vennero nutriti e per loro quello fu il momento migliore della giornata.
Τα σκυλιά ταΐστηκαν, και αυτή ήταν η καλύτερη στιγμή της ημέρας για αυτά.

Dopo aver mangiato il pesce, i cani si rilassarono e oziarono vicino al fuoco.
Αφού έφαγαν ψάρι, τα σκυλιά χαλάρωσαν και ξάπλωσαν κοντά στη φωτιά.

Nel convoglio c'erano un centinaio di altri cani con cui socializzare.
Υπήρχαν εκατό άλλα σκυλιά στην συνοδεία για να συναναστραφούμε.

Molti di quei cani erano feroci e pronti a combattere senza preavviso.
Πολλά από αυτά τα σκυλιά ήταν άγρια και έσπευσαν να πολεμήσουν χωρίς προειδοποίηση.

Ma dopo tre vittorie, Buck riuscì a domare anche i combattenti più feroci.
Αλλά μετά από τρεις νίκες, ο Μπακ κυριάρχησε ακόμη και στους πιο σκληροτράχηλους μαχητές.

Ora, quando Buck ringhiò e mostrò i denti, loro si fecero da parte.
Τώρα, όταν ο Μπακ γρύλισε και έδειξε τα δόντια του, έκαναν στην άκρη.

Forse la cosa più bella di tutte era che a Buck piaceva sdraiarsi vicino al fuoco tremolante.
Ίσως το καλύτερο από όλα ήταν ότι ο Μπακ λάτρευε να ξαπλώνει κοντά στην αναμμένη φωτιά.

Si accovacciò, con le zampe posteriori ripiegate e quelle anteriori distese in avanti.
Σκυμμένος με τα πίσω πόδια μαζεμένα και τα μπροστινά πόδια τεντωμένα μπροστά.

Teneva la testa sollevata e sbatteva dolcemente le palpebre verso le fiamme ardenti.
Το κεφάλι του ήταν σηκωμένο καθώς ανοιγόκλεινε απαλά τα μάτια του κοιτάζοντας τις λαμπερές φλόγες.
A volte ricordava la grande casa del giudice Miller a Santa Clara.
Μερικές φορές θυμόταν το μεγάλο σπίτι του Δικαστή Μίλερ στη Σάντα Κλάρα.
Pensò alla piscina di cemento, a Ysabel e al carlino di nome Toots.
Σκέφτηκε την τσιμεντένια πισίνα, την Ύζαμπελ και το πανκ που το έλεγαν Τουτς.
Ma più spesso si ricordava del bastone dell'uomo con il maglione rosso.
Αλλά πιο συχνά θυμόταν τον άντρα με το μπαστούνι του κόκκινου πουλόβερ.
Ricordava la morte di Curly e la sua feroce battaglia con Spitz.
Θυμόταν τον θάνατο του Κέρλι και τη σκληρή μάχη του με τον Σπιτζ.
Ricordava anche il buon cibo che aveva mangiato o che ancora sognava.
Θυμήθηκε επίσης το καλό φαγητό που είχε φάει ή που ακόμα ονειρευόταν.
Buck non aveva nostalgia di casa: la valle calda era lontana e irreale.
Ο Μπακ δεν νοσταλγούσε το σπίτι του — η ζεστή κοιλάδα ήταν μακρινή και εξωπραγματική.
I ricordi della California non avevano più alcun fascino su di lui.
Οι αναμνήσεις της Καλιφόρνια δεν τον βασάνιζαν πλέον ιδιαίτερα.
Più forti della memoria erano gli istinti radicati nella sua stirpe.
Πιο δυνατά από τη μνήμη ήταν τα ένστικτα βαθιά ριζωμένα στην γενεαλογία του.

Le abitudini un tempo perdute erano tornate, ravvivate dal sentiero e dalla natura selvaggia.
Συνήθειες που κάποτε είχαν χαθεί είχαν επιστρέψει, αναβιωμένες από τα ίχνη και την άγρια φύση.

Mentre Buck osservava la luce del fuoco, a volte questa diventava qualcos'altro.
Καθώς ο Μπακ παρακολουθούσε το φως της φωτιάς, μερικές φορές αυτό μετατρεπόταν σε κάτι άλλο.

Vide alla luce del fuoco un altro fuoco, più vecchio e più profondo di quello attuale.
Είδε στο φως της φωτιάς μια άλλη φωτιά, παλαιότερη και βαθύτερη από την τωρινή.

Accanto all'altro fuoco era accovacciato un uomo che non somigliava per niente al cuoco meticcio.
Δίπλα σε εκείνη την άλλη φωτιά καθόταν κουλουριασμένος ένας άντρας διαφορετικός από τον ημίαιμο μάγειρα.

Questa figura aveva gambe corte, braccia lunghe e muscoli duri e contratti.
Αυτή η φιγούρα είχε κοντά πόδια, μακριά χέρια και σκληρούς, δεμένους μύες.

I suoi capelli erano lunghi e arruffati, e gli scendevano all'indietro a partire dagli occhi.
Τα μαλλιά του ήταν μακριά και μπερδεμένα, γέρνοντας προς τα πίσω από τα μάτια.

Emetteva strani suoni e fissava l'oscurità con paura.
Έβγαζε παράξενους ήχους και κοίταζε έξω με φόβο το σκοτάδι.

Teneva bassa una mazza di pietra, stretta saldamente nella sua mano lunga e ruvida.
Κρατούσε χαμηλά ένα πέτρινο ρόπαλο, σφιγμένο σφιχτά στο μακρύ, τραχύ χέρι του.

L'uomo indossava ben poco: solo una pelle carbonizzata che gli pendeva lungo la schiena.
Ο άντρας φορούσε ελάχιστα· μόνο ένα καμένο δέρμα που κρεμόταν στην πλάτη του.

Il suo corpo era ricoperto da una folta peluria sulle braccia, sul petto e sulle cosce.
Το σώμα του ήταν καλυμμένο με πυκνές τρίχες σε όλα τα χέρια, το στήθος και τους μηρούς.
Alcune parti del pelo erano aggrovigliate e formavano chiazze di pelo ruvido.
Μερικά μέρη των μαλλιών ήταν μπερδεμένα σε κομμάτια τραχιάς γούνας.
Non stava dritto, ma era piegato in avanti dai fianchi alle ginocchia.
Δεν στεκόταν ίσιος, αλλά έσκυψε μπροστά από τους γοφούς μέχρι τα γόνατα.
I suoi passi erano elastici e felini, come se fosse sempre pronto a scattare.
Τα βήματά του ήταν ελαστικά και γατίσια, σαν να ήταν πάντα έτοιμος να πηδήξει.
C'era una forte allerta, come se vivesse nella paura costante.
Υπήρχε μια έντονη εγρήγορση, σαν να ζούσε μέσα σε διαρκή φόβο.
Quest'uomo anziano sembrava aspettarsi il pericolo, indipendentemente dal fatto che questo venisse visto o meno.
Αυτός ο αρχαίος άνθρωπος φαινόταν να περίμενε κίνδυνο, είτε ο κίνδυνος ήταν ορατός είτε όχι.
A volte l'uomo peloso dormiva accanto al fuoco, con la testa tra le gambe.
Κατά καιρούς ο τριχωτός άντρας κοιμόταν δίπλα στη φωτιά, με το κεφάλι χωμένο ανάμεσα στα πόδια.
Teneva i gomiti sulle ginocchia e le mani giunte sopra la testa.
Οι αγκώνες του ακουμπούσαν στα γόνατά του, με τα χέρια ενωμένα πάνω από το κεφάλι του.
Come un cane, usava le sue braccia pelose per proteggersi dalla pioggia che cadeva.
Σαν σκύλος χρησιμοποιούσε τα τριχωτά του χέρια για να διώχνει τη βροχή που έπεφτε.

Oltre la luce del fuoco, Buck vide due carboni ardenti che ardevano nell'oscurità.
Πέρα από το φως της φωτιάς, ο Μπακ είδε δίδυμα κάρβουνα να λάμπουν στο σκοτάδι.
Sempre a due a due, erano gli occhi delle bestie da preda.
Πάντα δύο δύο, ήταν τα μάτια των αρπακτικών θηρίων που παραμόνευαν.
Sentì corpi che si infrangevano tra i cespugli e rumori provenienti dalla notte.
Άκουσε σώματα να πέφτουν μέσα στις θάμνους και ήχους να κάνουν οι άνθρωποι τη νύχτα.
Sdraiato sulla riva dello Yukon, sbattendo le palpebre, Buck sognò accanto al fuoco.
Ξαπλωμένος στην όχθη του Γιούκον, ανοιγοκλείνοντας τα μάτια του, ο Μπακ ονειρεύτηκε δίπλα στη φωτιά.
Le immagini e i suoni di quel mondo selvaggio gli fecero rizzare i capelli.
Τα αξιοθέατα και οι ήχοι εκείνου του άγριου κόσμου έκαναν τα μαλλιά του να σηκωθούν.
La pelliccia gli si drizzò lungo la schiena, sulle spalle e sul collo.
Η γούνα ανέβηκε κατά μήκος της πλάτης του, στους ώμους του και στον λαιμό του.
Gemeva piano o emetteva un ringhio basso dal profondo del petto.
Κλαίγε απαλά ή έβγαλε ένα χαμηλό γρύλισμα βαθιά στο στήθος του.
Allora il cuoco meticcio urlò: "Ehi, Buck, svegliati!"
Τότε ο ημίαιμος μάγειρας φώναξε: «Ει, εσύ Μπακ, ξύπνα!»
Il mondo dei sogni svanì e la vera vita tornò agli occhi di Buck.
Ο κόσμος των ονείρων εξαφανίστηκε και η πραγματική ζωή επέστρεψε στα μάτια του Μπακ.
Si sarebbe alzato, si sarebbe stiracchiato e avrebbe sbadigliato, come se si fosse svegliato da un pisolino.
Ετοιμαζόταν να σηκωθεί, να τεντωθεί και να χασμουρηθεί, σαν να τον είχαν ξυπνήσει από έναν υπνάκο.

Il viaggio era duro, con la slitta postale che li trascinava dietro.
Το ταξίδι ήταν δύσκολο, με το έλκηθρο με το ταχυδρομείο να σέρνεται πίσω τους.
Carichi pesanti e lavoro duro sfinivano i cani ogni lunga giornata.
Τα βαριά φορτία και η σκληρή δουλειά εξαντλούσαν τα σκυλιά κάθε κουραστική μέρα.
Arrivarono a Dawson magro, stanco e con bisogno di più di una settimana di riposo.
Έφτασαν στο Ντόσον αδύναμοι, κουρασμένοι και χρειάζονταν πάνω από μια εβδομάδα ξεκούρασης.
Ma solo due giorni dopo ripartirono per lo Yukon.
Αλλά μόνο δύο μέρες αργότερα, ξεκίνησαν ξανά κατά μήκος του Γιούκον.
Erano carichi di altre lettere dirette al mondo esterno.
Ήταν φορτωμένοι με περισσότερα γράμματα με προορισμό τον έξω κόσμο.
I cani erano esausti e gli uomini si lamentavano in continuazione.
Τα σκυλιά ήταν εξαντλημένα και οι άντρες παραπονιόντουσαν συνεχώς.
Ogni giorno cadeva la neve, ammorbidendo il sentiero e rallentando le slitte.
Το χιόνι έπεφτε κάθε μέρα, μαλακώνοντας το μονοπάτι και επιβραδύνοντας τα έλκηθρα.
Ciò rendeva la trazione più dura e aumentava la resistenza delle guide.
Αυτό έκανε τους δρομείς πιο σκληρούς και πιο ανθεκτικούς.
Nonostante ciò, i piloti si sono dimostrati leali e hanno avuto cura delle loro squadre.
Παρόλα αυτά, οι οδηγοί ήταν δίκαιοι και φρόντιζαν τις ομάδες τους.
Ogni notte, i cani venivano nutriti prima che gli uomini mangiassero.

Κάθε βράδυ, τα σκυλιά ταΐζονταν πριν προλάβουν να φάνε οι άντρες.

Nessun uomo dormiva prima di controllare le zampe del proprio cane.

Κανένας άνθρωπος δεν κοιμόταν πριν ελέγξει τα πόδια του σκύλου του.

Tuttavia, i cani diventavano sempre più deboli man mano che i chilometri consumavano i loro corpi.

Παρόλα αυτά, τα σκυλιά γίνονταν πιο αδύναμα καθώς τα χιλιόμετρα φθείρονταν στο σώμα τους.

Avevano viaggiato per milleottocento miglia durante l'inverno.

Είχαν ταξιδέψει οκτακόσια μίλια κατά τη διάρκεια του χειμώνα.

Percorrevano ogni miglio di quella distanza brutale trainando le slitte.

Έσυραν έλκηθρα σε κάθε μίλι αυτής της βάναυσης απόστασης.

Anche i cani da slitta più resistenti provano tensione dopo tanti chilometri.

Ακόμα και τα πιο ανθεκτικά σκυλιά για έλκηθρο νιώθουν καταπόνηση μετά από τόσα χιλιόμετρα.

Buck tenne duro, fece sì che la sua squadra lavorasse e mantenne la disciplina.

Ο Μπακ άντεξε, κράτησε την ομάδα του σε φόρμα και διατήρησε την πειθαρχία.

Ma Buck era stanco, proprio come gli altri durante il lungo viaggio.

Αλλά ο Μπακ ήταν κουρασμένος, όπως ακριβώς και οι άλλοι στο μακρύ ταξίδι.

Billee piagnucolava e piangeva nel sonno ogni notte, senza sosta.

Ο Μπίλι κλαψούριζε και έκλαιγε στον ύπνο του κάθε βράδυ αδιάκοπα.

Joe diventò ancora più amareggiato e Solleks rimase freddo e distante.

Ο Τζο πικράθηκε ακόμα περισσότερο, και ο Σόλεκς
παρέμεινε ψυχρός και απόμακρος.
Ma è stato Dave a soffrire di più di tutta la squadra.
Αλλά ο Ντέιβ ήταν αυτός που υπέστη το χειρότερο από όλη
την ομάδα.
**Qualcosa dentro di lui era andato storto, anche se nessuno
sapeva cosa.**
Κάτι είχε πάει στραβά μέσα του, αν και κανείς δεν ήξερε τι.
Divenne più lunatico e aggredì gli altri con rabbia crescente.
Έγινε πιο μελαγχολικός και ξέσπασε σε άλλους με
αυξανόμενο θυμό.
**Ogni notte andava dritto al suo nido, in attesa di essere
nutrito.**
Κάθε βράδυ πήγαινε κατευθείαν στη φωλιά του,
περιμένοντας να τον ταΐσουν.
Una volta a terra, Dave non si alzò più fino al mattino.
Μόλις έπεσε κάτω, ο Ντέιβ δεν ξανασηκώθηκε μέχρι το
πρωί.
**Sulle redini, gli improvvisi strattoni o sussulti lo facevano
gridare di dolore.**
Πάνω στα ηνία, ξαφνικά τινάγματα ή τραντάγματα τον
έκαναν να κλαίει από τον πόνο.
**L'autista ha cercato di capirne la causa, ma non ha trovato
ferite.**
Ο οδηγός του έψαξε για την αιτία, αλλά δεν βρήκε κανέναν
τραυματισμό πάνω του.
**Tutti gli autisti cominciarono a osservare Dave e a discutere
del suo caso.**
Όλοι οι οδηγοί άρχισαν να παρακολουθούν τον Ντέιβ και
να συζητούν την περίπτωσή του.
**Parlarono durante i pasti e durante l'ultima sigaretta della
giornata.**
Συζητούσαν στα γεύματα και κατά τη διάρκεια του
τελευταίου καπνίσματος της ημέρας.
Una notte tennero una riunione e portarono Dave al fuoco.
Ένα βράδυ έκαναν μια συνάντηση και έφεραν τον Ντέιβ
στη φωτιά.

Gli premevano e palpavano il corpo e lui gridava spesso.
Πίεσαν και εξέτασαν το σώμα του, και έκλαιγε συχνά.
Era evidente che qualcosa non andava, anche se non sembrava esserci nessuna frattura.
Προφανώς, κάτι δεν πήγαινε καλά, αν και κανένα κόκκαλο δεν φαινόταν σπασμένο.
Quando arrivarono al Cassiar Bar, Dave stava cadendo.
Μέχρι να φτάσουν στο Cassiar Bar, ο Dave έπεφτε κάτω.
Il meticcio scozzese impose uno stop e rimosse Dave dalla squadra.
Η ημίαιμη Σκωτσέζικη ομάδα σταμάτησε και απέλυσε τον Ντέιβ από την ομάδα.
Fissò Solleks al posto di Dave, il più vicino possibile alla parte anteriore della slitta.
Έδεσε τον Σόλεκς στη θέση του Ντέιβ, πιο κοντά στο μπροστινό μέρος του έλκηθρου.
Voleva lasciare che Dave riposasse e corresse libero dietro la slitta in movimento.
Σκόπευε να αφήσει τον Ντέιβ να ξεκουραστεί και να τρέξει ελεύθερος πίσω από το κινούμενο έλκηθρο.
Ma nonostante la malattia, Dave odiava che gli venisse tolto il lavoro che aveva ricoperto.
Αλλά ακόμα και άρρωστος, ο Ντέιβ μισούσε που τον έδιωξαν από τη δουλειά που είχε.
Ringhiò e piagnucolò quando gli strapparono le redini dal corpo.
Γρύλισε και κλαψούρισε καθώς τα ηνία τραβήχτηκαν από το σώμα του.
Quando vide Solleks al suo posto, pianse disperato.
Όταν είδε τον Σόλεκς στη θέση του, έκλαψε από πόνο συντετριμμένης καρδιάς.
L'orgoglio per il lavoro sui sentieri era profondo in Dave, anche quando la morte si avvicinava.
Η υπερηφάνεια για την εργασία στα μονοπάτια ήταν βαθιά μέσα στον Ντέιβ, ακόμα και καθώς πλησίαζε ο θάνατος.

Mentre la slitta si muoveva, Dave arrancava nella neve soffice vicino al sentiero.
Καθώς το έλκηθρο κινούνταν, ο Ντέιβ παραπατούσε μέσα στο μαλακό χιόνι κοντά στο μονοπάτι.

Attaccò Solleks, mordendolo e spingendolo giù dal lato della slitta.
Επιτέθηκε στον Σόλεκς, δαγκώνοντάς τον και σπρώχνοντάς τον από την πλευρά του έλκηθρου.

Dave cercò di saltare nell'imbracatura e di riprendersi il suo posto di lavoro.
Ο Ντέιβ προσπάθησε να πηδήξει στην εξάρτυση και να ανακτήσει τη θέση εργασίας του.

Lui guaiva, si lamentava e piangeva, diviso tra il dolore e l'orgoglio del parto.
Ούρλιαξε, γκρίνιαξε και έκλαιγε, διχασμένος ανάμεσα στον πόνο και την υπερηφάνεια της γέννας.

Il meticcio usò la frusta per cercare di allontanare Dave dalla squadra.
Ο ημίαιμος χρησιμοποίησε το μαστίγιό του για να προσπαθήσει να διώξει τον Ντέιβ από την ομάδα.

Ma Dave ignorò la frustata e l'uomo non riuscì a colpirlo più forte.
Αλλά ο Ντέιβ αγνόησε το μαστίγιο, και ο άντρας δεν μπορούσε να τον χτυπήσει πιο δυνατά.

Dave rifiutò il sentiero più facile dietro la slitta, dove la neve era compatta.
Ο Ντέιβ αρνήθηκε το ευκολότερο μονοπάτι πίσω από το έλκηθρο, όπου ήταν γεμάτο χιόνι.

Invece, si ritrovò a lottare nella neve profonda, ai lati del sentiero, in preda alla miseria.
Αντ' αυτού, πάλευε στο βαθύ χιόνι δίπλα στο μονοπάτι, μέσα στη δυστυχία.

Alla fine Dave crollò, giacendo sulla neve e urlando di dolore.
Τελικά, ο Ντέιβ κατέρρευσε, ξαπλωμένος στο χιόνι και ουρλιάζοντας από τον πόνο.

Lanciò un grido mentre la lunga fila di slitte gli passava accanto una dopo l'altra.

Φώναξε καθώς η μακριά ακολουθία από έλκηθρα τον προσπέρασε ένα προς ένα.

Tuttavia, con le poche forze che gli rimanevano, si alzò e barcollò dietro di loro.

Παρόλα αυτά, με όση δύναμη του είχε απομείνει, σηκώθηκε και τους ακολούθησε σκοντάφτοντας.

Quando il treno si fermò di nuovo, lo raggiunse e trovò la sua vecchia slitta.

Πρόλαβε όταν το τρένο σταμάτησε ξανά και βρήκε το παλιό του έλκηθρο.

Superò con difficoltà le altre squadre e tornò a posizionarsi accanto a Solleks.

Προσπέρασε με δυσκολία τις άλλες ομάδες και στάθηκε ξανά δίπλα στον Σόλεκς.

Mentre l'autista si fermava per accendere la pipa, Dave colse l'ultima occasione.

Καθώς ο οδηγός σταμάτησε για να ανάψει την πίπα του, ο Ντέιβ άρπαξε την τελευταία του ευκαιρία.

Quando l'autista tornò e urlò, la squadra non avanzò.

Όταν ο οδηγός επέστρεψε και φώναξε, η ομάδα δεν προχώρησε.

I cani avevano girato la testa, confusi dall'improvviso arresto.

Τα σκυλιά είχαν γυρίσει τα κεφάλια τους, μπερδεμένα από την ξαφνική στάση.

Anche il conducente era scioccato: la slitta non si era mossa di un centimetro in avanti.

Ο οδηγός σοκαρίστηκε κι αυτός — το έλκηθρο δεν είχε κινηθεί ούτε εκατοστό μπροστά.

Chiamò gli altri perché venissero a vedere cosa era successo.

Φώναξε τους άλλους να έρθουν να δουν τι είχε συμβεί.

Dave aveva masticato le redini di Solleks, spezzandole entrambe.

Ο Ντέιβ είχε δαγκώσει τα ηνία του Σόλεκς, σπάζοντας και τα δύο.

Ora era di nuovo in piedi davanti alla slitta, nella sua giusta posizione.
Τώρα στεκόταν μπροστά από το έλκηθρο, πίσω στη σωστή του θέση.
Dave alzò lo sguardo verso l'autista, implorandolo silenziosamente di restare al passo.
Ο Ντέιβ κοίταξε τον οδηγό, παρακαλώντας σιωπηλά να μην τον χάσει.
L'autista era perplesso e non sapeva cosa fare per il cane in difficoltà.
Ο οδηγός ήταν προβληματισμένος, δεν ήξερε τι να κάνει για το σκυλί που αγωνιζόταν.
Gli altri uomini parlavano di cani morti perché li avevano portati fuori.
Οι άλλοι άντρες μίλησαν για σκυλιά που είχαν πεθάνει επειδή τα είχαν βγάλει έξω.
Raccontavano di cani vecchi o feriti il cui cuore si era spezzato quando erano stati abbandonati.
Έλεγαν για γέρικα ή τραυματισμένα σκυλιά των οποίων οι καρδιές ράγιζαν όταν τα άφηναν πίσω.
Concordarono che era un atto di misericordia lasciare che Dave morisse mentre era ancora imbrigliato.
Συμφώνησαν ότι ήταν έλεος να αφήσουν τον Ντέιβ να πεθάνει ενώ ήταν ακόμα στη ζώνη του.
Fu rimesso in sicurezza sulla slitta e Dave tirò con orgoglio.
Ήταν δεμένος πίσω στο έλκηθρο, και ο Ντέιβ το έσερνε με υπερηφάνεια.
Anche se a volte gridava, lavorava come se il dolore potesse essere ignorato.
Αν και έκλαιγε κατά καιρούς, λειτουργούσε σαν να μπορούσε να αγνοηθεί ο πόνος.
Più di una volta cadde e fu trascinato prima di rialzarsi.
Πάνω από μία φορά έπεσε και τον σύραν πριν σηκωθεί ξανά.
A un certo punto la slitta gli rotolò addosso e da quel momento in poi zoppicò.

Κάποτε, το έλκηθρο κύλησε από πάνω του και από εκείνη τη στιγμή άρχισε να κουτσαίνει.

Nonostante ciò, lavorò finché non raggiunse l'accampamento e poi si sdraiò accanto al fuoco.

Παρόλα αυτά, δούλευε μέχρι που έφτασαν στο στρατόπεδο και μετά ξάπλωσε δίπλα στη φωτιά.

Al mattino Dave era troppo debole per muoversi o anche solo per stare in piedi.

Το πρωί, ο Ντέιβ ήταν πολύ αδύναμος για να ταξιδέψει ή έστω να σταθεί όρθιος.

Al momento di allacciare l'imbracatura, cercò di raggiungere il suo autista con sforzi tremanti.

Την ώρα που δέσατε την πρόσδεση, προσπάθησε να φτάσει τον οδηγό του με τρεμάμενη προσπάθεια.

Si sforzò di rialzarsi, barcollò e crollò sul terreno innevato.

Σηκώθηκε με το ζόρι, παραπάτησε και κατέρρευσε στο χιονισμένο έδαφος.

Utilizzando le zampe anteriori, trascinò il suo corpo verso la zona dell'imbracatura.

Χρησιμοποιώντας τα μπροστινά του πόδια, έσυρε το σώμα του προς την περιοχή της ζώνης.

Si fece avanti, centimetro dopo centimetro, verso i cani da lavoro.

Έστρεψε μπροστά, σπιθαμή προς σπιθαμή, προς τα σκυλιά εργασίας.

Le forze gli cedettero, ma continuò a muoversi nel suo ultimo disperato tentativo.

Οι δυνάμεις του εξαντλήθηκαν, αλλά συνέχισε να κινείται στην τελευταία του απεγνωσμένη ώθηση.

I suoi compagni di squadra lo videro ansimare nella neve, ancora desideroso di unirsi a loro.

Οι συμπαίκτες του τον είδαν να λαχανιάζει στο χιόνι, λαχταρώντας ακόμα να τους συναντήσει.

Lo sentirono urlare di dolore mentre si lasciavano alle spalle l'accampamento.

Τον άκουσαν να ουρλιάζει από θλίψη καθώς έφευγαν από το στρατόπεδο.

Mentre la squadra svaniva tra gli alberi, il grido di Dave risuonava dietro di loro.
Καθώς η ομάδα εξαφανίστηκε μέσα στα δέντρα, η κραυγή του Ντέιβ αντήχησε πίσω τους.
Il treno delle slitte si fermò brevemente dopo aver attraversato un tratto di fiume ricco di boschi.
Το τρένο με έλκηθρο σταμάτησε για λίγο αφού διέσχισε μια έκταση δασικής έκτασης ποταμού.
Il meticcio scozzese tornò lentamente verso l'accampamento alle sue spalle.
Το Σκωτσέζικο ημίαιμο περπάτησε αργά πίσω προς το στρατόπεδο από πίσω.
Gli uomini smisero di parlare quando lo videro scendere dal treno delle slitte.
Οι άντρες σταμάτησαν να μιλάνε όταν τον είδαν να βγαίνει από το τρένο του έλκηθρου.
Poi un singolo colpo di pistola risuonò chiaro e netto attraverso il sentiero.
Τότε ένας μόνο πυροβολισμός αντήχησε καθαρά και κοφτά κατά μήκος του μονοπατιού.
L'uomo tornò rapidamente e prese il suo posto senza dire una parola.
Ο άντρας επέστρεψε γρήγορα και πήρε τη θέση του χωρίς να πει λέξη.
Le fruste schioccavano, i campanelli tintinnavano e le slitte avanzavano sulla neve.
Μαστίγια έτριξαν, κουδούνια κουδούνισαν και τα έλκηθρα κυλούσαν μέσα στο χιόνι.
Ma Buck sapeva cosa era successo, come tutti gli altri cani.
Αλλά ο Μπακ ήξερε τι είχε συμβεί — και το ίδιο ήξεραν και όλα τα άλλα σκυλιά.

La fatica delle redini e del sentiero
Ο Μόχθος των Ηνίων και του Μονοπατιού

Trenta giorni dopo aver lasciato Dawson, la Salt Water Mail raggiunse Skaguay.
Τριάντα μέρες αφότου αναχώρησε από το Ντόσον, η Ταχυδρομική Υπηρεσία του Αλμυρού Νερού έφτασε στο Σκάγκουεϊ.

Buck e i suoi compagni di squadra presero il comando e arrivarono in condizioni pietose.
Ο Μπακ και οι συμπαίκτες του πήραν το προβάδισμα, φτάνοντας σε άθλια κατάσταση.

Buck era sceso da 140 a 150 chili.
Ο Μπακ είχε χάσει το βάρος του από εκατόν σαράντα σε εκατόν δεκαπέντε λίβρες.

Gli altri cani, sebbene più piccoli, avevano perso ancora più peso corporeo.
Τα άλλα σκυλιά, αν και μικρότερα, είχαν χάσει ακόμη περισσότερο σωματικό βάρος.

Pike, che una volta zoppicava fingendo, ora trascinava dietro di sé una gamba veramente ferita.
Ο Πάικ, που κάποτε ήταν ψεύτικος κουτσός, τώρα έσερνε πίσω του ένα πραγματικά τραυματισμένο πόδι.

Solleks zoppicava gravemente e Dub aveva una scapola slogata.
Ο Σόλεκς κουτσαίνει άσχημα, και ο Νταμπ είχε σπασμένη ωμοπλάτη.

Tutti i cani del team avevano i piedi doloranti a causa delle settimane trascorse sul sentiero ghiacciato.
Κάθε σκύλος στην ομάδα είχε πονάκια στα πόδια του από εβδομάδες στο παγωμένο μονοπάτι.

Non avevano più slancio nei loro passi, solo un movimento lento e trascinato.
Δεν τους είχε απομείνει καμία ελαστικότητα στα βήματά τους, μόνο αργή, συρόμενη κίνηση.

I loro piedi colpivano il sentiero con forza e ogni passo aggiungeva ulteriore sforzo al loro corpo.

Τα πόδια τους χτυπούσαν δυνατά το μονοπάτι, με κάθε βήμα να επιβαρύνει περισσότερο το σώμα τους.

Non erano malati, erano solo stremati oltre ogni possibile guarigione naturale.

Δεν ήταν άρρωστοι, απλώς εξαντλημένοι πέρα από κάθε φυσική ανάρρωση.

Non si trattava della stanchezza di una giornata faticosa, curata con una notte di riposo.

Δεν ήταν κούραση από μια δύσκολη μέρα, που γιατρεύτηκε με έναν νυχτερινό ύπνο.

Era una stanchezza accumulata lentamente attraverso mesi di sforzi estenuanti.

Ήταν εξάντληση που συσσωρευόταν σιγά σιγά μέσα από μήνες εξαντλητικής προσπάθειας.

Non era rimasta alcuna riserva di forze: avevano esaurito ogni energia a loro disposizione.

Δεν είχαν απομείνει εφεδρικές δυνάμεις — είχαν εξαντλήσει κάθε ίχνος τους.

Ogni muscolo, fibra e cellula del loro corpo era consumato e usurato.

Κάθε μυς, ίνα και κύτταρο στο σώμα τους είχε εξαντληθεί και φθαρεί.

E c'era un motivo: avevano percorso duemilacinquecento miglia.

Και υπήρχε λόγος — είχαν διανύσει διακόσια πεντακόσια μίλια.

Si erano riposati solo cinque giorni durante le ultime milleottocento miglia.

Είχαν ξεκουραστεί μόνο πέντε μέρες στα τελευταία χίλια οκτακόσια μίλια.

Quando giunsero a Skaguay, sembrava che riuscissero a malapena a stare in piedi.

Όταν έφτασαν στο Σκάγκουεϊ, φαινόταν ότι μετά βίας μπορούσαν να σταθούν όρθιοι.

Facevano fatica a tenere le redini strette e a restare davanti alla slitta.

Δυσκολεύτηκαν να κρατήσουν τα ηνία σφιχτά και να παραμείνουν μπροστά από το έλκηθρο.
Nei pendii in discesa riuscivano solo a evitare di essere investiti.
Σε κατηφορικές πλαγιές, κατάφεραν μόνο να αποφύγουν το πάτημα.
"Continuate a marciare, poveri piedi doloranti", disse l'autista mentre zoppicavano.
«Προχωρήστε, καημένα τα πονεμένα πόδια», είπε ο οδηγός καθώς κουτσαίνανε.
"Questo è l'ultimo tratto, poi ci prenderemo tutti un lungo riposo, di sicuro."
«Αυτό είναι το τελευταίο κομμάτι, μετά σίγουρα θα έχουμε όλοι μια μεγάλη ξεκούραση.»
"Un riposo davvero lungo", promise, guardandoli barcollare in avanti.
«Μια πραγματικά μεγάλη ανάπαυση», υποσχέθηκε, παρακολουθώντας τους να παραπατούν προς τα εμπρός.
Gli autisti si aspettavano una lunga e necessaria pausa.
Οι οδηγοί περίμεναν ότι τώρα θα έκαναν ένα μακρύ, απαραίτητο διάλειμμα.
Avevano percorso milleduecento miglia con solo due giorni di riposo.
Είχαν ταξιδέψει διακόσια μίλια με μόνο δύο μέρες ανάπαυσης.
Per correttezza e ragione, ritenevano di essersi guadagnati un po' di tempo per rilassarsi.
Με δικαιοσύνη και λογική, ένιωθαν ότι είχαν κερδίσει χρόνο για να χαλαρώσουν.
Ma troppi erano giunti nel Klondike e troppo pochi erano rimasti a casa.
Αλλά πάρα πολλοί είχαν έρθει στο Κλοντάικ και πολύ λίγοι είχαν μείνει σπίτι.
Le lettere delle famiglie continuavano ad arrivare, creando pile di posta in ritardo.

Οι επιστολές από οικογένειες κατέκλυσαν την περιοχή, δημιουργώντας σωρούς από καθυστερημένη αλληλογραφία.
Arrivarono gli ordini ufficiali: i nuovi cani della Hudson Bay avrebbero preso il sopravvento.
Έφτασαν επίσημες διαταγές—νέα σκυλιά από τον Κόλπο Χάντσον επρόκειτο να αναλάβουν τη δράση.
I cani esausti, ormai considerati inutili, dovevano essere eliminati.
Τα εξαντλημένα σκυλιά, που τώρα ονομάζονταν άχρηστα, έπρεπε να απορριφθούν.
Poiché i soldi erano più importanti dei cani, venivano venduti a basso prezzo.
Εφόσον τα χρήματα είχαν μεγαλύτερη σημασία από τα σκυλιά, επρόκειτο να πουληθούν φθηνά.
Passarono altri tre giorni prima che i cani si accorgessero di quanto fossero deboli.
Πέρασαν άλλες τρεις μέρες πριν τα σκυλιά νιώσουν πόσο αδύναμα ήταν.
La quarta mattina, due uomini provenienti dagli Stati Uniti acquistarono l'intera squadra.
Το τέταρτο πρωί, δύο άντρες από τις ΗΠΑ αγόρασαν ολόκληρη την ομάδα.
La vendita comprendeva tutti i cani e le loro imbracature usate.
Η πώληση περιελάμβανε όλα τα σκυλιά, καθώς και τον φθαρμένο εξοπλισμό τους.
Mentre concludevano l'affare, gli uomini si chiamavano tra loro "Hal" e "Charles".
Οι άντρες αποκαλούσαν ο ένας τον άλλον «Χαλ» και «Τσαρλς» καθώς ολοκλήρωναν τη συμφωνία.
Charles era un uomo di mezza età, pallido, con labbra molli e folti baffi.
Ο Κάρολος ήταν μεσήλικας, χλωμός, με άτονα χείλη και άγριες άκρες μουστακιού.
Hal era un giovane, forse diciannove anni, che indossava una cintura imbottita di cartucce.

Ο Χαλ ήταν ένας νεαρός άντρας, περίπου δεκαεννέα χρονών, που φορούσε μια ζώνη γεμισμένη με φυσίγγια.

Nella cintura erano contenuti un grosso revolver e un coltello da caccia, entrambi inutilizzati.

Η ζώνη περιείχε ένα μεγάλο περίστροφο και ένα κυνηγετικό μαχαίρι, και τα δύο αχρησιμοποίητα.

Dimostrava quanto fosse inesperto e inadatto alla vita nel Nord.

Έδειχνε πόσο άπειρος και ακατάλληλος ήταν για τη ζωή στον βορρά.

Nessuno dei due uomini viveva in natura; la loro presenza sfidava ogni ragionevolezza.

Κανένας από τους δύο δεν ανήκε στην άγρια φύση· η παρουσία τους αψηφούσε κάθε λογική.

Buck osservava lo scambio di denaro tra l'acquirente e l'agente.

Ο Μπακ παρακολουθούσε καθώς τα χρήματα αντάλλασσαν ο αγοραστής και ο μεσίτης.

Sapeva che i conducenti dei treni postali stavano abbandonando la sua vita come tutti gli altri.

Ήξερε ότι οι μηχανοδηγοί του ταχυδρομικού τρένου έφευγαν από τη ζωή του όπως οι υπόλοιποι.

Seguirono Perrault e François, ormai scomparsi.

Ακολούθησαν τον Περώ και τον Φρανσουά, οι οποίοι πλέον δεν θυμούνται τίποτα.

Buck e la squadra vennero condotti al disordinato accampamento dei loro nuovi proprietari.

Ο Μπακ και η ομάδα οδηγήθηκαν στον ατημέλητο καταυλισμό των νέων ιδιοκτητών τους.

La tenda cedeva, i piatti erano sporchi e tutto era in disordine.

Η σκηνή είχε κρεμαστεί, τα πιάτα ήταν βρώμικα και όλα ήταν σε αταξία.

Anche Buck notò una donna lì: Mercedes, moglie di Charles e sorella di Hal.

Ο Μπακ πρόσεξε εκεί και μια γυναίκα—τη Μερσέντες, τη σύζυγο του Τσαρλς και αδερφή του Χαλ.

Formavano una famiglia completa, anche se erano tutt'altro che adatti al sentiero.
Έκαναν μια ολοκληρωμένη οικογένεια, αν και κάθε άλλο παρά προσαρμοσμένοι στο μονοπάτι.
Buck osservava nervosamente mentre il trio iniziava a impacchettare le provviste.
Ο Μπακ παρακολουθούσε νευρικά καθώς η τριάδα άρχισε να συσκευάζει τις προμήθειες.
Lavoravano duro ma senza ordine, solo confusione e sforzi sprecati.
Δούλεψαν σκληρά αλλά χωρίς τάξη — μόνο φασαρία και χαμένος κόπος.
La tenda era arrotolata fino a formare una sagoma ingombrante, decisamente troppo grande per la slitta.
Η σκηνή ήταν τυλιγμένη σε ένα ογκώδες σχήμα, πολύ μεγάλο για το έλκηθρο.
I piatti sporchi venivano imballati senza essere stati né lavati né asciugati.
Τα βρώμικα πιάτα ήταν συσκευασμένα χωρίς να έχουν καθαριστεί ή στεγνώσει καθόλου.
Mercedes svolazzava in giro, parlando, correggendo e intromettendosi in continuazione.
Η Μερσέντες φτερουγίζει τριγύρω, μιλώντας, διορθώνοντας και ανακατεύοντας συνεχώς.
Quando le misero un sacco davanti, lei insistette perché lo mettesse dietro.
Όταν τοποθετήθηκε ένας σάκος μπροστά, εκείνη επέμεινε να μπει πίσω.
Mise il sacco in fondo e un attimo dopo ne ebbe bisogno.
Έβαλε τον σάκο στον πάτο και την επόμενη στιγμή τον χρειαζόταν.
Quindi la slitta venne disimballata di nuovo per raggiungere quella specifica borsa.
Έτσι, το έλκηθρο ξεπακεταρίστηκε ξανά για να φτάσει στη συγκεκριμένη τσάντα.
Lì vicino, tre uomini stavano fuori da una tenda e osservavano la scena che si svolgeva.

Κοντά, τρεις άντρες στέκονταν έξω από μια σκηνή, παρακολουθώντας τη σκηνή να εκτυλίσσεται.

Sorrisero, ammiccarono e sogghignarono di fronte all'evidente confusione dei nuovi arrivati.

Χαμογέλασαν, έκλεισαν το μάτι και χαμογέλασαν πλατιά βλέποντας την προφανή σύγχυση των νεοφερμένων.

"Hai già un carico parecchio pesante", disse uno degli uomini.

«Έχεις ήδη ένα πολύ βαρύ φορτίο», είπε ένας από τους άντρες.

"Non credo che dovresti portare quella tenda, ma la scelta è tua."

«Δεν νομίζω ότι πρέπει να κουβαλάς αυτή τη σκηνή, αλλά είναι δική σου επιλογή.»

"Impensabile!" esclamò Mercedes, alzando le mani in segno di disperazione.

«Παράξενο!» φώναξε η Μερσέντες, σηκώνοντας τα χέρια της με απόγνωση.

"Come potrei viaggiare senza una tenda sotto cui dormire?"

«Πώς θα μπορούσα να ταξιδέψω χωρίς σκηνή για να μείνω από κάτω;»

«**È primavera, non vedrai più il freddo**», rispose l'uomo.

«Είναι άνοιξη—δεν θα ξαναδείτε κρύο καιρό», απάντησε ο άντρας.

Ma lei scosse la testa e loro continuarono ad accumulare oggetti sulla slitta.

Αλλά εκείνη κούνησε αρνητικά το κεφάλι της, και συνέχισαν να στοιβάζουν αντικείμενα πάνω στο έλκηθρο.

Il carico era pericolosamente alto mentre aggiungevano gli ultimi oggetti.

Το φορτίο υψωνόταν επικίνδυνα ψηλά καθώς πρόσθεταν τα τελευταία πράγματα.

"Pensi che la slitta andrà avanti?" chiese uno degli uomini con aria scettica.

«Νομίζεις ότι το έλκηθρο θα ανέβει;» ρώτησε ένας από τους άντρες με ένα σκεπτικό βλέμμα.

"E perché non dovrebbe?" ribatté Charles con netto fastidio.

«Γιατί όχι;» απάντησε απότομα ο Τσαρλς με έντονη ενόχληση.

"Oh, va bene", disse rapidamente l'uomo, evitando di offendersi.

«Α, δεν πειράζει», είπε γρήγορα ο άντρας, αποφεύγοντας την προσβολή.

"Mi chiedevo solo: mi sembrava un po' troppo pesante nella parte superiore."

«Απλώς αναρωτιόμουν — μου φαινόταν λίγο βαρύ.»

Charles si voltò e legò il carico meglio che poté.

Ο Κάρολος γύρισε την πλάτη του και έδεσε το φορτίο όσο καλύτερα μπορούσε.

Ma le legature erano allentate e l'imballaggio nel complesso era fatto male.

Αλλά οι προσδέσεις ήταν χαλαρές και η συσκευασία κακής κατασκευής συνολικά.

"Certo, i cani tireranno così tutto il giorno", disse sarcasticamente un altro uomo.

«Σίγουρα, τα σκυλιά θα το τραβούν αυτό όλη μέρα», είπε σαρκαστικά ένας άλλος άντρας.

«Certamente», rispose Hal freddamente, afferrando il lungo timone della slitta.

«Φυσικά», απάντησε ψυχρά ο Χαλ, αρπάζοντας το μακρύ κοντάρι του έλκηθρου.

Tenendo una mano sul palo, faceva roteare la frusta nell'altra.

Με το ένα χέρι στο κοντάρι, έβαλε το μαστίγιο με το άλλο.

"Andiamo!" urlò. "Muovetevi!", incitando i cani a partire.

«Πάμε!» φώναξε. «Κουνήστε το!» παροτρύνοντας τα σκυλιά να ξεκινήσουν.

I cani si appoggiarono all'imbracatura e si sforzarono per qualche istante.

Τα σκυλιά έγειραν στην ιπποσκευή και τεντώθηκαν για λίγα λεπτά.

Poi si fermarono, incapaci di spostare di un centimetro la slitta sovraccarica.

Έπειτα σταμάτησαν, ανίκανοι να κουνήσουν το υπερφορτωμένο έλκηθρο ούτε εκατοστό.

"Quei fannulloni!" urlò Hal, alzando la frusta per colpirli.

«Τα τεμπέληδες!» φώναξε ο Χαλ, σηκώνοντας το μαστίγιο για να τους χτυπήσει.

Ma Mercedes si precipitò dentro e strappò la frusta dalle mani di Hal.

Αλλά η Μερσέντες όρμησε μέσα και άρπαξε το μαστίγιο από τα χέρια του Χαλ.

«Oh, Hal, non osare far loro del male», gridò allarmata.

«Ω, Χαλ, μην τολμήσεις να τους πληγώσεις», φώναξε τρομοκρατημένη.

"Promettimi che sarai gentile con loro, altrimenti non farò un altro passo."

«Υπόσχεσέ μου ότι θα είσαι ευγενικός μαζί τους, αλλιώς δεν θα κάνω ούτε βήμα άλλο.»

"Non sai niente di cani", scattò Hal contro la sorella.

«Δεν ξέρεις τίποτα για σκύλους», είπε απότομα ο Χαλ στην αδερφή του.

"Sono pigri e l'unico modo per smuoverli è frustarli."

«Είναι τεμπέληδες και ο μόνος τρόπος να τους μετακινήσεις είναι να τους μαστιγώσεις.»

"Chiedi a chiunque, chiedi a uno di quegli uomini laggiù se dubiti di me."

«Ρώτα οποιονδήποτε — ρώτα έναν από εκείνους τους άντρες εκεί πέρα αν με αμφιβάλλεις.»

Mercedes guardò gli astanti con occhi imploranti e pieni di lacrime.

Η Μερσέντες κοίταξε τους περαστικούς με ικετευτικά, δακρυσμένα μάτια.

Il suo viso rivelava quanto odiasse la vista di qualsiasi dolore.

Το πρόσωπό της έδειχνε πόσο βαθιά μισούσε την όψη οποιουδήποτε πόνου.

"Sono deboli, tutto qui", ha detto un uomo. "Sono sfiniti."

«Είναι αδύναμοι, αυτό είναι όλο», είπε ένας άντρας. «Είναι εξαντλημένοι».

"Hanno bisogno di riposare: hanno lavorato troppo a lungo senza una pausa."

«Χρειάζονται ξεκούραση — έχουν δουλέψει πάρα πολλή ώρα χωρίς διάλειμμα.»

«Che il resto sia maledetto», borbottò Hal arricciando il labbro.

«Καταραμένος να είναι ο άνθρωπός σου», μουρμούρισε ο Χαλ με το χείλος του σφιγμένο.

Mercedes sussultò, visibilmente addolorata per le parole volgari pronunciate da lui.

Η Μερσέντες άφησε μια ανάσα, φανερά πληγωμένη από τα χυδαία λόγια του.

Ciononostante, lei rimase leale e difese immediatamente il fratello.

Παρ' όλα αυτά, παρέμεινε πιστή και υπερασπίστηκε αμέσως τον αδελφό της.

"Non badare a quell'uomo", disse ad Hal. "Sono i nostri cani."

«Μην σε νοιάζει αυτός ο άνθρωπος», είπε στον Χαλ. «Είναι τα σκυλιά μας».

"Li guidi come meglio credi: fai ciò che ritieni giusto."

«Τους οδηγείς όπως εσύ θεωρείς σωστό — κάνε αυτό που εσύ θεωρείς σωστό.»

Hal sollevò la frusta e colpì di nuovo i cani senza pietà.

Ο Χαλ σήκωσε το μαστίγιο και χτύπησε ξανά τα σκυλιά χωρίς έλεος.

Si lanciarono in avanti, con i corpi bassi e i piedi che affondavano nella neve.

Ορμούσαν μπροστά, με τα σώματα χαμηλά, τα πόδια τους να σπρώχνονται στο χιόνι.

Tutta la loro forza era concentrata nel traino, ma la slitta non si muoveva.

Όλη τους η δύναμη πήγαινε στο τράβηγμα, αλλά το έλκηθρο δεν κινούνταν.

La slitta rimase bloccata, come un'ancora congelata nella neve compatta.

Το έλκηθρο έμεινε κολλημένο, σαν άγκυρα παγωμένη στο πυκνό χιόνι.

Dopo un secondo tentativo, i cani si fermarono di nuovo, ansimando forte.

Μετά από μια δεύτερη προσπάθεια, τα σκυλιά σταμάτησαν ξανά, λαχανιάζοντας δυνατά.

Hal sollevò di nuovo la frusta, proprio mentre Mercedes interferiva di nuovo.

Ο Χαλ σήκωσε ξανά το μαστίγιο, ακριβώς τη στιγμή που η Μερσέντες παρενέβη ξανά.

Si lasciò cadere in ginocchio davanti a Buck e gli abbracciò il collo.

Έπεσε στα γόνατα μπροστά στον Μπακ και αγκάλιασε τον λαιμό του.

Le lacrime le riempivano gli occhi mentre implorava il cane esausto.

Δάκρυα γέμισαν τα μάτια της καθώς παρακαλούσε το εξαντλημένο σκυλί.

"Poveri cari", disse, "perché non tirate più forte?"

«Εσείς οι καημένες μου», είπε, «γιατί δεν τραβάτε πιο δυνατά;»

"Se tiri, non verrai frustato così."

«Αν τραβάς, τότε δεν θα σε μαστιγώσουν έτσι.»

A Buck non piaceva Mercedes, ma ormai era troppo stanco per resisterle.

Ο Μπακ αντιπαθούσε τη Μερσέντες, αλλά ήταν πολύ κουρασμένος για να της αντισταθεί τώρα.

Lui accettò le sue lacrime come se fossero solo un'altra parte di quella giornata miserabile.

Δέχτηκε τα δάκρυά της ως ένα ακόμη κομμάτι της άθλιας μέρας.

Uno degli uomini che osservavano, dopo aver represso la rabbia, finalmente parlò.

Ένας από τους άντρες που παρακολουθούσαν μίλησε τελικά αφού συγκρατούσε τον θυμό του.

"Non mi interessa cosa succede a voi, ma quei cani sono importanti."

«Δεν με νοιάζει τι θα συμβεί σε εσάς, αλλά αυτά τα σκυλιά έχουν σημασία.»
"Se vuoi aiutare, stacca quella slitta: è ghiacciata e innevata."
«Αν θέλεις να βοηθήσεις, λύσε το έλκηθρο — έχει παγώσει μέχρι το χιόνι.»
"Spingi con forza il palo della luce, a destra e a sinistra, e rompi il sigillo di ghiaccio."
«Πίεσε δυνατά τον πόλο του γκαζιού, δεξιά κι αριστερά, και σπάσε την παγωμένη σφραγίδα.»
Fu fatto un terzo tentativo, questa volta seguendo il suggerimento dell'uomo.
Έγινε μια τρίτη προσπάθεια, αυτή τη φορά μετά από πρόταση του άνδρα.
Hal fece oscillare la slitta da una parte all'altra, facendo staccare i pattini.
Ο Χαλ κούνησε το έλκηθρο από τη μία πλευρά στην άλλη, απελευθερώνοντας τους δρομείς.
La slitta, benché sovraccarica e scomoda, alla fine sobbalzò in avanti.
Το έλκηθρο, αν και υπερφορτωμένο και αδέξιο, τελικά κινήθηκε προς τα εμπρός.
Buck e gli altri tirarono selvaggiamente, spinti da una tempesta di frustate.
Ο Μπακ και οι άλλοι τραβούσαν άγρια, παρασυρμένοι από μια καταιγίδα αυχενικών χτυπημάτων.
Un centinaio di metri più avanti, il sentiero curvava e scendeva in pendenza verso la strada.
Εκατό μέτρα μπροστά, το μονοπάτι έστριβε και κατέβαινε προς τον δρόμο.
Ci sarebbe voluto un guidatore esperto per tenere la slitta in posizione verticale.
Θα χρειαζόταν ένας επιδέξιος οδηγός για να κρατήσει το έλκηθρο όρθιο.
Hal non era abile e la slitta si ribaltò mentre svoltava.
Ο Χαλ δεν ήταν επιδέξιος, και το έλκηθρο γύρισε καθώς στριφογύριζε στη στροφή.

Le cinghie allentate cedettero e metà del carico si rovesciò sulla neve.
Τα χαλαρά δεσίματα υποχώρησαν και το μισό φορτίο χύθηκε στο χιόνι.

I cani non si fermarono; la slitta più leggera continuò a procedere su un fianco.
Τα σκυλιά δεν σταμάτησαν· το ελαφρύτερο έλκηθρο πετούσε στο πλάι.

I cani, furiosi per i maltrattamenti e per il peso del carico, corsero più veloci.
Θυμωμένα από την κακοποίηση και το βαρύ φορτίο, τα σκυλιά έτρεξαν πιο γρήγορα.

Buck, infuriato, si lanciò a correre, seguito dalla squadra.
Ο Μπακ, έξαλλος, άρχισε να τρέχει, με την ομάδα να τον ακολουθεί.

Hal urlò "Whoa! Whoa!" ma la squadra non gli prestò attenzione.
Ο Χαλ φώναξε «Ουάου! Ουάου!» αλλά η ομάδα δεν του έδωσε σημασία.

Inciampò, cadde e fu trascinato a terra dall'imbracatura.
Σκόνταψε, έπεσε και σύρθηκε στο έδαφος από την εξάρτυση.

La slitta rovesciata lo travolse mentre i cani continuavano a correre avanti.
Το αναποδογυρισμένο έλκηθρο έπεσε πάνω του καθώς τα σκυλιά έτρεχαν μπροστά.

Il resto delle provviste è sparso lungo la trafficata strada di Skaguay.
Τα υπόλοιπα εφόδια ήταν σκορπισμένα στον πολυσύχναστο δρόμο του Σκάγκουεϊ.

Le persone di buon cuore si precipitarono a fermare i cani e a raccogliere l'attrezzatura.
Καλοκάγαθοι άνθρωποι έσπευσαν να σταματήσουν τα σκυλιά και να μαζέψουν τον εξοπλισμό.

Diedero anche consigli schietti e pratici ai nuovi viaggiatori.
Έδωσαν επίσης συμβουλές, σαφείς και πρακτικές, στους νέους ταξιδιώτες.

"Se vuoi raggiungere Dawson, prendi metà del carico e raddoppia i cani."

«Αν θέλεις να φτάσεις στο Ντόσον, πάρε το μισό φορτίο και διπλασίασε τα σκυλιά.»

Hal, Charles e Mercedes ascoltarono, anche se non con entusiasmo.

Ο Χαλ, ο Τσαρλς και η Μερσέντες άκουγαν, αν και όχι με ενθουσιασμό.

Montarono la tenda e cominciarono a sistemare le loro provviste.

Έστησαν τη σκηνή τους και άρχισαν να ταξινομούν τις προμήθειές τους.

Ne uscirono dei cibi in scatola, che fecero ridere a crepapelle gli astanti.

Βγήκαν κονσερβοποιημένα προϊόντα, τα οποία έκαναν τους θεατές να γελάσουν δυνατά.

"Roba in scatola sul sentiero? Morirai di fame prima che si sciolga", disse uno.

«Κονσερβοποιημένα πράγματα στο μονοπάτι; Θα λιμοκτονήσετε πριν λιώσουν», είπε κάποιος.

"Coperte d'albergo? Meglio buttarle via tutte."

«Κουβέρτες ξενοδοχείου; Καλύτερα να τις πετάξεις όλες.»

"Togli anche la tenda e qui nessuno laverà più i piatti."

«Παράτα και τη σκηνή, και κανείς δεν πλένει πιάτα εδώ.»

"Pensi di viaggiare su un treno Pullman con dei servitori a bordo?"

«Νομίζεις ότι ταξιδεύεις με τρένο Pullman με υπηρέτες μέσα;»

Il processo ebbe inizio: ogni oggetto inutile venne gettato da parte.

Η διαδικασία ξεκίνησε — κάθε άχρηστο αντικείμενο πετάχτηκε στην άκρη.

Mercedes pianse quando le sue borse furono svuotate sul terreno innevato.

Η Μερσέντες έκλαψε όταν οι τσάντες της άδειασαν στο χιονισμένο έδαφος.

Singhiozzava per ogni oggetto buttato via, uno per uno, senza sosta.
Έκλαιγε με λυγμούς για κάθε αντικείμενο που πετιόταν, ένα προς ένα χωρίς διακοπή.
Giurò di non fare un altro passo, nemmeno per dieci Charles.
Ορκίστηκε να μην κάνει ούτε ένα βήμα παραπάνω — ούτε για δέκα Σαρλς.
Pregò ogni persona vicina di lasciarle conservare le sue cose preziose.
Παρακάλεσε κάθε άτομο που βρισκόταν κοντά της να της επιτρέψει να κρατήσει τα πολύτιμα πράγματά της.
Alla fine si asciugò gli occhi e cominciò a gettare via anche i vestiti più importanti.
Τελικά, σκούπισε τα μάτια της και άρχισε να πετάει ακόμη και τα πιο σημαντικά ρούχα της.
Una volta terminato il suo, cominciò a svuotare le scorte degli uomini.
Όταν τελείωσε με τα δικά της, άρχισε να αδειάζει τις προμήθειες των ανδρών.
Come un turbine, fece a pezzi gli effetti personali di Charles e Hal.
Σαν ανεμοστρόβιλος, ξέσκιζε τα υπάρχοντα του Τσαρλς και της Χαλ.
Sebbene il carico fosse dimezzato, era comunque molto più pesante del necessario.
Αν και το φορτίο είχε μειωθεί στο μισό, ήταν ακόμα πολύ βαρύτερο από ό,τι χρειαζόταν.
Quella notte, Charles e Hal uscirono e comprarono sei nuovi cani.
Εκείνο το βράδυ, ο Τσαρλς και ο Χαλ βγήκαν έξω και αγόρασαν έξι καινούρια σκυλιά.
Questi nuovi cani si unirono ai sei originali, più Teek e Koona.
Αυτά τα νέα σκυλιά προστέθηκαν στα αρχικά έξι, συν τον Τικ και την Κούνα.

Insieme formarono una squadra di quattordici cani attaccati alla slitta.
Μαζί έφτιαξαν μια ομάδα από δεκατέσσερα σκυλιά δεμένα στο έλκηθρο.
Ma i nuovi cani erano inadatti e poco addestrati per il lavoro con la slitta.
Αλλά τα καινούρια σκυλιά ήταν ακατάλληλα και κακώς εκπαιδευμένα για εργασία με έλκηθρο.
Tre dei cani erano cani da caccia a pelo corto, mentre uno era un Terranova.
Τρία από τα σκυλιά ήταν κοντότριχα πόιντερ και ένα ήταν Νέας Γης.
Gli ultimi due cani erano meticci senza alcuna razza o scopo ben definito.
Τα δύο τελευταία σκυλιά ήταν mutt χωρίς σαφή ράτσα ή σκοπό.
Non capivano il percorso e non lo imparavano in fretta.
Δεν κατάλαβαν το μονοπάτι και δεν το έμαθαν γρήγορα.
Buck e i suoi compagni li osservavano con disprezzo e profonda irritazione.
Ο Μπακ και οι φίλοι του τους παρακολουθούσαν με περιφρόνηση και βαθιά εκνευρισμό.
Sebbene Buck insegnasse loro cosa non fare, non poteva insegnare loro il dovere.
Αν και ο Μπακ τους δίδαξε τι δεν πρέπει να κάνουν, δεν μπορούσε να τους διδάξει το καθήκον.
Non amavano la vita sui sentieri né la trazione delle redini e delle slitte.
Δεν αντιμετώπιζαν με καλό μάτι τη ζωή σε μονοπάτια ούτε το τράβηγμα των ηνίων και των έλκηθρων.
Soltanto i bastardi cercarono di adattarsi, e anche a loro mancava lo spirito combattivo.
Μόνο οι μιγάδες προσπάθησαν να προσαρμοστούν, και ακόμη και αυτοί δεν είχαν αγωνιστικό πνεύμα.
Gli altri cani erano confusi, indeboliti e distrutti dalla loro nuova vita.

Τα άλλα σκυλιά ήταν μπερδεμένα, αποδυναμωμένα και συντετριμμένα από τη νέα τους ζωή.

Con i nuovi cani all'oscuro e i vecchi esausti, la speranza era flebile.

Με τα καινούρια σκυλιά να μην έχουν ιδέα και τα παλιά εξαντλημένα, η ελπίδα ήταν ελάχιστες.

La squadra di Buck aveva percorso duemilacinquecento miglia di sentiero accidentato.

Η ομάδα του Μπακ είχε καλύψει διακόσια πεντακόσια μίλια ανώμαλου μονοπατιού.

Ciononostante, i due uomini erano allegri e orgogliosi della loro grande squadra di cani.

Παρόλα αυτά, οι δύο άντρες ήταν χαρούμενοι και περήφανοι για την μεγάλη ομάδα σκύλων τους.

Pensavano di viaggiare con stile, con quattordici cani al seguito.

Νόμιζαν ότι ταξίδευαν με στυλ, με δεκατέσσερα σκυλιά δεμένα.

Avevano visto delle slitte partire per Dawson e altre arrivarne.

Είχαν δει έλκηθρα να φεύγουν για το Ντόσον, και άλλα να φτάνουν από εκεί.

Ma non ne avevano mai vista una trainata da ben quattordici cani.

Αλλά ποτέ δεν είχαν δει κάποιον να τον σέρνουν τόσα πολλά σκυλιά όσο δεκατέσσερα.

C'era un motivo per cui squadre del genere erano rare nelle terre selvagge dell'Artico.

Υπήρχε λόγος που τέτοιες ομάδες ήταν σπάνιες στην άγρια φύση της Αρκτικής.

Nessuna slitta poteva trasportare cibo sufficiente a sfamare quattordici cani per l'intero viaggio.

Κανένα έλκηθρο δεν μπορούσε να μεταφέρει αρκετή τροφή για να ταΐσει δεκατέσσερα σκυλιά για το ταξίδι.

Ma Charles e Hal non lo sapevano: avevano fatto i calcoli.

Αλλά ο Τσαρλς και ο Χαλ δεν το ήξεραν αυτό—είχαν κάνει τους υπολογισμούς.

Hanno pianificato la razione di cibo: una certa quantità per cane, per un certo numero di giorni, fatta.
Σημείωσαν με μολύβι την τροφή: τόσο ανά σκύλο, τόσες μέρες, έτοιμο.
Mercedes guardò i numeri e annuì come se avessero senso.
Η Μερσέντες κοίταξε τις φιγούρες τους και έγνεψε καταφατικά σαν να είχε νόημα.
Tutto le sembrava molto semplice, almeno sulla carta.
Όλα της φαίνονταν πολύ απλά, τουλάχιστον στα χαρτιά.

La mattina seguente, Buck guidò lentamente la squadra lungo la strada innevata.
Το επόμενο πρωί, ο Μπακ οδήγησε την ομάδα αργά στον χιονισμένο δρόμο.
Non c'era né energia né spirito in lui e nei cani dietro di lui.
Δεν υπήρχε ενέργεια ή πνεύμα μέσα του ή στα σκυλιά πίσω του.
Erano stanchi morti fin dall'inizio: non avevano più riserve.
Ήταν πολύ κουρασμένοι από την αρχή — δεν είχαν απομείνει εφεδρικοί.
Buck aveva già fatto quattro viaggi tra Salt Water e Dawson.
Ο Μπακ είχε ήδη κάνει τέσσερα ταξίδια μεταξύ Σολτ Γουότερ και Ντόσον.
Ora, di fronte alla stessa pista, non provava altro che amarezza.
Τώρα, αντιμέτωπος ξανά με το ίδιο μονοπάτι, δεν ένιωθε τίποτα άλλο παρά πίκρα.
Il suo cuore non c'era, e nemmeno quello degli altri cani.
Η καρδιά του δεν ήταν μέσα σε αυτό, ούτε οι καρδιές των άλλων σκύλων.
I nuovi cani erano timidi e gli husky non si fidavano per niente.
Τα καινούρια σκυλιά ήταν δειλά, και τα χάσκι δεν έδειχναν καμία εμπιστοσύνη.
Buck capì che non poteva fare affidamento su quei due uomini o sulla loro sorella.

Ο Μπακ ένιωθε ότι δεν μπορούσε να βασιστεί σε αυτούς τους δύο άντρες ή στην αδερφή τους.

Non sapevano nulla e non mostravano alcun segno di apprendimento lungo il percorso.

Δεν ήξεραν τίποτα και δεν έδειξαν σημάδια μάθησης στο μονοπάτι.

Erano disorganizzati e privi di qualsiasi senso di disciplina.

Ήταν ανοργάνωτοι και τους έλειπε κάθε αίσθηση πειθαρχίας.

Ogni volta impiegavano metà della notte per allestire un accampamento malmesso.

Τους χρειαζόταν μισή νύχτα για να στήσουν μια πρόχειρη κατασκήνωση κάθε φορά.

E metà della mattina successiva la trascorsero di nuovo armeggiando con la slitta.

Και τα μισά του επόμενου πρωινού τα πέρασαν ψάχνοντας ξανά στο έλκηθρο.

Spesso a mezzogiorno si fermavano solo per sistemare il carico irregolare.

Μέχρι το μεσημέρι, συχνά σταματούσαν απλώς για να διορθώσουν το ανομοιόμορφο φορτίο.

In alcuni giorni percorsero meno di dieci miglia in totale.

Κάποιες μέρες, ταξίδευαν συνολικά λιγότερο από δέκα μίλια.

Altri giorni non riuscivano proprio ad abbandonare l'accampamento.

Άλλες μέρες, δεν κατάφερναν καθόλου να φύγουν από το στρατόπεδο.

Non sono mai riusciti a coprire la distanza alimentare prevista.

Ποτέ δεν πλησίασαν στην κάλυψη της προγραμματισμένης απόστασης φαγητού.

Come previsto, il cibo per i cani finì molto presto.

Όπως αναμενόταν, πολύ γρήγορα τους έλειψε η τροφή για τα σκυλιά.

Nei primi tempi hanno peggiorato ulteriormente la situazione con l'eccesso di cibo.

Χειροτέρεψαν τα πράγματα ταΐζοντας υπερβολικά τις πρώτες μέρες.

Ciò rendeva la carestia sempre più vicina, con ogni razione disattenta.

Αυτό έφερνε την πείνα πιο κοντά με κάθε απρόσεκτη μερίδα.

I nuovi cani non avevano ancora imparato a sopravvivere con molto poco.

Τα καινούρια σκυλιά δεν είχαν μάθει να επιβιώνουν με ελάχιστα.

Mangiarono avidamente, con un appetito troppo grande per il sentiero.

Έφαγαν πεινασμένοι, με όρεξη πολύ μεγάλη για το μονοπάτι.

Vedendo i cani indebolirsi, Hal pensò che il cibo non fosse sufficiente.

Βλέποντας τα σκυλιά να εξασθενούν, ο Χαλ πίστεψε ότι το φαγητό δεν ήταν αρκετό.

Raddoppiò le razioni, peggiorando ulteriormente l'errore.

Διπλασίασε τις μερίδες, κάνοντας το λάθος ακόμη χειρότερο.

Mercedes aggravò il problema con le sue lacrime e le sue suppliche sommesse.

Η Μερσέντες επιδείνωσε το πρόβλημα με δάκρυα και απαλές παρακλήσεις.

Quando non riuscì a convincere Hal, diede da mangiare ai cani di nascosto.

Όταν δεν κατάφερε να πείσει τον Χαλ, τάισε τα σκυλιά κρυφά.

Rubò il pesce dai sacchi e glielo diede alle spalle.

Έκλεψε από τους σάκους με τα ψάρια και τους το έδωσε πίσω από την πλάτη του.

Ma ciò di cui i cani avevano veramente bisogno non era altro cibo: era riposo.

Αλλά αυτό που πραγματικά χρειάζονταν τα σκυλιά δεν ήταν περισσότερο φαγητό—ήταν ξεκούραση.

Nonostante la loro scarsa velocità, la pesante slitta continuava a procedere.
Δεν τα κατάφερναν καλά, αλλά το βαρύ έλκηθρο συνέχιζε να σέρνεται.
Quel peso da solo esauriva ogni giorno le loro forze rimanenti.
Αυτό και μόνο το βάρος εξάντλησε τη δύναμή τους που τους είχε απομείνει κάθε μέρα.
Poi arrivò la fase della sottoalimentazione, quando le scorte scarseggiavano.
Έπειτα ήρθε το στάδιο του υποσιτισμού καθώς οι προμήθειες λιγόστευαν.
Una mattina Hal si accorse che metà del cibo per cani era già finito.
Ο Χαλ συνειδητοποίησε ένα πρωί ότι η μισή τροφή για σκύλους είχε ήδη τελειώσει.
Avevano percorso solo un quarto della distanza totale del sentiero.
Είχαν διανύσει μόνο το ένα τέταρτο της συνολικής απόστασης του μονοπατιού.
Non si poteva più comprare cibo, a qualunque prezzo.
Δεν μπορούσαν να αγοραστούν άλλα τρόφιμα, όποια τιμή κι αν προσφερόταν.
Ridusse le porzioni dei cani al di sotto della razione giornaliera standard.
Μείωσε τις μερίδες των σκύλων κάτω από την τυπική ημερήσια μερίδα.
Allo stesso tempo, chiese di viaggiare più a lungo per compensare la perdita.
Ταυτόχρονα, απαίτησε μεγαλύτερα ταξίδια για να αναπληρώσει την απώλεια.
Mercedes e Charles appoggiarono questo piano, ma fallirono nella sua realizzazione.
Η Μερσέντες και ο Κάρολος υποστήριξαν αυτό το σχέδιο, αλλά απέτυχαν στην εκτέλεσή του.
La loro pesante slitta e la mancanza di abilità rendevano il progresso quasi impossibile.

Το βαρύ έλκηθρο τους και η έλλειψη δεξιοτήτων τους έκαναν την πρόοδο σχεδόν αδύνατη.

Era facile dare meno cibo, ma impossibile forzare uno sforzo maggiore.

Ήταν εύκολο να δώσουν λιγότερο φαγητό, αλλά αδύνατο να επιβάλουν περισσότερη προσπάθεια.

Non potevano partire prima, né viaggiare per ore extra.

Δεν μπορούσαν να ξεκινήσουν νωρίς, ούτε μπορούσαν να ταξιδέψουν για επιπλέον ώρες.

Non sapevano come gestire i cani, e nemmeno loro stessi, a dire il vero.

Δεν ήξεραν πώς να χειριστούν τα σκυλιά, ούτε και τους εαυτούς τους, άλλωστε.

Il primo cane a morire fu Dub, lo sfortunato ma laborioso ladro.

Ο πρώτος σκύλος που πέθανε ήταν ο Νταμπ, ο άτυχος αλλά εργατικός κλέφτης.

Sebbene spesso punito, Dub aveva fatto la sua parte senza lamentarsi.

Αν και συχνά τιμωρούνταν, ο Νταμπ είχε κάνει το καθήκον του χωρίς παράπονα.

La sua spalla ferita peggiorò se non ricevette cure adeguate e non ebbe bisogno di riposo.

Ο τραυματισμένος ώμος του χειροτέρευε χωρίς φροντίδα ή χωρίς να χρειάζεται ξεκούραση.

Alla fine, Hal usò la pistola per porre fine alle sofferenze di Dub.

Τελικά, ο Χαλ χρησιμοποίησε το περίστροφο για να τερματίσει τα βάσανα του Νταμπ.

Un detto comune afferma che i cani normali muoiono se vengono nutriti con razioni di husky.

Μια κοινή παροιμία έλεγε ότι τα κανονικά σκυλιά πεθαίνουν με μερίδες χάσκι.

I sei nuovi compagni di Buck avevano ricevuto solo metà della quota di cibo riservata all'husky.

Οι έξι νέοι σύντροφοι του Μπακ είχαν μόνο τη μισή μερίδα τροφής από αυτή του χάσκι.

Il Terranova morì per primo, seguito dai tre cani da caccia a pelo corto.
Πρώτα πέθανε η Νέα Γη, και μετά οι τρεις κοντότριχες δείκτριες.
I due bastardi resistettero più a lungo ma alla fine morirono come gli altri.
Τα δύο μιγάδια άντεξαν περισσότερο, αλλά τελικά χάθηκαν όπως και τα υπόλοιπα.
Ormai tutti i comfort e la gentilezza del Southland erano scomparsi.
Μέχρι εκείνη τη στιγμή, όλες οι ανέσεις και η ευγένεια της Νότιας Γης είχαν εξαφανιστεί.
Le tre persone avevano perso le ultime tracce della loro educazione civile.
Οι τρεις άνθρωποι είχαν αποβάλει τα τελευταία ίχνη της πολιτισμένης ανατροφής τους.
Spogliato di glamour e romanticismo, il viaggio nell'Artico è diventato brutalmente reale.
Απογυμνωμένο από αίγλη και ρομαντισμό, τα ταξίδια στην Αρκτική έγιναν άγρια πραγματικότητα.
Era una realtà troppo dura per il loro senso di virilità e femminilità.
Ήταν μια πραγματικότητα πολύ σκληρή για την αίσθηση που είχαν για τον ανδρισμό και τη γυναικεία φύση.
Mercedes non piangeva più per i cani, ma piangeva solo per se stessa.
Η Μερσέντες δεν έκλαιγε πια για τα σκυλιά, αλλά έκλαιγε μόνο για τον εαυτό της.
Trascorreva il tempo piangendo e litigando con Hal e Charles.
Περνούσε τον χρόνο της κλαίγοντας και μαλώνοντας με τον Χαλ και τον Τσαρλς.
Litigare era l'unica cosa per cui non si stancavano mai.
Οι καβγάδες ήταν το μόνο πράγμα που δεν κουράζονταν ποτέ να κάνουν.
La loro irritabilità derivava dalla miseria, cresceva con essa e la superava.

Ο εκνευρισμός τους προερχόταν από τη δυστυχία, μεγάλωνε μαζί της και την ξεπερνούσε.

La pazienza del cammino, nota a coloro che faticano e soffrono con generosità, non è mai arrivata.

Η υπομονή της διαδρομής, γνωστή σε όσους μοχθούν και υποφέρουν με καλοσύνη, δεν ήρθε ποτέ.

Quella pazienza che rende dolce la parola nonostante il dolore, era a loro sconosciuta.

Αυτή η υπομονή, που διατηρεί την ομιλία γλυκιά μέσα στον πόνο, τους ήταν άγνωστη.

Non avevano alcun briciolo di pazienza, nessuna forza derivante dalla sofferenza con grazia.

Δεν είχαν ούτε ίχνος υπομονής, ούτε δύναμη που αντλούσαν από τα βάσανα με χάρη.

Erano irrigiditi dal dolore: dolori nei muscoli, nelle ossa e nel cuore.

Ήταν άκαμπτοι από τον πόνο — πονούσαν στους μύες, τα κόκαλα και την καρδιά τους.

Per questo motivo, divennero taglienti nella lingua e pronti a pronunciare parole dure.

Εξαιτίας αυτού, έγιναν οξυδερκείς και γρήγοροι με σκληρά λόγια.

Ogni giorno iniziava e finiva con voci arrabbiate e lamentele amare.

Κάθε μέρα ξεκινούσε και τελείωνε με θυμωμένες φωνές και πικρά παράπονα.

Charles e Hal litigavano ogni volta che Mercedes ne dava loro l'occasione.

Ο Τσαρλς και ο Χαλ διαπληκτίζονταν όποτε η Μερσέντες τους έδινε ευκαιρία.

Ogni uomo credeva di aver fatto più del dovuto.

Κάθε άντρας πίστευε ότι έκανε περισσότερα από όσα του αναλογούσαν.

Nessuno dei due ha mai perso l'occasione di dirlo, ancora e ancora.

Κανένας από τους δύο δεν έχασε ποτέ την ευκαιρία να το πει, ξανά και ξανά.

A volte Mercedes si schierava con Charles, a volte con Hal.
Άλλοτε η Μερσέντες τάχθηκε με το μέρος του Τσαρλς,
άλλοτε με το μέρος του Χαλ.
Ciò portò a una grande e infinita lite tra i tre.
Αυτό οδήγησε σε μια μεγάλη και ατελείωτη διαμάχη
μεταξύ των τριών.
La disputa su chi dovesse tagliare la legna da ardere divenne incontrollabile.
Μια διαμάχη για το ποιος έπρεπε να κόψει καυσόξυλα
ξέφυγε από κάθε έλεγχο.
Ben presto vennero nominati padri, madri, cugini e parenti defunti.
Σύντομα, ονομάστηκαν πατέρες, μητέρες, ξαδέρφια και
νεκροί συγγενείς.
Le opinioni di Hal sull'arte o sulle opere teatrali di suo zio divennero parte della lotta.
Οι απόψεις του Χαλ για την τέχνη ή τα θεατρικά έργα του
θείου του έγιναν μέρος της διαμάχης.
Anche le convinzioni politiche di Carlo entrarono nel dibattito.
Οι πολιτικές πεποιθήσεις του Καρόλου εισήλθαν επίσης
στη συζήτηση.
Per Mercedes, perfino i pettegolezzi della sorella del marito sembravano rilevanti.
Στη Μερσέντες, ακόμη και τα κουτσομπολιά της αδερφής
του συζύγου της φαινόντουσαν σχετικά.
Espresse la sua opinione su questo e su molti dei difetti della famiglia di Charles.
Εξέφρασε απόψεις σχετικά με αυτό και για πολλά από τα
ελαττώματα της οικογένειας του Καρόλου.
Mentre discutevano, il fuoco rimase spento e l'accampamento mezzo allestito.
Ενώ μαλώνανε, η φωτιά παρέμεινε σβησμένη και το
στρατόπεδο μισοσβησμένο.
Nel frattempo i cani erano rimasti infreddoliti e senza cibo.
Εν τω μεταξύ, τα σκυλιά παρέμεναν κρύα και χωρίς
φαγητό.

Mercedes nutriva un risentimento che considerava profondamente personale.
Η Μερσέντες είχε ένα παράπονο που θεωρούσε βαθιά προσωπικό.

Si sentiva maltrattata in quanto donna e le venivano negati i suoi gentili privilegi.
Ένιωθε ότι την κακομεταχειρίζονταν ως γυναίκα, ότι της στερούσαν τα ευγενικά της προνόμια.

Era carina e gentile, e per tutta la vita era stata abituata alla cavalleria.
Ήταν όμορφη και τρυφερή, και συνήθιζε να είναι ιππότης σε όλη της τη ζωή.

Ma suo marito e suo fratello ora la trattavano con impazienza.
Αλλά ο σύζυγός της και ο αδελφός της τής φέρονταν τώρα με ανυπομονησία.

Aveva l'abitudine di comportarsi in modo impotente e loro cominciarono a lamentarsi.
Η συνήθειά της ήταν να κάνει την αβοήθητη κίνηση, και άρχισαν να παραπονιούνται.

Offesa da ciò, rese loro la vita ancora più difficile.
Προσβεβλημένη από αυτό, έκανε τη ζωή τους ακόμη πιο δύσκολη.

Ignorò i cani e insistette per guidare lei stessa la slitta.
Αγνόησε τα σκυλιά και επέμεινε να ανέβει η ίδια στο έλκηθρο.

Sebbene sembrasse esile, pesava centoventi libbre (circa quaranta chili).
Αν και ελαφριά στην εμφάνιση, ζύγιζε εκατόν είκοσι λίβρες.

Quel peso aggiuntivo era troppo per i cani affamati e deboli.
Αυτό το πρόσθετο βάρος ήταν πάρα πολύ βαρύ για τα πεινασμένα, αδύναμα σκυλιά.

Nonostante ciò, continuò a cavalcare per giorni, finché i cani non crollarono nelle redini.
Παρόλα αυτά, καβάλησε για μέρες, μέχρι που τα σκυλιά κατέρρευσαν στα ηνία.

La slitta si fermò e Charles e Hal la implorarono di proseguire a piedi.
Το έλκηθρο έμεινε ακίνητο, και ο Τσαρλς και ο Χαλ την παρακάλεσαν να περπατήσει.
Loro la implorarono e la scongiurarono, ma lei pianse e li definì crudeli.
Παρακαλούσαν και ικέτευαν, αλλά εκείνη έκλαιγε και τους αποκαλούσε σκληρούς.
In un'occasione, la tirarono giù dalla slitta con pura forza e rabbia.
Σε μια περίπτωση, την τράβηξαν από το έλκηθρο με απόλυτη δύναμη και θυμό.
Dopo quello che accadde quella volta non ci riprovarono più.
Δεν ξαναπροσπάθησαν ποτέ μετά από αυτό που συνέβη εκείνη τη φορά.
Si accasciò come una bambina viziata e si sedette nella neve.
Έπεσε κουτσαίνοντας σαν κακομαθημένο παιδί και κάθισε στο χιόνι.
Continuarono a muoversi, ma lei si rifiutò di alzarsi o di seguirli.
Προχώρησαν, αλλά εκείνη αρνήθηκε να σηκωθεί ή να τους ακολουθήσει.
Dopo tre miglia si fermarono, tornarono indietro e la riportarono indietro.
Μετά από τρία μίλια, σταμάτησαν, επέστρεψαν και την κουβάλησαν πίσω.
La ricaricarono sulla slitta, usando ancora una volta la forza bruta.
Την ξαναφόρτωσαν στο έλκηθρο, χρησιμοποιώντας και πάλι ωμή δύναμη.
Nella loro profonda miseria, erano insensibili alla sofferenza dei cani.
Μέσα στη βαθιά τους δυστυχία, ήταν ασυγκίνητοι απέναντι στα βάσανα των σκύλων.
Hal credeva che fosse necessario indurirsi e impose questa convinzione agli altri.

Ο Χαλ πίστευε ότι κάποιος πρέπει να σκληραγωγηθεί και επιβάλλει αυτή την πεποίθηση στους άλλους.

Inizialmente ha cercato di predicare la sua filosofia a sua sorella

Αρχικά προσπάθησε να κηρύξει τη φιλοσοφία του στην αδερφή του

e poi, senza successo, predicò al cognato.

και έπειτα, χωρίς επιτυχία, κήρυξε στον κουνιάδο του.

Ebbe più successo con i cani, ma solo perché li ferì.

Είχε μεγαλύτερη επιτυχία με τα σκυλιά, αλλά μόνο επειδή τα πλήγωνε.

Da Five Fingers, il cibo per cani è rimasto completamente vuoto.

Στο Five Fingers, η τροφή για σκύλους τελείωσε εντελώς.

Una vecchia squaw sdentata vendette qualche chilo di pelle di cavallo congelata

Μια ηλικιωμένη γυναίκα χωρίς δόντια πούλησε μερικά κιλά κατεψυγμένο δέρμα αλόγου

Hal scambiò la sua pistola con la pelle di cavallo secca.

Ο Χαλ αντάλλαξε το περίστροφό του με το αποξηραμένο δέρμα αλόγου.

La carne proveniva dai cavalli affamati di allevatori di bovini, morti mesi prima.

Το κρέας είχε προέλθει από πεινασμένα άλογα ή κτηνοτρόφους μήνες πριν.

Congelata, la pelle era come ferro zincato: dura e immangiabile.

Παγωμένο, το δέρμα ήταν σαν γαλβανισμένο σίδερο· σκληρό και μη βρώσιμο.

Per riuscire a mangiarla, i cani dovevano masticare la pelle senza sosta.

Τα σκυλιά έπρεπε να μασούν ατελείωτα το τομάρι για να το φάνε.

Ma le corde coriacee e i peli corti non erano certo un nutrimento.

Αλλά οι δερμάτινες κλωστές και τα κοντά μαλλιά δεν ήταν καθόλου τροφή.

La maggior parte della pelle era irritante e non era cibo in senso stretto.
Το μεγαλύτερο μέρος του δέρματος ήταν ενοχλητικό και όχι φαγητό με την πραγματική έννοια του όρου.
E nonostante tutto, Buck barcollava davanti a tutti, come in un incubo.
Και μέσα σε όλα αυτά, ο Μπακ παραπατούσε μπροστά, σαν σε εφιάλτη.
Quando poteva, tirava; quando non poteva, restava lì finché non veniva sollevato dalla frusta o dal bastone.
Τραβούσε όταν μπορούσε· όταν δεν μπορούσε, έμενε ξαπλωμένος μέχρι να τον σηκώσει μαστίγιο ή ρόπαλο.
Il suo pelo fine e lucido aveva perso tutta la rigidità e la lucentezza di un tempo.
Το λεπτό, γυαλιστερό τρίχωμά του είχε χάσει όλη την ακαμψία και τη λάμψη που είχε κάποτε.
I suoi capelli erano flosci, spettinati e pieni di sangue rappreso a causa dei colpi.
Τα μαλλιά του κρέμονταν άτονα, σέρνονταν και ήταν πηγμένα από ξεραμένο αίμα από τα χτυπήματα.
I suoi muscoli si ridussero a midolli e i cuscinetti di carne erano tutti consumati.
Οι μύες του συρρικνώθηκαν και οι σάρκες του είχαν φθαρεί.
Ogni costola, ogni osso erano chiaramente visibili attraverso le pieghe della pelle rugosa.
Κάθε πλευρά, κάθε οστό φαινόταν καθαρά μέσα από πτυχές του ζαρωμένου δέρματος.
Fu straziante, ma il cuore di Buck non riuscì a spezzarsi.
Ήταν σπαρακτικό, κι όμως η καρδιά του Μπακ δεν μπορούσε να ραγίσει.
L'uomo con il maglione rosso lo aveva testato e dimostrato molto tempo prima.
Ο άντρας με το κόκκινο πουλόβερ το είχε δοκιμάσει και το είχε αποδείξει προ πολλού.
Così come accadde a Buck, accadde anche a tutti i suoi compagni di squadra rimasti.

Όπως συνέβη με τον Μπακ, έτσι συνέβη και με όλους τους εναπομείναντες συμπαίκτες του.

Ce n'erano sette in totale, ognuno uno scheletro ambulante di miseria.

Υπήρχαν συνολικά επτά, ο καθένας ένας κινούμενος σκελετός δυστυχίας.

Erano diventati insensibili alle fruste e sentivano solo un dolore distante.

Είχαν μουδιάσει στο βλεφαρίδα, νιώθοντας μόνο μακρινό πόνο.

Anche la vista e i suoni li raggiungevano debolmente, come attraverso una fitta nebbia.

Ακόμα και η όραση και ο ήχος τους έφταναν αμυδρά, σαν μέσα από πυκνή ομίχλη.

Non erano mezzi vivi: erano ossa con deboli scintille al loro interno.

Δεν ήταν μισοζώντανοι — ήταν κόκαλα με αμυδρές σπίθες μέσα.

Una volta fermati, crollarono come cadaveri, con le scintille quasi del tutto spente.

Όταν τους σταμάτησαν, κατέρρευσαν σαν πτώματα, με τις σπίθες τους σχεδόν να έχουν εξαφανιστεί.

E quando la frusta o il bastone colpivano di nuovo, le scintille sfarfallavano debolmente.

Και όταν το μαστίγιο ή το ρόπαλο ξαναχτύπησε, οι σπίθες φτερούγισαν αδύναμα.

Poi si alzarono, barcollarono in avanti e trascinarono le loro membra in avanti.

Έπειτα σηκώθηκαν, παραπατούσαν μπροστά και έσερναν τα άκρα τους μπροστά.

Un giorno il gentile Billee cadde e non riuscì più a rialzarsi.

Μια μέρα η ευγενική Μπίλι έπεσε και δεν μπορούσε πλέον να σηκωθεί καθόλου.

Hal aveva scambiato la sua pistola con quella di Billee, così decise di ucciderla con un'ascia.

Ο Χαλ είχε ανταλλάξει το περίστροφό του, οπότε χρησιμοποίησε ένα τσεκούρι για να σκοτώσει την Μπίλι.

Lo colpì alla testa, poi gli tagliò il corpo e lo trascinò via.
Τον χτύπησε στο κεφάλι, έπειτα έκοψε το σώμα του και το έσυρε μακριά.

Buck se ne accorse, e così fecero anche gli altri: sapevano che la morte era vicina.
Ο Μπακ το είδε αυτό, όπως και οι άλλοι· ήξεραν ότι ο θάνατος ήταν κοντά.

Il giorno dopo Koona se ne andò, lasciando solo cinque cani nel gruppo affamato.
Την επόμενη μέρα η Κούνα έφυγε, αφήνοντας μόνο πέντε σκυλιά στην πεινασμένη ομάδα.

Joe, non più cattivo, era ormai troppo fuori di sé per rendersi conto di nulla.
Ο Τζο, όχι πια κακός, ήταν πολύ ξεπερασμένος για να αντιληφθεί και πολλά.

Pike, ormai non fingeva più di essere ferito, era appena cosciente.
Ο Πάικ, που δεν προσποιούνταν πλέον τον τραυματισμό του, μόλις που είχε τις αισθήσεις του.

Solleks, ancora fedele, si rammaricava di non avere più la forza di dare.
Ο Σόλεκς, ακόμα πιστός, θρήνησε που δεν είχε δύναμη να δώσει.

Teek fu battuto più di tutti perché era più fresco, ma stava calando rapidamente.
Ο Τικ ηττήθηκε περισσότερο επειδή ήταν πιο φρέσκος, αλλά ξεθώριαζε γρήγορα.

E Buck, ancora in testa, non mantenne più l'ordine né lo fece rispettare.
Και ο Μπακ, που εξακολουθούσε να προηγείται, δεν τηρούσε πλέον την τάξη ούτε την επιβαλλόταν.

Mezzo accecato dalla debolezza, Buck seguì la pista solo a tentoni.
Μισοτυφλωμένος από αδυναμία, ο Μπακ ακολούθησε το μονοπάτι νιώθοντας μόνος.

Era una bellissima primavera, ma nessuno di loro se ne accorse.

Ήταν όμορφος ανοιξιάτικος καιρός, αλλά κανείς τους δεν τον πρόσεξε.
Ogni giorno il sole sorgeva prima e tramontava più tardi.
Κάθε μέρα ο ήλιος ανέτειλε νωρίτερα και έδυε αργότερα από πριν.
Alle tre del mattino era già spuntata l'alba; il crepuscolo durò fino alle nove.
Στις τρεις το πρωί, είχε έρθει η αυγή· το λυκόφως διαρκούσε μέχρι τις εννέα.
Le lunghe giornate erano illuminate dal sole primaverile.
Οι μακριές μέρες ήταν γεμάτες με την πλήρη λάμψη του ανοιξιάτικου ήλιου.
Il silenzio spettrale dell'inverno si era trasformato in un caldo mormorio.
Η στοιχειωμένη σιωπή του χειμώνα είχε μετατραπεί σε ένα ζεστό μουρμουρητό.
Tutta la terra si stava svegliando, animata dalla gioia degli esseri viventi.
Όλη η γη ξυπνούσε, ζωντανή από τη χαρά των ζωντανών όντων.
Il suono proveniva da ciò che era rimasto morto e immobile per tutto l'inverno.
Ο ήχος προερχόταν από κάτι που είχε ξαπλώσει νεκρό και ακίνητο κατά τη διάρκεια του χειμώνα.
Ora quelle cose si mossero di nuovo, scrollandosi di dosso il lungo sonno del gelo.
Τώρα, αυτά τα πράγματα κινήθηκαν ξανά, τινάζοντας από πάνω τους τον μακρύ ύπνο του παγετού.
La linfa saliva attraverso i tronchi scuri dei pini in attesa.
Χυμός ανέβαινε μέσα από τους σκοτεινούς κορμούς των πεύκων που περίμεναν.
Salici e pioppi tremuli fanno sbocciare giovani gemme luminose su ogni ramoscello.
Οι ιτιές και οι λεύκες βγάζουν φωτεινά νεαρά μπουμπούκια σε κάθε κλαδί.
Arbusti e viti si tingono di un verde fresco mentre il bosco si anima.

Οι θάμνοι και τα αμπέλια απέκτησαν φρέσκο πράσινο καθώς το δάσος ζωντάνεψε.

Di notte i grilli cantavano e di giorno gli insetti strisciavano nella luce del sole.

Τα τριζόνια κελαηδούσαν τη νύχτα και τα έντομα σέρνονταν στον ήλιο της ημέρας.

Le pernici gridavano e i picchi picchiavano in profondità tra gli alberi.

Οι πέρδικες βρυχήθηκαν και οι δρυοκολάπτες χτυπούσαν βαθιά μέσα στα δέντρα.

Gli scoiattoli chiacchieravano, gli uccelli cantavano e le oche starnazzavano per richiamare l'attenzione dei cani.

Οι σκίουροι κελαηδούσαν, τα πουλιά τραγουδούσαν και οι χήνες κορνάριζαν πάνω από τα σκυλιά.

Gli uccelli selvatici arrivavano a cunei affilati, volando in alto da sud.

Τα αγριοκότατα έρχονταν σε αιχμηρές σφήνες, πετώντας από το νότο.

Da ogni pendio giungeva la musica di ruscelli nascosti e impetuosi.

Από κάθε πλαγιά του λόφου ακουγόταν η μουσική κρυφών, ορμητικών ρυακιών.

Tutto si scongelava e si spezzava, si piegava e ricominciava a muoversi.

Όλα τα πράγματα ξεπάγωσαν και έσπασαν, λύγισαν και ξαναρχίστηκαν.

Lo Yukon si sforzò di spezzare le fredde catene del ghiaccio ghiacciato.

Το Γιούκον προσπάθησε να σπάσει τις ψυχρές αλυσίδες του παγωμένου πάγου.

Il ghiaccio si scioglieva sotto, mentre il sole lo scioglieva dall'alto.

Ο πάγος έλιωνε από κάτω, ενώ ο ήλιος τον έλιωνε από ψηλά.

Si aprirono dei buchi, si allargarono delle crepe e dei pezzi caddero nel fiume.

Άνοιξαν τρύπες αέρα, ρωγμές εξαπλώθηκαν και κομμάτια έπεσαν στο ποτάμι.

In mezzo a tutta questa vita sfrenata e sfrenata, i viaggiatori barcollavano.

Μέσα σε όλη αυτή την ξέφρενη και φλεγόμενη ζωή, οι ταξιδιώτες παραπατούσαν.

Due uomini, una donna e un branco di husky camminavano come morti.

Δύο άντρες, μια γυναίκα και μια αγέλη χάσκι περπατούσαν σαν νεκροί.

I cani cadevano, Mercedes piangeva, ma continuava a guidare la slitta.

Τα σκυλιά έπεφταν, η Μερσέντες έκλαιγε, αλλά συνέχιζε να καβαλάει το έλκηθρο.

Hal imprecò debolmente e Charles sbatté le palpebre con gli occhi lacrimanti.

Ο Χαλ έβρισε αδύναμα, και ο Τσαρλς ανοιγόκλεισε τα μάτια του με δακρυσμένα μάτια.

Si imbatterono nell'accampamento di John Thornton, nei pressi della foce del White River.

Μπήκαν τυχαία στο στρατόπεδο του Τζον Θόρντον στις εκβολές του Γουάιτ Ρίβερ.

Quando si fermarono, i cani caddero a terra, come se fossero stati tutti colpiti a morte.

Όταν σταμάτησαν, τα σκυλιά έπεσαν κάτω, σαν να χτύπησαν όλα νεκρά.

Mercedes si asciugò le lacrime e guardò John Thornton.

Η Μερσέντες σκούπισε τα δάκρυά της και κοίταξε τον Τζον Θόρντον.

Charles si sedette su un tronco, lentamente e rigidamente, dolorante per il sentiero.

Ο Τσαρλς κάθισε σε ένα κούτσουρο, αργά και άκαμπτα, πονώντας από το μονοπάτι.

Hal parlava mentre Thornton intagliava l'estremità del manico di un'ascia.

Ο Χαλ μιλούσε καθώς ο Θόρντον σκάλιζε την άκρη της λαβής ενός τσεκουριού.

Tagliò il legno di betulla e rispose con frasi brevi e decise.

Έκοψε ξύλο σημύδας και απάντησε με σύντομες, σταθερές απαντήσεις.

Quando gli veniva chiesto, dava un consiglio, certo che non sarebbe stato seguito.

Όταν του ζητήθηκε, έδωσε συμβουλές, βέβαιος ότι δεν θα τις ακολουθούσε.

Hal spiegò: "Ci avevano detto che il ghiaccio lungo la pista si stava staccando".

Ο Χαλ εξήγησε: «Μας είπαν ότι ο πάγος του μονοπατιού έπεφτε».

"Ci avevano detto che dovevamo restare fermi, ma siamo arrivati a White River."

«Είπαν ότι έπρεπε να μείνουμε εκεί—αλλά καταφέραμε να φτάσουμε στο Γουάιτ Ρίβερ.»

Concluse con un tono beffardo, come per cantare vittoria nelle difficoltà.

Τελείωσε με έναν χλευαστικό τόνο, σαν να διεκδικούσε τη νίκη μέσα σε δυσκολίες.

"E ti hanno detto la verità", rispose John Thornton a bassa voce ad Hal.

«Και σου είπαν την αλήθεια», απάντησε ήσυχα ο Τζον Θόρντον στον Χαλ.

"Il ghiaccio potrebbe cedere da un momento all'altro: è pronto a staccarsi."

«Ο πάγος μπορεί να υποχωρήσει ανά πάσα στιγμή — είναι έτοιμος να πέσει.»

"Solo la fortuna cieca e gli sciocchi avrebbero potuto arrivare vivi fin qui."

«Μόνο η τυφλή τύχη και οι ανόητοι θα μπορούσαν να έχουν φτάσει τόσο μακριά ζωντανοί.»

"Te lo dico senza mezzi termini: non rischierei la vita per tutto l'oro dell'Alaska."

«Σας λέω ευθέως, δεν θα ρίσκαρα τη ζωή μου για όλο το χρυσάφι της Αλάσκας.»

"Immagino che tu non sia uno stupido", rispose Hal.

«Αυτό συμβαίνει επειδή δεν είσαι ανόητος, υποθέτω»,
απάντησε ο Χαλ.

"Comunque, andiamo avanti con Dawson." Srotolò la frusta.

«Παρόλα αυτά, θα πάμε στο Ντόσον.» Ξετύλιξε το
μαστίγιό του.

"Sali, Buck! Ehi! Alzati! Forza!" urlò con voce roca.

«Σήκω εκεί πάνω, Μπακ! Γεια! Σήκω πάνω! Συνέχισε!»
φώναξε σκληρά.

Thornton continuò a intagliare, sapendo che gli sciocchi non volevano sentire ragioni.

Ο Θόρντον συνέχιζε να μιλάει, γνωρίζοντας ότι οι ανόητοι
δεν θα ακούσουν τη λογική.

Fermare uno stupido era inutile, e due o tre stupidi non cambiavano nulla.

Το να σταματήσεις έναν ανόητο ήταν μάταιο — και δύο ή
τρεις ανόητοι δεν άλλαζαν τίποτα.

Ma la squadra non si mosse al suono del comando di Hal.

Αλλά η ομάδα δεν κουνήθηκε στο άκουσμα της εντολής
του Χαλ.

Ormai solo i colpi potevano farli sollevare e avanzare.

Μέχρι τώρα, μόνο χτυπήματα μπορούσαν να τους κάνουν
να σηκωθούν και να τραβήξουν μπροστά.

La frusta schioccava ripetutamente sui cani indeboliti.

Το μαστίγιο χτυπούσε ξανά και ξανά πάνω στα αδύναμα
σκυλιά.

John Thornton strinse forte le labbra e osservò in silenzio.

Ο Τζον Θόρντον έσφιξε σφιχτά τα χείλη του και
παρακολουθούσε σιωπηλός.

Solleks fu il primo a rialzarsi sotto la frusta.

Ο Σόλεκς ήταν ο πρώτος που σηκώθηκε όρθιος κάτω από
το μαστίγιο.

Poi Teek lo seguì, tremando. Joe urlò mentre barcollava.

Έπειτα ο Τικ τον ακολούθησε τρέμοντας. Ο Τζο ούρλιαξε
καθώς σκόνταψε πάνω.

Pike cercò di alzarsi, fallì due volte, poi alla fine si rialzò barcollando.

Ο Πάικ προσπάθησε να σηκωθεί, απέτυχε δύο φορές, και τελικά στάθηκε ασταθής.

Ma Buck rimase lì dov'era caduto, senza muoversi affatto.

Αλλά ο Μπακ ήταν ξαπλωμένος εκεί που είχε πέσει, ακίνητος αυτή τη φορά.

La frusta lo colpì più volte, ma lui non emise alcun suono.

Το μαστίγιο τον χτυπούσε ξανά και ξανά, αλλά δεν έβγαζε ήχο.

Lui non sussultò né oppose resistenza, rimase semplicemente immobile e in silenzio.

Δεν τσίμπησε ούτε αντιστάθηκε, απλώς παρέμεινε ακίνητος και σιωπηλός.

Thornton si mosse più di una volta, come per dire qualcosa, ma non lo fece.

Ο Θόρντον κουνήθηκε περισσότερες από μία φορές, σαν να ήθελε να μιλήσει, αλλά δεν το έκανε.

I suoi occhi si inumidirono, ma la frusta continuava a schioccare contro Buck.

Τα μάτια του έβρεξαν, και το μαστίγιο εξακολουθούσε να χτυπάει πάνω στον Μπακ.

Alla fine Thornton cominciò a camminare lentamente, incerto sul da farsi.

Επιτέλους, ο Θόρντον άρχισε να περπατάει αργά, αβέβαιος για το τι να κάνει.

Era la prima volta che Buck falliva e Hal si infuriò.

Ήταν η πρώτη φορά που ο Μπακ αποτύγχανε, και ο Χαλ έγινε έξαλλος.

Gettò via la frusta e prese al suo posto il pesante manganello.

Πέταξε κάτω το μαστίγιο και πήρε αντ' αυτού το βαρύ ρόπαλο.

La mazza di legno colpì con violenza, ma Buck non si alzò per muoversi.

Το ξύλινο ρόπαλο έπεσε με δύναμη, αλλά ο Μπακ δεν σηκώθηκε ακόμα για να κουνηθεί.

Come i suoi compagni di squadra, era troppo debole, ma non solo.

Όπως και οι συμπαίκτες του, ήταν πολύ αδύναμος — αλλά κάτι παραπάνω από αυτό.
Buck aveva deciso di non muoversi, qualunque cosa accadesse.
Ο Μπακ είχε αποφασίσει να μην κουνηθεί, ό,τι και να επακολουθούσε.
Sentì qualcosa di oscuro e sicuro incombere proprio davanti a sé.
Ένιωσε κάτι σκοτεινό και σίγουρο να αιωρείται ακριβώς μπροστά του.
Quel terrore lo aveva colto non appena aveva raggiunto la riva del fiume.
Αυτός ο τρόμος τον είχε κυριεύσει μόλις έφτασε στην όχθη του ποταμού.
Quella sensazione non lo aveva abbandonato da quando aveva sentito il ghiaccio assottigliarsi sotto le zampe.
Το συναίσθημα δεν τον είχε εγκαταλείψει από τότε που ένιωθε τον πάγο λεπτό κάτω από τα πόδια του.
Qualcosa di terribile lo stava aspettando: lo sentiva proprio lungo il sentiero.
Κάτι τρομερό τον περίμενε — το ένιωσε λίγο πιο κάτω στο μονοπάτι.
Non avrebbe camminato verso quella cosa terribile davanti a lui
Δεν επρόκειτο να περπατήσει προς αυτό το τρομερό πράγμα μπροστά του
Non avrebbe obbedito a nessun ordine che lo avrebbe condotto a quella cosa.
Δεν επρόκειτο να υπακούσει σε καμία εντολή που τον οδηγούσε σε εκείνο το πράγμα.
Ormai il dolore dei colpi non lo sfiorava più: era troppo stanco.
Ο πόνος από τα χτυπήματα μόλις που τον άγγιζε τώρα — είχε εξαφανιστεί πολύ.
La scintilla della vita tremolava lentamente, affievolita da ogni colpo crudele.

Η σπίθα της ζωής τρεμόπαιζε χαμηλά, σβήνοντας κάτω από κάθε σκληρό χτύπημα.

Gli arti gli sembravano distanti; tutto il corpo sembrava appartenere a un altro.

Τα άκρα του ένιωθαν απόμακρα· ολόκληρο το σώμα του έμοιαζε να ανήκει σε κάποιον άλλο.

Sentì uno strano torpore mentre il dolore scompariva completamente.

Ένιωσε ένα παράξενο μούδιασμα καθώς ο πόνος υποχώρησε εντελώς.

Da lontano, sentiva che lo stavano picchiando, ma non se ne rendeva conto.

Από μακριά, ένιωθε ότι τον χτυπούσαν, αλλά μόλις που το κατάλαβε.

Poteva udire debolmente i tonfi, ma ormai non gli facevano più male.

Άκουγε αμυδρά τους γδούπους, αλλά δεν πονούσαν πια πραγματικά.

I colpi andarono a segno, ma il suo corpo non sembrava più il suo.

Τα χτυπήματα έπεσαν, αλλά το σώμα του δεν έμοιαζε πια με δικό του.

Poi, all'improvviso, senza alcun preavviso, John Thornton lanciò un grido selvaggio.

Τότε ξαφνικά, χωρίς προειδοποίηση, ο Τζον Θόρντον έβγαλε μια άγρια κραυγή.

Era inarticolato, più il grido di una bestia che di un uomo.

Ήταν άναρθρο, περισσότερο σαν κραυγή θηρίου παρά ανθρώπου.

Si lanciò sull'uomo con la mazza e fece cadere Hal all'indietro.

Πήδηξε πάνω στον άντρα με το ρόπαλο και έριξε τον Χαλ προς τα πίσω.

Hal volò come se fosse stato colpito da un albero, atterrando pesantemente al suolo.

Ο Χαλ πέταξε σαν να τον είχε χτυπήσει δέντρο, και προσγειώθηκε με δύναμη στο έδαφος.

Mercedes urlò a gran voce in preda al panico e si portò le mani al viso.
Η Μερσέντες ούρλιαξε πανικόβλητη και άρπαξε το πρόσωπό της.

Charles si limitò a guardare, si asciugò gli occhi e rimase seduto.
Ο Κάρολος απλώς κοίταζε, σκούπισε τα μάτια του και έμεινε καθισμένος.

Il suo corpo era troppo irrigidito dal dolore per alzarsi o contribuire alla lotta.
Το σώμα του ήταν πολύ άκαμπτο από τον πόνο για να σηκωθεί ή να βοηθήσει στη μάχη.

Thornton era in piedi davanti a Buck, tremante di rabbia, incapace di parlare.
Ο Θόρντον στεκόταν πάνω από τον Μπακ, τρέμοντας από οργή, ανίκανος να μιλήσει.

Tremava di rabbia e lottò per trovare la voce.
Έτρεμε από οργή και πάλευε να βρει τη φωνή του μέσα από αυτό.

"Se colpisci ancora quel cane, ti uccido", disse infine.
«Αν ξαναχτυπήσεις αυτό το σκυλί, θα σε σκοτώσω», είπε τελικά.

Hal si asciugò il sangue dalla bocca e tornò avanti.
Ο Χαλ σκούπισε το αίμα από το στόμα του και ήρθε ξανά μπροστά.

"È il mio cane", borbottò. "Togliti di mezzo o ti sistemo io."
«Είναι ο σκύλος μου», μουρμούρισε. «Φύγε από τη μέση, αλλιώς θα σε φτιάξω εγώ.»

"Vado da Dawson e tu non mi fermerai", ha aggiunto.
«Πάω στο Ντόσον και δεν με σταματάς», πρόσθεσε.

Thornton si fermò tra Buck e il giovane arrabbiato.
Ο Θόρντον στάθηκε σταθερός ανάμεσα στον Μπακ και τον θυμωμένο νεαρό.

Non aveva alcuna intenzione di farsi da parte o di lasciar passare Hal.
Δεν είχε καμία πρόθεση να κάνει στην άκρη ή να αφήσει τον Χαλ να περάσει.

Hal tirò fuori il suo coltello da caccia, lungo e pericoloso nella sua mano.
Ο Χαλ έβγαλε το κυνηγετικό του μαχαίρι, που το κρατούσε μακρύ και επικίνδυνο.

Mercedes urlò, poi pianse, poi rise in preda a un'isteria selvaggia.
Η Μερσέντες ούρλιαξε, μετά έκλαψε και μετά γέλασε με τρελή υστερία.

Thornton colpì la mano di Hal con il manico dell'ascia, con forza e rapidità.
Ο Θόρντον χτύπησε το χέρι του Χαλ με τη λαβή του τσεκουριού του, δυνατά και γρήγορα.

Il coltello si liberò dalla presa di Hal e volò a terra.
Το μαχαίρι έφυγε από τη λαβή του Χαλ και έπεσε στο έδαφος.

Hal cercò di raccogliere il coltello, ma Thornton gli batté di nuovo le nocche.
Ο Χαλ προσπάθησε να σηκώσει το μαχαίρι, και ο Θόρντον χτύπησε ξανά τις αρθρώσεις του.

Poi Thornton si chinò, afferrò il coltello e lo tenne fermo.
Τότε ο Θόρντον έσκυψε, άρπαξε το μαχαίρι και το κράτησε.

Con due rapidi colpi del manico dell'ascia, tagliò le redini di Buck.
Με δύο γρήγορα χτυπήματα της λαβής του τσεκουριού, έκοψε τα ηνία του Μπακ.

Hal non aveva più voglia di combattere e si allontanò dal cane.
Ο Χαλ δεν είχε πια καμία μάχη μέσα του και έκανε ένα βήμα πίσω από τον σκύλο.

Inoltre, ora Mercedes aveva bisogno di entrambe le braccia per restare in piedi.
Άλλωστε, η Μερσέντες χρειαζόταν τώρα και τα δύο χέρια της για να την κρατήσει όρθια.

Buck era troppo vicino alla morte per poter nuovamente tirare la slitta.
Ο Μπακ ήταν πολύ κοντά στον θάνατο για να είναι ξανά χρήσιμος για να σύρει έλκηθρο.

Pochi minuti dopo, ripartirono, dirigendosi verso il fiume.
Λίγα λεπτά αργότερα, βγήκαν έξω, κατευθυνόμενοι προς το ποτάμι.
Buck sollevò debolmente la testa e li guardò lasciare la banca.
Ο Μπακ σήκωσε αδύναμα το κεφάλι του και τους παρακολούθησε να φεύγουν από την τράπεζα.
Pike guidava la squadra, con Solleks dietro al volante.
Ο Πάικ ηγήθηκε της ομάδας, με τον Σόλεκς πίσω στη θέση του τιμονιού.
Joe e Teek camminavano in mezzo, zoppicando entrambi per la stanchezza.
Ο Τζο και ο Τικ περπατούσαν ανάμεσά τους, κουτσαίνοντας και οι δύο από την εξάντληση.
Mercedes si sedette sulla slitta e Hal afferrò la lunga pertica.
Η Μερσέντες κάθισε στο έλκηθρο και ο Χαλ κρατούσε σφιχτά το μακρύ κοντάρι.
Charles barcollava dietro di lui, con passi goffi e incerti.
Ο Κάρολος παραπατούσε πίσω, με τα βήματά του αδέξια και αβέβαια.
Thornton si inginocchiò accanto a Buck e tastò delicatamente per vedere se aveva ossa rotte.
Ο Θόρντον γονάτισε δίπλα στον Μπακ και έψαξε απαλά για σπασμένα κόκαλα.
Le sue mani erano ruvide, ma si muovevano con gentilezza e cura.
Τα χέρια του ήταν τραχιά αλλά κινούνταν με καλοσύνη και φροντίδα.
Il corpo di Buck era pieno di lividi, ma non presentava lesioni permanenti.
Το σώμα του Μπακ ήταν μελανιασμένο αλλά δεν έδειξε μόνιμο τραυματισμό.
Ciò che restava era una fame terribile e una debolezza quasi totale.
Αυτό που παρέμενε ήταν τρομερή πείνα και σχεδόν ολοκληρωτική αδυναμία.

Quando la situazione fu più chiara, la slitta era già andata molto a valle.

Μέχρι να ξεκαθαρίσει αυτό, το έλκηθρο είχε κατευθυνθεί πολύ προς τα κάτω του ποταμού.

L'uomo e il cane osservavano la slitta avanzare lentamente sul ghiaccio che si rompeva.

Ο άντρας και ο σκύλος παρακολουθούσαν το έλκηθρο να σέρνεται αργά πάνω στον σπασμένο πάγο.

Poi videro la slitta sprofondare in una cavità.

Έπειτα, είδαν το έλκηθρο να βυθίζεται σε μια κοιλότητα.

La pertica volò in alto, ma Hal vi si aggrappò ancora invano.

Το τζι-πόλος πέταξε ψηλά, με τον Χαλ να εξακολουθεί να κρέμεται πάνω του μάταια.

L'urlo di Mercedes li raggiunse attraverso la fredda distanza.

Η κραυγή της Μερσέντες έφτασε σε αυτούς πέρα από την κρύα απόσταση.

Charles si voltò e fece un passo indietro, ma era troppo tardi.

Ο Τσαρλς γύρισε και έκανε ένα βήμα πίσω—αλλά ήταν πολύ αργά.

Un'intera calotta di ghiaccio cedette e tutti precipitarono.

Ένα ολόκληρο στρώμα πάγου υποχώρησε και όλοι έπεσαν μέσα.

Cani, slitte e persone scomparvero nelle acque nere sottostanti.

Σκυλιά, έλκηθρα και άνθρωποι εξαφανίστηκαν στα μαύρα νερά από κάτω.

Nel punto in cui erano passati era rimasto solo un largo buco nel ghiaccio.

Μόνο μια μεγάλη τρύπα στον πάγο είχε απομείνει από εκεί που είχαν περάσει.

Il fondo del sentiero era crollato, proprio come aveva previsto Thornton.

Το κάτω μέρος του μονοπατιού είχε κατρακυλήσει—ακριβώς όπως είχε προειδοποιήσει ο Θόρντον.

Thornton e Buck si guardarono l'un l'altro, in silenzio per un momento.

Ο Θόρντον και ο Μπακ κοιτάχτηκαν μεταξύ τους, σιωπηλοί για μια στιγμή.
"Povero diavolo", disse Thornton dolcemente, e Buck gli leccò la mano.
«Καημένος διάβολε», είπε απαλά ο Θόρντον, και ο Μπακ του έγλειψε το χέρι.

Per amore di un uomo
Για την αγάπη ενός άντρα

John Thornton si congelò i piedi per il freddo del dicembre precedente.
Ο Τζον Θόρντον πάγωσε τα πόδια του στο κρύο του προηγούμενου Δεκεμβρίου.
I suoi compagni lo fecero sentire a suo agio e lo lasciarono guarire da solo.
Οι συνεργάτες του τον έκαναν να νιώσει άνετα και τον άφησαν να αναρρώσει μόνος του.
Risalirono il fiume per raccogliere una zattera di tronchi da sega per Dawson.
Ανέβηκαν το ποτάμι για να μαζέψουν μια σειρά από κορμούς πριονιού για τον Ντόσον.
Zoppicava ancora leggermente quando salvò Buck dalla morte.
Κουτσαίωνε ακόμα ελαφρώς όταν έσωσε τον Μπακ από τον θάνατο.
Ma con il persistere del caldo, anche quella zoppia è scomparsa.
Αλλά με τη συνεχιζόμενη ζέστη, ακόμη και αυτή η αδράνεια εξαφανίστηκε.
Sdraiato sulla riva del fiume durante le lunghe giornate primaverili, Buck si riposò.
Ξαπλωμένος στην όχθη του ποταμού κατά τη διάρκεια των μακριών ανοιξιάτικων ημερών, ο Μπακ ξεκουραζόταν.
Osservava l'acqua che scorreva e ascoltava gli uccelli e gli insetti.
Παρατηρούσε το τρεχούμενο νερό και άκουγε τα πουλιά και τα έντομα.
Lentamente Buck riacquistò le forze sotto il sole e il cielo.
Σιγά σιγά, ο Μπακ ανέκτησε τις δυνάμεις του κάτω από τον ήλιο και τον ουρανό.
Dopo aver viaggiato tremila miglia, riposarsi è stato meraviglioso.

Η ξεκούραση ήταν υπέροχη μετά από ταξίδια τριών χιλιάδων μιλίων.

Buck diventò pigro man mano che le sue ferite guarivano e il suo corpo si riempiva.

Ο Μπακ έγινε τεμπέλης καθώς οι πληγές του επουλώθηκαν και το σώμα του γέμισε.

I suoi muscoli si rassodarono e la carne tornò a ricoprire le sue ossa.

Οι μύες του σφίχτηκαν και η σάρκα επέστρεψε για να καλύψει τα κόκαλά του.

Stavano tutti riposando: Buck, Thornton, Skeet e Nig.

Όλοι ξεκουράζονταν — ο Μπακ, ο Θόρντον, ο Σκιτ και ο Νιγκ.

Aspettarono la zattera che li avrebbe portati a Dawson.

Περίμεναν τη σχεδία που θα τους μετέφερε στο Ντόσον.

Skeet era un piccolo setter irlandese che fece amicizia con Buck.

Ο Σκιτ ήταν ένας μικρός Ιρλανδός σέτερ που έκανε παρέα με τον Μπακ.

Buck era troppo debole e malato per resisterle al loro primo incontro.

Ο Μπακ ήταν πολύ αδύναμος και άρρωστος για να της αντισταθεί στην πρώτη τους συνάντηση.

Skeet aveva la caratteristica di guaritore che alcuni cani possiedono per natura.

Ο Σκιτ είχε το χαρακτηριστικό του θεραπευτή που έχουν φυσικά κάποια σκυλιά.

Come una gatta, leccò e pulì le ferite aperte di Buck.

Σαν μητέρα γάτα, έγλειψε και καθάρισε τις πληγές του Μπακ.

Ogni mattina, dopo colazione, ripeteva il suo attento lavoro.

Κάθε πρωί μετά το πρωινό, επαναλάμβανε την προσεκτική της δουλειά.

Buck finì per aspettarsi il suo aiuto tanto quanto quello di Thornton.

Ο Μπακ περίμενε τη βοήθειά της όσο και του Θόρντον.

Anche Nig era amichevole, ma meno aperto e meno affettuoso.
Ο Νιγκ ήταν κι αυτός φιλικός, αλλά λιγότερο ανοιχτός και λιγότερο στοργικός.
Nig era un grosso cane nero, in parte segugio e in parte levriero.
Ο Νιγκ ήταν ένα μεγάλο μαύρο σκυλί, εν μέρει λαγωνικό και εν μέρει λαγωνικό.
Aveva occhi sorridenti e un'infinita bontà d'animo.
Είχε γελαστά μάτια και ατελείωτη καλοσύνη στο πνεύμα του.
Con sorpresa di Buck, nessuno dei due cani mostrò gelosia nei suoi confronti.
Προς έκπληξη του Μπακ, κανένα από τα δύο σκυλιά δεν έδειξε ζήλια απέναντί του.
Sia Skeet che Nig condividevano la gentilezza di John Thornton.
Τόσο ο Σκιτ όσο και ο Νιγκ μοιράστηκαν την καλοσύνη του Τζον Θόρντον.
Man mano che Buck diventava più forte, lo attiravano in stupidi giochi da cani.
Καθώς ο Μπακ δυνάμωνε, τον παρασύρανε σε ανόητα παιχνίδια με σκύλους.
Anche Thornton giocava spesso con loro, incapace di resistere alla loro gioia.
Ο Θόρντον έπαιζε συχνά μαζί τους, ανίκανος να αντισταθεί στη χαρά τους.
In questo modo giocoso, Buck passò dalla malattia a una nuova vita.
Με αυτόν τον παιχνιδιάρικο τρόπο, ο Μπακ πέρασε από την ασθένεια σε μια νέα ζωή.
L'amore, quello vero, ardente e passionale, era finalmente suo.
Η αγάπη—αληθινή, φλογερή και παθιασμένη αγάπη— ήταν επιτέλους δική του.
Non aveva mai conosciuto questo tipo di amore nella tenuta di Miller.

Δεν είχε ξαναζήσει ποτέ τέτοιου είδους αγάπη στο κτήμα του Μίλερ.
Con i figli del giudice aveva condiviso lavoro e avventure.
Με τους γιους του Δικαστή, είχε μοιραστεί δουλειά και περιπέτειες.
Nei nipoti notò un orgoglio rigido e vanitoso.
Με τα εγγόνια, είδε μια άκαμπτη και αλαζονική υπερηφάνεια.
Con lo stesso giudice Miller aveva un rapporto di rispettosa amicizia.
Με τον ίδιο τον δικαστή Μίλερ, είχε μια σεβαστή φιλία.
Ma l'amore che era fuoco, follia e adorazione era ciò che accadeva con Thornton.
Αλλά η αγάπη που ήταν φωτιά, τρέλα και λατρεία ήρθε με τον Θόρντον.
Quest'uomo aveva salvato la vita di Buck, e questo di per sé significava molto.
Αυτός ο άντρας είχε σώσει τη ζωή του Μπακ, και αυτό από μόνο του σήμαινε πολλά.
Ma più di questo, John Thornton era il tipo ideale di maestro.
Αλλά περισσότερο από αυτό, ο Τζον Θόρντον ήταν το ιδανικό είδος δασκάλου.
Altri uomini si prendevano cura dei cani per dovere o per necessità lavorative.
Άλλοι άντρες φρόντιζαν σκυλιά από καθήκον ή για επαγγελματικές ανάγκες.
John Thornton si prendeva cura dei suoi cani come se fossero figli.
Ο Τζον Θόρντον φρόντιζε τα σκυλιά του σαν να ήταν παιδιά του.
Si prendeva cura di loro perché li amava e semplicemente non poteva farne a meno.
Τους φρόντιζε επειδή τους αγαπούσε και απλά δεν μπορούσε να κάνει αλλιώς.
John Thornton vide molto più lontano di quanto la maggior parte degli uomini riuscisse mai a vedere.

Ο Τζον Θόρντον έβλεπε ακόμη πιο μακριά από ό,τι κατάφεραν ποτέ να δουν οι περισσότεροι άντρες.

Non dimenticava mai di salutarli gentilmente o di pronunciare una parola di incoraggiamento.

Ποτέ δεν ξεχνούσε να τους χαιρετά ευγενικά ή να τους λέει μια λέξη επευφημίας.

Amava sedersi con i cani per fare lunghe chiacchierate, o "gassy", come diceva lui.

Του άρεσε να κάθεται με τα σκυλιά για μεγάλες συζητήσεις, ή να «αερίζει», όπως έλεγε.

Gli piaceva afferrare bruscamente la testa di Buck tra le sue mani forti.

Του άρεσε να πιάνει απότομα το κεφάλι του Μπακ με τα δυνατά του χέρια.

Poi appoggiò la testa contro quella di Buck e lo scosse delicatamente.

Έπειτα ακούμπησε το κεφάλι του στο κεφάλι του Μπακ και τον κούνησε απαλά.

Nel frattempo, chiamava Buck con nomi volgari che per lui significavano affetto.

Όλο αυτό το διάστημα, αποκαλούσε τον Μπακ αγενείς βρισιές που σήμαιναν αγάπη για τον Μπακ.

Per Buck, quell'abbraccio rude e quelle parole portarono una gioia profonda.

Στον Μπακ, αυτή η άγρια αγκαλιά και αυτά τα λόγια έφεραν βαθιά χαρά.

A ogni movimento il suo cuore sembrava sussultare di felicità.

Η καρδιά του φαινόταν να τρέμει από ευτυχία με κάθε κίνηση.

Quando poi balzò in piedi, la sua bocca sembrava ridere.

Όταν πετάχτηκε όρθιος μετά, το στόμα του έμοιαζε σαν να γέλασε.

I suoi occhi brillavano intensamente e la sua gola tremava per una gioia inespressa.

Τα μάτια του έλαμπαν έντονα και ο λαιμός του έτρεμε από ανείπωτη χαρά.

Il suo sorriso rimase immobile in quello stato di emozione e affetto ardente.

Το χαμόγελό του έμεινε ακίνητο σε εκείνη την κατάσταση συγκίνησης και λαμπερής στοργής.

Allora Thornton esclamò pensieroso: "Dio! Riesce quasi a parlare!"

Τότε ο Θόρντον αναφώνησε σκεπτικά: «Θεέ μου! Μπορεί σχεδόν να μιλήσει!»

Buck aveva uno strano modo di esprimere l'amore che quasi gli causava dolore.

Ο Μπακ είχε έναν παράξενο τρόπο να εκφράζει την αγάπη του που παραλίγο να προκαλέσει πόνο.

Spesso stringeva forte la mano di Thornton tra i denti.

Συχνά έσφιγγε σφιχτά το χέρι του Θόρντον στα δόντια του.

Il morso avrebbe lasciato segni profondi che sarebbero rimasti per qualche tempo.

Το δάγκωμα επρόκειτο να άφηνε βαθιά σημάδια που θα έμεναν για αρκετό καιρό μετά.

Buck credeva che quei giuramenti fossero amore, e Thornton la pensava allo stesso modo.

Ο Μπακ πίστευε ότι αυτοί οι όρκοι ήταν αγάπη, και ο Θόρντον ήξερε το ίδιο.

Il più delle volte, l'amore di Buck si manifestava in un'adorazione silenziosa, quasi silenziosa.

Τις περισσότερες φορές, η αγάπη του Μπακ εκδηλωνόταν με ήσυχη, σχεδόν σιωπηλή λατρεία.

Sebbene fosse emozionato quando veniva toccato o gli si parlava, non cercava attenzione.

Αν και ενθουσιαζόταν όταν τον άγγιζαν ή του μιλούσαν, δεν επιδίωκε την προσοχή.

Skeet spinse il naso sotto la mano di Thornton finché lui non la accarezzò.

Η Σκιτ έβαλε τη μύτη της κάτω από το χέρι του Θόρντον μέχρι που εκείνος τη χάιδεψε.

Nig si avvicinò silenziosamente e appoggiò la sua grande testa sulle ginocchia di Thornton.

Ο Νιγκ πλησίασε αθόρυβα και ακούμπησε το μεγάλο κεφάλι του στο γόνατο του Θόρντον.

Buck, al contrario, si accontentava di amare da una rispettosa distanza.

Ο Μπακ, αντίθετα, ήταν ικανοποιημένος που αγαπούσε από μια σεβαστή απόσταση.

Rimase sdraiato per ore ai piedi di Thornton, vigile e attento.

Έμεινε ξαπλωμένος για ώρες στα πόδια του Θόρντον, σε εγρήγορση και παρακολουθώντας στενά.

Buck studiò ogni dettaglio del volto del suo padrone, perfino il più piccolo movimento.

Ο Μπακ μελέτησε κάθε λεπτομέρεια του προσώπου του αφέντη του και την παραμικρή κίνηση.

Oppure sdraiati più lontano, studiando in silenzio la sagoma dell'uomo.

Ή έμεινε ξαπλωμένος πιο μακριά, μελετώντας σιωπηλά τη μορφή του άντρα.

Buck osservava ogni piccolo movimento, ogni cambiamento di postura o di gesto.

Ο Μπακ παρακολουθούσε κάθε μικρή κίνηση, κάθε αλλαγή στη στάση του σώματος ή στη χειρονομία.

Questo legame era così potente che spesso catturava lo sguardo di Thornton.

Τόσο δυνατή ήταν αυτή η σύνδεση που συχνά τραβούσε το βλέμμα του Θόρντον.

Incontrò lo sguardo di Buck senza dire parole, e il suo amore traspariva chiaramente.

Κοίταξε τον Μπακ στα μάτια χωρίς λόγια, με την αγάπη να λάμπει καθαρά μέσα από αυτήν.

Per molto tempo dopo essere stato salvato, Buck non perse mai di vista Thornton.

Για πολύ καιρό μετά τη σωτηρία του, ο Μπακ δεν άφησε ποτέ τον Θόρντον να χαθεί από τα μάτια του.

Ogni volta che Thornton usciva dalla tenda, Buck lo seguiva da vicino all'esterno.

Κάθε φορά που ο Θόρντον έφευγε από τη σκηνή, ο Μπακ τον ακολουθούσε από κοντά έξω.

Tutti i severi padroni delle Terre del Nord avevano fatto sì che Buck non riuscisse più a fidarsi.

Όλοι οι σκληροί αφέντες στη Βόρεια Χώρα είχαν κάνει τον Μπακ να φοβάται να εμπιστευτεί.

Temeva che nessun uomo potesse restare suo padrone se non per un breve periodo.

Φοβόταν ότι κανένας άνθρωπος δεν θα μπορούσε να παραμείνει αφέντης του για περισσότερο από ένα σύντομο χρονικό διάστημα.

Temeva che John Thornton sarebbe scomparso come Perrault e François.

Φοβόταν ότι ο Τζον Θόρντον θα εξαφανιζόταν όπως ο Περώ και ο Φρανσουά.

Anche di notte, la paura di perderlo tormentava il sonno agitato di Buck.

Ακόμα και τη νύχτα, ο φόβος μήπως τον χάσει στοίχειωνε τον ανήσυχο ύπνο του Μπακ.

Quando Buck si svegliò, si trascinò fuori al freddo e andò nella tenda.

Όταν ο Μπακ ξύπνησε, βγήκε κρυφά έξω στο κρύο και πήγε στη σκηνή.

Ascoltò attentamente il leggero suono del suo respiro interiore.

Άκουγε προσεκτικά τον απαλό ήχο της εσωτερικής του αναπνοής.

Nonostante il profondo amore di Buck per John Thornton, la natura selvaggia sopravvisse.

Παρά τη βαθιά αγάπη του Μπακ για τον Τζον Θόρντον, η άγρια φύση παρέμεινε ζωντανή.

Quell'istinto primitivo, risvegliatosi nel Nord, non scomparve.

Αυτό το πρωτόγονο ένστικτο, που ξύπνησε στον Βορρά, δεν εξαφανίστηκε.

L'amore portava devozione, lealtà e il caldo legame attorno al fuoco.

Η αγάπη έφερε αφοσίωση, πίστη και τον ζεστό δεσμό της πλευράς της φωτιάς.

Ma Buck mantenne anche i suoi istinti selvaggi, acuti e sempre all'erta.
Αλλά ο Μπακ διατηρούσε επίσης τα άγρια ένστικτά του, αιχμηρά και πάντα σε εγρήγορση.

Non era solo un animale domestico addomesticato proveniente dalle dolci terre della civiltà.
Δεν ήταν απλώς ένα εξημερωμένο κατοικίδιο από τις ήπιες χώρες του πολιτισμού.

Buck era un essere selvaggio che si era seduto accanto al fuoco di Thornton.
Ο Μπακ ήταν ένα άγριο πλάσμα που είχε μπει μέσα για να καθίσει δίπλα στη φωτιά του Θόρντον.

Sembrava un cane del Southland, ma in lui albergava la natura selvaggia.
Έμοιαζε με σκύλο του Σάουθλαντ, αλλά μέσα του ζούσε η άγρια φύση.

Il suo amore per Thornton era troppo grande per permettersi un furto da parte di quell'uomo.
Η αγάπη του για τον Θόρντον ήταν πολύ μεγάλη για να επιτρέψει την κλοπή από τον άντρα.

Ma in qualsiasi altro campo ruberebbe con audacia e senza esitazione.
Αλλά σε οποιοδήποτε άλλο στρατόπεδο, θα έκλεβε με τόλμη και χωρίς διακοπή.

Era così abile nel rubare che nessuno riusciva a catturarlo o accusarlo.
Ήταν τόσο έξυπνος στην κλοπή που κανείς δεν μπορούσε να τον πιάσει ή να τον κατηγορήσει.

Il suo viso e il suo corpo erano coperti di cicatrici dovute a molti combattimenti passati.
Το πρόσωπο και το σώμα του ήταν καλυμμένα με ουλές από πολλούς προηγούμενους αγώνες.

Buck continuava a combattere con ferocia, ma ora lo faceva con maggiore astuzia.
Ο Μπακ εξακολουθούσε να πολεμάει λυσσαλέα, αλλά τώρα πολεμούσε με περισσότερη πονηριά.

Skeet e Nig erano troppo docili per combattere, ed erano di Thornton.
Ο Σκιτ και ο Νιγκ ήταν πολύ ευγενικοί για να πολεμήσουν, και ήταν του Θόρντον.
Ma qualsiasi cane estraneo, non importa quanto forte o coraggioso, cedeva.
Αλλά κάθε παράξενο σκυλί, όσο δυνατό ή γενναίο κι αν ήταν, υποχωρούσε.
Altrimenti, il cane si ritrovò a combattere contro Buck, lottando per la propria vita.
Διαφορετικά, ο σκύλος βρέθηκε να παλεύει με τον Μπακ, παλεύοντας για τη ζωή του.
Buck non ebbe pietà quando decise di combattere contro un altro cane.
Ο Μπακ δεν έδειξε κανένα έλεος όταν επέλεξε να πολεμήσει εναντίον ενός άλλου σκύλου.
Aveva imparato bene la legge del bastone e della zanna nel Nord.
Είχε μάθει καλά τον νόμο του κλαμπ και του κυνόδοντα στη Βόρεια Χώρα.
Non ha mai rinunciato a un vantaggio e non si è mai tirato indietro dalla battaglia.
Ποτέ δεν εγκατέλειψε το πλεονέκτημα και ποτέ δεν υποχώρησε από τη μάχη.
Aveva studiato Spitz e i cani più feroci della polizia e della posta.
Είχε μελετήσει τον Σπιτζ και τα πιο άγρια σκυλιά του ταχυδρομείου και της αστυνομίας.
Sapeva chiaramente che non esisteva via di mezzo in un combattimento selvaggio.
Ήξερε ξεκάθαρα ότι δεν υπήρχε μέση οδός σε μια άγρια μάχη.
Doveva governare o essere governato; mostrare misericordia significava mostrare debolezza.
Έπρεπε να κυβερνά ή να κυβερνάται· το να δείχνεις έλεος σήμαινε να δείχνεις αδυναμία.

La pietà era sconosciuta nel mondo crudo e brutale della sopravvivenza.
Η Μέρσι ήταν άγνωστη στον ωμό και βάναυσο κόσμο της επιβίωσης.
Mostrare pietà era visto come un atto di paura, e la paura conduceva rapidamente alla morte.
Η επίδειξη ελέους θεωρούνταν φόβος, και ο φόβος οδηγούσε γρήγορα στον θάνατο.
La vecchia legge era semplice: uccidere o essere uccisi, mangiare o essere mangiati.
Ο παλιός νόμος ήταν απλός: σκότωσέ το ή θα σε σκοτώσουν, φάε ή θα σε φάνε.
Quella legge proveniva dalle profondità del tempo e Buck la seguì alla lettera.
Αυτός ο νόμος προερχόταν από τα βάθη του χρόνου, και ο Μπακ τον ακολούθησε πλήρως.
Buck era più vecchio dei suoi anni e del numero dei suoi respiri.
Ο Μπακ ήταν μεγαλύτερος από την ηλικία του και από τον αριθμό των αναπνοών που έπαιρνε.
Collegava in modo chiaro il passato remoto con il momento presente.
Συνέδεσε με σαφήνεια το αρχαίο παρελθόν με το παρόν.
I ritmi profondi dei secoli si muovevano attraverso di lui come le maree.
Οι βαθιοί ρυθμοί των αιώνων τον διαπερνούσαν σαν τις παλίρροιες.
Il tempo pulsava nel suo sangue con la stessa sicurezza con cui le stagioni muovevano la terra.
Ο χρόνος πάλλονταν στο αίμα του τόσο σίγουρα όσο οι εποχές κινούσαν τη γη.
Sedeva accanto al fuoco di Thornton, con il petto forte e le zanne bianche.
Κάθισε δίπλα στη φωτιά του Θόρντον, με δυνατό στήθος και άσπρα δόντια.
La sua lunga pelliccia ondeggiava, ma dietro di lui lo osservavano gli spiriti dei cani selvatici.

Η μακριά γούνα του κυμάτιζε, αλλά πίσω του τα πνεύματα των άγριων σκύλων παρακολουθούσαν.

Lupi mezzi e lupi veri si agitavano nel suo cuore e nei suoi sensi.

Μισοί λύκοι και γεμάτοι λύκοι αναδεύονταν μέσα στην καρδιά και τις αισθήσεις του.

Assaggiarono la sua carne e bevvero la stessa acqua che bevve lui.

Δοκίμασαν το κρέας του και ήπιαν το ίδιο νερό που ήπιε κι αυτός.

Annusarono il vento insieme a lui e ascoltarono la foresta.

Μύρισαν τον άνεμο δίπλα του και αφουγκράστηκαν το δάσος.

Sussurravano il significato dei suoni selvaggi nell'oscurità.

Ψιθύρισαν τις έννοιες των άγριων ήχων στο σκοτάδι.

Modellavano il suo umore e guidavano ciascuna delle sue reazioni silenziose.

Διαμόρφωναν τις διαθέσεις του και καθοδήγησαν κάθε μία από τις ήσυχες αντιδράσεις του.

Giacevano accanto a lui mentre dormiva e diventavano parte dei suoi sogni profondi.

Ξάπλωναν μαζί του καθώς κοιμόταν και γίνονταν μέρος των βαθιών ονείρων του.

Sognavano con lui, oltre lui, e costituivano il suo stesso spirito.

Ονειρευόντουσαν μαζί του, πέρα από αυτόν, και αποτελούσαν το ίδιο του το πνεύμα.

Gli spiriti della natura selvaggia chiamavano con tanta forza che Buck si sentì attratto.

Τα πνεύματα της άγριας φύσης φώναξαν τόσο δυνατά που ο Μπακ ένιωσε να τον τραβάει η καρδιά του.

Ogni giorno che passava, l'umanità e le sue rivendicazioni si indebolivano nel cuore di Buck.

Κάθε μέρα, η ανθρωπότητα και οι αξιώσεις της γινόταν όλο και πιο αδύναμες στην καρδιά του Μπακ.

Nel profondo della foresta si stava per udire un richiamo strano ed emozionante.

Βαθιά μέσα στο δάσος, ένα παράξενο και συναρπαστικό κάλεσμα επρόκειτο να ακουστεί.
Ogni volta che sentiva la chiamata, Buck provava un impulso a cui non riusciva a resistere.
Κάθε φορά που άκουγε το κάλεσμα, ο Μπακ ένιωθε μια παρόρμηση στην οποία δεν μπορούσε να αντισταθεί.
Avrebbe voltato le spalle al fuoco e ai sentieri battuti dagli uomini.
Επρόκειτο να απομακρυνθεί από τη φωτιά και από τα πεπατημένα ανθρώπινα μονοπάτια.
Stava per addentrarsi nella foresta, avanzando senza sapere il perché.
Ετοιμαζόταν να βουτήξει στο δάσος, προχωρώντας χωρίς να ξέρει γιατί.
Non mise in discussione questa attrazione, perché la chiamata era profonda e potente.
Δεν αμφισβήτησε αυτή την έλξη, γιατί το κάλεσμα ήταν βαθύ και ισχυρό.
Spesso raggiungeva l'ombra verde e la terra morbida e intatta
Συχνά, έφτανε στην πράσινη σκιά και την απαλή ανέγγιχτη γη
Ma poi il forte amore per John Thornton lo riportò al fuoco.
Αλλά τότε η έντονη αγάπη για τον Τζον Θόρντον τον τράβηξε πίσω στη φωτιά.
Soltanto John Thornton riuscì davvero a tenere stretto il cuore selvaggio di Buck.
Μόνο ο Τζον Θόρντον κρατούσε πραγματικά την άγρια καρδιά του Μπακ στην αγκαλιά του.
Per Buck il resto dell'umanità non aveva alcun valore o significato duraturo.
Η υπόλοιπη ανθρωπότητα δεν είχε καμία διαρκή αξία ή νόημα για τον Μπακ.
Gli sconosciuti potrebbero lodarlo o accarezzargli la pelliccia con mani amichevoli.
Οι ξένοι μπορεί να τον επαινούσαν ή να χαϊδεύαν τη γούνα του με φιλικά χέρια.

Buck rimase impassibile e se ne andò per eccesso di affetto.
Ο Μπακ έμεινε ασυγκίνητος και έφυγε από την υπερβολική στοργή.

Hans e Pete arrivarono con la zattera che era stata attesa a lungo
Ο Χανς και ο Πιτ έφτασαν με τη σχεδία που περίμεναν εδώ και καιρό

Buck li ignorò finché non venne a sapere che erano vicini a Thornton.
Ο Μπακ τους αγνόησε μέχρι που έμαθε ότι ήταν κοντά στον Θόρντον.

Da allora in poi li tollerò, ma non dimostrò mai loro tutto il suo calore.
Μετά από αυτό, τους ανέχτηκε, αλλά ποτέ δεν τους έδειξε πλήρη θέρμη.

Accettava da loro cibo o gentilezza come se volesse fare loro un favore.
Πήρε φαγητό ή καλοσύνη από αυτούς σαν να τους έκανε χάρη.

Erano come Thornton: semplici, onesti e lucidi nei pensieri.
Ήταν σαν τον Θόρντον—απλοί, ειλικρινείς και με καθαρή σκέψη.

Tutti insieme viaggiarono verso la segheria di Dawson e il grande vortice
Όλοι μαζί ταξίδεψαν στο πριονιστήριο του Ντόσον και στον μεγάλο αυλάκι.

Nel corso del loro viaggio impararono a comprendere profondamente la natura di Buck.
Στο ταξίδι τους, έμαθαν να κατανοούν σε βάθος τη φύση του Μπακ.

Non cercarono di avvicinarsi come avevano fatto Skeet e Nig.
Δεν προσπάθησαν να έρθουν πιο κοντά όπως είχαν κάνει ο Σκιτ και ο Νιγκ.

Ma l'amore di Buck per John Thornton non fece che aumentare con il tempo.

Αλλά η αγάπη του Μπακ για τον Τζον Θόρντον μόνο βάθυνε με την πάροδο του χρόνου.

Solo Thornton poteva mettere uno zaino sulla schiena di Buck durante l'estate.

Μόνο ο Θόρντον μπορούσε να βάλει μια αγέλη στην πλάτη του Μπακ το καλοκαίρι.

Buck era disposto a eseguire senza riserve qualsiasi ordine impartito da Thornton.

Ό,τι και αν διέταζε ο Θόρντον, ο Μπακ ήταν πρόθυμος να το εκτελέσει πλήρως.

Un giorno, dopo aver lasciato Dawson per le sorgenti del Tanana,

Μια μέρα, αφού έφυγαν από το Ντόσον για τις πηγές του ποταμού Τανάνα,

il gruppo era seduto su una rupe che scendeva per un metro fino a raggiungere la nuda roccia.

Η ομάδα κάθισε σε έναν γκρεμό που έπεφτε ένα μέτρο σε γυμνό βράχο.

John Thornton si sedette vicino al bordo e Buck si riposò accanto a lui.

Ο Τζον Θόρντον κάθισε κοντά στην άκρη και ο Μπακ ξεκουράστηκε δίπλα του.

Thornton ebbe un'idea improvvisa e richiamò l'attenzione degli uomini.

Ο Θόρντον έκανε μια ξαφνική σκέψη και έστρεψε την προσοχή των ανδρών.

Indicò l'altro lato del baratro e diede a Buck un unico comando.

Έδειξε την απέναντι πλευρά του χάσματος και έδωσε στον Μπακ μια μόνο εντολή.

"Salta, Buck!" disse, allungando il braccio oltre il precipizio.

«Πήδα, Μπακ!» είπε, απλώνοντας το χέρι του πάνω από την πτώση.

Un attimo dopo dovette afferrare Buck, che stava saltando per obbedire.

Σε μια στιγμή, έπρεπε να αρπάξει τον Μπακ, ο οποίος πηδούσε να υπακούσει.

Hans e Pete si precipitarono in avanti e tirarono entrambi indietro per metterli in salvo.

Ο Χανς και ο Πιτ όρμησαν μπροστά και τράβηξαν και τους δύο πίσω σε ασφαλές μέρος.

Dopo che tutto fu finito e che ebbero ripreso fiato, Pete prese la parola.

Αφού όλα τελείωσαν και πήραν μια ανάσα, ο Πιτ μίλησε.

«È un amore straordinario», disse, scosso dalla feroce devozione del cane.

«Η αγάπη είναι παράξενη», είπε, συγκλονισμένος από την άγρια αφοσίωση του σκύλου.

Thornton scosse la testa e rispose con calma e serietà.

Ο Θόρντον κούνησε το κεφάλι του και απάντησε με ήρεμη σοβαρότητα.

«No, l'amore è splendido», disse, «ma anche terribile».

«Όχι, ο έρωτας είναι υπέροχος», είπε, «αλλά και τρομερός».

"A volte, devo ammetterlo, questo tipo di amore mi fa paura."

«Μερικές φορές, πρέπει να παραδεχτώ, αυτό το είδος αγάπης με κάνει να φοβάμαι.»

Pete annuì e disse: "Mi dispiacerebbe tanto essere l'uomo che ti tocca".

Ο Πιτ έγνεψε καταφατικά και είπε: «Δεν θα ήθελα να είμαι ο άντρας που θα σε αγγίξει».

Mentre parlava, guardava Buck con aria seria e piena di rispetto.

Κοίταξε τον Μπακ καθώς μιλούσε, σοβαρός και γεμάτος σεβασμό.

"Py Jingo!" esclamò Hans in fretta. "Neanch'io, no signore."

«Πι Τζίνγκο!» είπε γρήγορα ο Χανς. «Ούτε εγώ, όχι κύριε.»

Prima che finisse l'anno, i timori di Pete si avverarono a Circle City.

Πριν τελειώσει η χρονιά, οι φόβοι του Πιτ επαληθεύτηκαν στο Σέρκλ Σίτι.

Un uomo crudele di nome Black Burton attaccò una rissa nel bar.

Ένας σκληρός άντρας ονόματι Μπλακ Μπάρτον ξεκίνησε καβγά στο μπαρ.

Era arrabbiato e cattivo, e si scagliava contro un novellino.

Ήταν θυμωμένος και κακόβουλος, επιτιθέμενος σε ένα καινούργιο τρυφερό πόδι.

John Thornton intervenne, calmo e bonario come sempre.

Ο Τζον Θόρντον παρενέβη, ήρεμος και καλόκαρδος όπως πάντα.

Buck giaceva in un angolo, con la testa bassa, e osservava Thornton attentamente.

Ο Μπακ ήταν ξαπλωμένος σε μια γωνία με το κεφάλι σκυμμένο, παρακολουθώντας προσεκτικά τον Θόρντον.

Burton colpì all'improvviso e il suo pugno fece girare Thornton.

Ο Μπάρτον χτύπησε ξαφνικά, η γροθιά του έκανε τον Θόρντον να περιστραφεί.

Solo la ringhiera della sbarra gli impedì di cadere violentemente a terra.

Μόνο το κιγκλίδωμα του μπαρ τον εμπόδισε να πέσει με δύναμη στο έδαφος.

Gli osservatori hanno sentito un suono che non era un abbaio o un guaito

Οι παρατηρητές άκουσαν έναν ήχο που δεν ήταν γάβγισμα ή κραυγή

Buck emise un profondo ruggito mentre si lanciava verso l'uomo.

Ένα βαθύ βρυχηθμό ακούστηκε από τον Μπακ καθώς όρμησε προς τον άντρα.

Burton alzò il braccio e per poco non si salvò la vita.

Ο Μπάρτον σήκωσε το χέρι του και μόλις που έσωσε τη ζωή του.

Buck si schiantò contro di lui, facendolo cadere a terra.

Ο Μπακ έπεσε πάνω του, ρίχνοντάς τον στο πάτωμα.

Buck gli diede un morso profondo al braccio, poi si lanciò alla gola.

Ο Μπακ δάγκωσε βαθιά το μπράτσο του άντρα και μετά όρμησε προς το λαιμό.

Burton riuscì a parare solo in parte e il suo collo fu squarciato.
Ο Μπάρτον μπορούσε να μπλοκάρει μόνο εν μέρει και ο λαιμός του ήταν σκισμένος.
Gli uomini si precipitarono dentro, brandendo i manganelli e allontanarono Buck dall'uomo sanguinante.
Άντρες όρμησαν μέσα, σήκωσαν ρόπαλα και έδιωξαν τον Μπακ από τον αιμορραγούντα άντρα.
Un chirurgo ha lavorato rapidamente per impedire che il sangue fuoriuscisse.
Ένας χειρουργός εργάστηκε γρήγορα για να σταματήσει την ροή του αίματος.
Buck camminava avanti e indietro ringhiando, tentando di attaccare ancora e ancora.
Ο Μπακ περπατούσε και γρύλιζε, προσπαθώντας να επιτεθεί ξανά και ξανά.
Soltanto i bastoni oscillanti gli impedirono di raggiungere Burton.
Μόνο τα κλαμπ κούνιας τον εμπόδιζαν να φτάσει στο Μπάρτον.
Proprio lì, sul posto, venne convocata una riunione dei minatori.
Συγκλήθηκε μια συνάντηση των ανθρακωρύχων και πραγματοποιήθηκε εκεί επί τόπου.
Concordarono sul fatto che Buck era stato provocato e votarono per liberarlo.
Συμφώνησαν ότι ο Μπακ είχε προκληθεί και ψήφισαν να αφεθεί ελεύθερος.
Ma il nome feroce di Buck risuonava ormai in ogni accampamento dell'Alaska.
Αλλά το άγριο όνομα του Μπακ αντηχούσε τώρα σε κάθε στρατόπεδο στην Αλάσκα.
Più tardi, quello stesso autunno, Buck salvò Thornton di nuovo in un modo nuovo.
Αργότερα εκείνο το φθινόπωρο, ο Μπακ έσωσε ξανά τον Θόρντον με έναν νέο τρόπο.

I tre uomini stavano guidando una lunga barca lungo delle rapide impetuose.
Οι τρεις άντρες οδηγούσαν μια μακριά βάρκα σε απότομα ορμητικά νερά.

Thornton manovrava la barca, gridando indicazioni per raggiungere la riva.
Ο Θόρντον έστρεψε το σκάφος στη θέση του, ζητώντας οδηγίες για την ακτογραμμή.

Hans e Pete correvano sulla terraferma, tenendo una corda da un albero all'altro.
Ο Χανς και ο Πιτ έτρεξαν στη στεριά, κρατώντας ένα σχοινί από δέντρο σε δέντρο.

Buck procedeva a passo d'uomo sulla riva, tenendo sempre d'occhio il suo padrone.
Ο Μπακ συνέχιζε να περπατάει στην όχθη, παρακολουθώντας πάντα τον αφέντη του.

In un punto pericoloso, delle rocce sporgevano dall'acqua veloce.
Σε ένα άσχημο σημείο, πέτρες προεξείχαν κάτω από το ορμητικό νερό.

Hans lasciò andare la cima e Thornton tirò la barca verso la larghezza.
Ο Χανς άφησε το σχοινί και ο Θόρντον άνοιξε το δρόμο για τη βάρκα.

Hans corse a percorrerla di nuovo, superando le pericolose rocce.
Ο Χανς έτρεξε τρέχοντας για να προλάβει ξανά τη βάρκα, περνώντας από τα επικίνδυνα βράχια.

La barca superò la sporgenza ma trovò una corrente più forte.
Το σκάφος πέρασε από το χείλος αλλά χτύπησε σε ένα ισχυρότερο σημείο του ρεύματος.

Hans afferrò la cima troppo velocemente e fece perdere l'equilibrio alla barca.
Ο Χανς άρπαξε το σχοινί πολύ γρήγορα και έβγαλε τη βάρκα από την ισορροπία της.

La barca si capovolse e sbatté contro la riva, con la parte inferiore rivolta verso l'alto.
Το σκάφος ανατράπηκε και χτύπησε στην όχθη, με τον πάτο προς τα πάνω.
Thornton venne scaraventato fuori e trascinato nella parte più selvaggia dell'acqua.
Ο Θόρντον πετάχτηκε έξω και παρασύρθηκε στο πιο άγριο σημείο του νερού.
Nessun nuotatore sarebbe sopravvissuto in quelle acque pericolose e pericolose.
Κανένας κολυμβητής δεν θα μπορούσε να επιβιώσει σε εκείνα τα θανατηφόρα, αγωνιώδη νερά.
Buck si lanciò all'istante e inseguì il suo padrone lungo il fiume.
Ο Μπακ πήδηξε αμέσως μέσα και κυνήγησε τον αφέντη του κάτω στο ποτάμι.
Dopo trecento metri finalmente raggiunse Thornton.
Μετά από τριακόσια μέτρα, έφτασε επιτέλους στο Θόρντον.
Thornton afferrò la coda di Buck, e Buck si diresse verso la riva.
Ο Θόρντον άρπαξε την ουρά του Μπακ και ο Μπακ γύρισε προς την ακτή.
Nuotò con tutte le sue forze, lottando contro la forte resistenza dell'acqua.
Κολύμπησε με όλη του τη δύναμη, παλεύοντας με την άγρια αντίσταση του νερού.
Si spostarono verso valle più velocemente di quanto riuscissero a raggiungere la riva.
Κινήθηκαν προς τα κάτω του ρεύματος πιο γρήγορα από ό,τι μπορούσαν να φτάσουν στην ακτή.
Più avanti, il fiume ruggiva più forte, precipitando in rapide mortali.
Μπροστά, το ποτάμι βρυχόταν πιο δυνατά καθώς έπεφτε σε θανατηφόρα ορμητικά νερά.
Le rocce fendevano l'acqua come i denti di un enorme pettine.

Βράχοι έκοβαν το νερό σαν τα δόντια μιας τεράστιας χτένας.
La forza di attrazione dell'acqua nei pressi del dislivello era selvaggia e ineluttabile.
Η έλξη του νερού κοντά στη σταγόνα ήταν άγρια και αναπόφευκτη.
Thornton sapeva che non sarebbero mai riusciti a raggiungere la riva in tempo.
Ο Θόρντον ήξερε ότι δεν θα μπορούσαν ποτέ να φτάσουν στην ακτή εγκαίρως.
Raschiò una roccia, ne sbatté una seconda,
Ξύσε μια πέτρα, χτύπησε μια δεύτερη,
Poi si schiantò contro una terza roccia, afferrandola con entrambe le mani.
Και μετά έπεσε πάνω σε έναν τρίτο βράχο, αρπάζοντάς τον και με τα δύο χέρια.
Lasciò andare Buck e urlò sopra il ruggito: "Vai, Buck! Vai!"
Άφησε τον Μπακ να φύγει και φώναξε μέσα από τον βρυχηθμό, «Πήγαινε, Μπακ! Πήγαινε!»
Buck non riuscì a restare a galla e fu trascinato dalla corrente.
Ο Μπακ δεν μπορούσε να παραμείνει στην επιφάνεια και παρασύρθηκε από το ρεύμα.
Lottò con tutte le sue forze, cercando di girarsi, ma non fece alcun progresso.
Πάλεψε σκληρά, παλεύοντας να κάνει στροφή, αλλά δεν έκανε καμία απολύτως πρόοδο.
Poi sentì Thornton ripetere il comando sopra il fragore del fiume.
Τότε άκουσε τον Θόρντον να επαναλαμβάνει την εντολή πάνω από τον βρυχηθμό του ποταμού.
Buck si impennò fuori dall'acqua e sollevò la testa come per dare un'ultima occhiata.
Ο Μπακ σηκώθηκε από το νερό, σήκωσε το κεφάλι του σαν να ήθελε να ρίξει μια τελευταία ματιά.
poi si voltò e obbedì, nuotando verso la riva con risolutezza.

έπειτα γύρισε και υπάκουσε, κολυμπώντας προς την όχθη με αποφασιστικότητα.

Pete e Hans lo tirarono a riva all'ultimo momento possibile.
Ο Πιτ και ο Χανς τον τράβηξαν στην ακτή την τελευταία δυνατή στιγμή.

Sapevano che Thornton avrebbe potuto aggrapparsi alla roccia solo per pochi minuti.
Ήξεραν ότι ο Θόρντον μπορούσε να κρατηθεί στον βράχο μόνο για λίγα λεπτά ακόμα.

Corsero su per la riva fino a un punto molto più in alto rispetto al punto in cui lui era appeso.
Έτρεξαν στην όχθη μέχρι ένα σημείο πολύ πιο πάνω από το σημείο όπου κρεμόταν.

Legarono con cura la cima della barca al collo e alle spalle di Buck.
Έδεσαν προσεκτικά το σχοινί της βάρκας στον λαιμό και τους ώμους του Μπακ.

La corda era stretta ma abbastanza larga da permettere di respirare e muoversi.
Το σχοινί ήταν σφιχτό αλλά αρκετά χαλαρό για να αναπνέει και να κινείται.

Poi lo gettarono di nuovo nel fiume impetuoso e mortale.
Έπειτα τον πέταξαν ξανά στο ορμητικό, θανατηφόρο ποτάμι.

Buck nuotò coraggiosamente ma non riuscì a prendere l'angolazione giusta per affrontare la forza della corrente.
Ο Μπακ κολύμπησε με τόλμη, αλλά αστόχησε στη γωνία του μέσα στη δύναμη του ρέματος.

Si accorse troppo tardi che stava per superare Thornton.
Κατάλαβε πολύ αργά ότι επρόκειτο να περάσει παραπατώντας δίπλα από τον Θόρντον.

Hans tirò forte la corda, come se Buck fosse una barca che si capovolge.
Ο Χανς έσφιξε το σχοινί σφιχτά, σαν να ήταν ο Μπακ βάρκα που αναποδογυρίζει.

La corrente lo trascinò sott'acqua e lui scomparve sotto la superficie.

Το ρεύμα τον τράβηξε κάτω από το νερό και εξαφανίστηκε κάτω από την επιφάνεια.

Il suo corpo colpì la riva prima che Hans e Pete lo tirassero fuori.

Το σώμα του χτύπησε στην όχθη πριν τον τραβήξουν έξω ο Χανς και ο Πιτ.

Era mezzo annegato e gli tolsero l'acqua dal corpo.

Ήταν μισοπνιγμένος, και τον τράβηξαν με δύναμη για να ξεπλύνουν το νερό.

Buck si alzò, barcollò e crollò di nuovo a terra.

Ο Μπακ σηκώθηκε, παραπάτησε και κατέρρευσε ξανά στο έδαφος.

Poi udirono la voce di Thornton portata debolmente dal vento.

Τότε άκουσαν τη φωνή του Θόρντον να παρασύρεται αχνά από τον άνεμο.

Sebbene le parole non fossero chiare, sapevano che era vicino alla morte.

Αν και τα λόγια ήταν ασαφή, ήξεραν ότι ήταν κοντά στον θάνατο.

Il suono della voce di Thornton colpì Buck come una scossa elettrica.

Ο ήχος της φωνής του Θόρντον χτύπησε τον Μπακ σαν ηλεκτρικό τράνταγμα.

Saltò in piedi e corse su per la riva, tornando al punto di partenza.

Πήδηξε πάνω και έτρεξε στην όχθη, επιστρέφοντας στο σημείο εκτόξευσης.

Legarono di nuovo la corda a Buck, e di nuovo lui entrò nel fiume.

Έδεσαν ξανά το σχοινί στον Μπακ, και αυτός μπήκε ξανά στο ρυάκι.

Questa volta nuotò direttamente e con decisione nell'acqua impetuosa.

Αυτή τη φορά, κολύμπησε ευθεία και σταθερά μέσα στο ορμητικό νερό.

Hans lasciò scorrere la corda con regolarità, mentre Pete impediva che si aggrovigliasse.
Ο Χανς άφησε το σχοινί σταθερά, ενώ ο Πιτ το κρατούσε μακριά από το να μπερδευτεί.
Buck nuotò con forza finché non si trovò allineato appena sopra Thornton.
Ο Μπακ κολύμπησε δυνατά μέχρι που βρέθηκε ακριβώς πάνω από τον Θόρντον.
Poi si voltò e si lanciò verso di lui come un treno a tutta velocità.
Έπειτα γύρισε και όρμησε προς τα κάτω σαν τρένο με ολοταχεία ταχύτητα.
Thornton lo vide arrivare, si preparò e gli abbracciò il collo.
Ο Θόρντον τον είδε να έρχεται, στηρίχτηκε και αγκάλιασε τον λαιμό του.
Hans legò saldamente la corda attorno a un albero mentre entrambi venivano tirati sott'acqua.
Ο Χανς έδεσε γερά το σχοινί γύρω από ένα δέντρο καθώς και οι δύο τραβήχτηκαν από κάτω.
Caddero sott'acqua, schiantandosi contro rocce e detriti del fiume.
Έπεσαν κάτω από το νερό, χτυπώντας σε βράχους και συντρίμμια ποταμών.
Un attimo prima Buck era in cima e un attimo dopo Thornton si alzava ansimando.
Τη μια στιγμή ο Μπακ ήταν από πάνω, την επόμενη ο Θόρντον σηκώθηκε λαχανιασμένος.
Malconci e soffocati, si diressero verso la riva e si misero in salvo.
Χτυπημένοι και πνιγμένοι, κατευθύνθηκαν προς την όχθη και την ασφάλεια.
Thornton riprese conoscenza mentre era sdraiato su un tronco alla deriva.
Ο Θόρντον ανέκτησε τις αισθήσεις του, ξαπλωμένος πάνω σε ένα κούτσουρο που παρασύρεται από το νερό.
Hans e Pete lavorarono duramente per riportarlo a respirare e a vivere.

Ο Χανς και ο Πιτ τον δούλεψαν σκληρά για να του επαναφέρουν την αναπνοή και τη ζωή.

Il suo primo pensiero fu per Buck, che giaceva immobile e inerte.

Η πρώτη του σκέψη ήταν για τον Μπακ, ο οποίος ήταν ξαπλωμένος ακίνητος και κουτσός.

Nig ululò sul corpo di Buck e Skeet gli leccò delicatamente il viso.

Ο Νιγκ ούρλιαξε πάνω από το σώμα του Μπακ και ο Σκιτ του έγλειψε απαλά το πρόσωπο.

Thornton, dolorante e contuso, esaminò Buck con mano attenta.

Ο Θόρντον, πληγωμένος και μελανιασμένος, εξέτασε τον Μπακ με προσεκτικά χέρια.

Ha trovato tre costole rotte, ma il cane non presentava ferite mortali.

Βρήκε τρία πλευρά σπασμένα, αλλά κανένα θανατηφόρο τραύμα στον σκύλο.

"Questo è tutto", disse Thornton. "Ci accamperemo qui". E così fecero.

«Αυτό λύνει το πρόβλημα», είπε ο Θόρντον.
«Κατασκηνώνουμε εδώ». Και το έκαναν.

Rimasero lì finché le costole di Buck non guarirono e lui poté di nuovo camminare.

Έμειναν μέχρι να επουλωθούν τα πλευρά του Μπακ και να μπορέσει να περπατήσει ξανά.

Quell'inverno Buck compì un'impresa che accrebbe ulteriormente la sua fama.

Εκείνο τον χειμώνα, ο Μπακ πραγματοποίησε ένα κατόρθωμα που αύξησε περαιτέρω τη φήμη του.

Fu un gesto meno eroico del salvataggio di Thornton, ma altrettanto impressionante.

Ήταν λιγότερο ηρωικό από τη σωτηρία του Θόρντον, αλλά εξίσου εντυπωσιακό.

A Dawson, i soci avevano bisogno di provviste per un viaggio lontano.

Στο Ντόσον, οι συνεργάτες χρειάζονταν προμήθειες για ένα μακρινό ταξίδι.

Volevano viaggiare verso est, in terre selvagge e incontaminate.

Ήθελαν να ταξιδέψουν ανατολικά, σε ανέγγιχτες άγριες περιοχές.

Quel viaggio fu possibile grazie all'impresa compiuta da Buck nell'Eldorado Saloon.

Το συμβόλαιο του Μπακ στο Eldorado Saloon έκανε αυτό το ταξίδι δυνατό.

Tutto cominciò con degli uomini che si vantavano dei loro cani bevendo qualcosa.

Ξεκίνησε με άντρες που καυχιόντουσαν για τα σκυλιά τους πίνοντας ποτά.

La fama di Buck lo rese bersaglio di sfide e dubbi.

Η φήμη του Μπακ τον έκανε στόχο προκλήσεων και αμφιβολιών.

Thornton, fiero e calmo, rimase fermo nel difendere il nome di Buck.

Ο Θόρντον, περήφανος και ήρεμος, υπερασπίστηκε σταθερά το όνομα του Μπακ.

Un uomo ha affermato che il suo cane riusciva a trainare facilmente duecentocinquanta chili.

Ένας άντρας είπε ότι ο σκύλος του μπορούσε να τραβήξει εύκολα διακόσια πενήντα κιλά.

Un altro disse seicento, e un terzo si vantò di settecento.

Άλλος είπε εξακόσιοι, και ένας τρίτος καυχήθηκε επτακόσιοι.

"Pfft!" disse John Thornton, "Buck può trainare una slitta da mille libbre."

«Πφφ!» είπε ο Τζον Θόρντον, «ο Μπακ μπορεί να ρυμουλκήσει έλκηθρο χιλίων λιρών».

Matthewson, un Bonanza King, si sporse in avanti e lo sfidò.

Ο Μάθιουσον, ένας Βασιλιάς της Μπόνανζα, έσκυψε μπροστά και τον προκάλεσε.

"Pensi che possa spostare tutto quel peso?"

«Νομίζεις ότι μπορεί να βάλει τόσο βάρος σε κίνηση;»

"E pensi che riesca a sollevare il peso per cento metri?"

«Και νομίζεις ότι μπορεί να τραβήξει το βάρος εκατό ολόκληρα μέτρα;»

Thornton rispose freddamente: "Sì. Buck è abbastanza cane da farlo."

Ο Θόρντον απάντησε ψύχραιμα: «Ναι. Ο Μπακ είναι αρκετά σκληρός για να το κάνει».

"Metterà in moto mille libbre e la tirerà per cento metri."

«Θα βάλει σε κίνηση χίλιες λίβρες και θα τις τραβήξει εκατό μέτρα.»

Matthewson sorrise lentamente e si assicurò che tutti gli uomini udissero le sue parole.

Ο Μάθιουσον χαμογέλασε αργά και βεβαιώθηκε ότι όλοι οι άντρες άκουσαν τα λόγια του.

"Ho mille dollari che dicono che non può. Eccoli."

«Έχω χίλια δολάρια που λένε ότι δεν μπορεί. Ορίστε.»

Sbatté sul bancone un sacco di polvere d'oro grande quanto una salsiccia.

Χτύπησε ένα σακί χρυσόσκονη στο μέγεθος λουκάνικου πάνω στην μπάρα.

Nessuno disse una parola. Il silenzio si fece pesante e teso intorno a loro.

Κανείς δεν είπε λέξη. Η σιωπή έγινε βαριά και τεταμένη γύρω τους.

Il bluff di Thornton, se mai lo fu, era stato preso sul serio.

Η μπλόφα του Θόρντον —αν ήταν τέτοια— είχε ληφθεί σοβαρά υπόψη.

Sentì il calore salirgli al viso mentre il sangue gli affluiva alle guance.

Ένιωσε τη ζέστη να ανεβαίνει στο πρόσωπό του καθώς το αίμα έτρεχε στα μάγουλά του.

In quel momento la sua lingua aveva preceduto la ragione.

Η γλώσσα του είχε ξεπεράσει τη λογική του εκείνη τη στιγμή.

Non sapeva davvero se Buck sarebbe riuscito a spostare mille libbre.

Πραγματικά δεν ήξερε αν ο Μπακ μπορούσε να μετακινήσει χίλια κιλά.

Mezza tonnellata! Solo la sua mole gli faceva sentire il cuore pesante.

Μισό τόνο! Και μόνο το μέγεθός του έκανε την καρδιά του να βαραίνει.

Aveva fiducia nella forza di Buck e lo riteneva capace.

Είχε πίστη στη δύναμη του Μπακ και τον θεωρούσε ικανό.

Ma non aveva mai affrontato una sfida di questo tipo, non in questo modo.

Αλλά δεν είχε αντιμετωπίσει ποτέ τέτοιου είδους πρόκληση, όχι έτσι.

Una dozzina di uomini lo osservavano in silenzio, in attesa di vedere cosa avrebbe fatto.

Δώδεκα άντρες τον παρακολουθούσαν σιωπηλά, περιμένοντας να δουν τι θα έκανε.

Lui non aveva i soldi, e nemmeno Hans e Pete.

Δεν είχε χρήματα — ούτε ο Χανς ούτε ο Πιτ.

"Ho una slitta fuori", disse Matthewson in modo freddo e diretto.

«Έχω ένα έλκηθρο έξω», είπε ο Μάθιουσον ψυχρά και ευθέως.

"È carico di venti sacchi, da cinquanta libbre ciascuno, tutti di farina.

«Είναι φορτωμένο με είκοσι σάκους, πενήντα λίβρες ο καθένας, όλο αλεύρι.»

Quindi non lasciare che la scomparsa della slitta diventi la tua scusa", ha aggiunto.

«Οπότε μην αφήσετε τώρα τη δικαιολογία σας για ένα χαμένο έλκηθρο», πρόσθεσε.

Thornton rimase in silenzio. Non sapeva che parole dire.

Ο Θόρντον έμεινε σιωπηλός. Δεν ήξερε τι λέξεις να προτείνει.

Guardò i volti intorno a sé senza vederli chiaramente.

Κοίταξε γύρω του τα πρόσωπα χωρίς να τα βλέπει καθαρά.

Sembrava un uomo immerso nei suoi pensieri, che cercava di ripartire.

Έμοιαζε με άντρα παγωμένο στις σκέψεις του, που προσπαθούσε να ξαναρχίσει.

Poi incontrò Jim O'Brien, un amico dei tempi dei Mastodon.

Έπειτα είδε τον Τζιμ Ο'Μπράιεν, έναν φίλο του από την εποχή των Μαστόδον.

Quel volto familiare gli diede un coraggio che non sapeva di avere.

Αυτό το γνώριμο πρόσωπο του έδωσε θάρρος που δεν ήξερε ότι είχε.

Si voltò e chiese a bassa voce: "Puoi prestarmi mille dollari?"

Γύρισε και ρώτησε χαμηλόφωνα: «Μπορείτε να μου δανείσετε χίλια;»

"Certo", disse O'Brien, lasciando cadere un pesante sacco vicino all'oro.

«Σίγουρα», είπε ο Ο'Μπράιεν, ρίχνοντας έναν βαρύ σάκο δίπλα στο χρυσάφι.

"Ma sinceramente, John, non credo che la bestia possa fare questo."

«Αλλά ειλικρινά, Τζον, δεν πιστεύω ότι το θηρίο μπορεί να το κάνει αυτό.»

Tutti quelli presenti all'Eldorado Saloon si precipitarono fuori per assistere all'evento.

Όλοι στο Eldorado Saloon έτρεξαν έξω για να δουν την εκδήλωση.

Lasciarono tavoli e bevande e perfino le partite furono sospese.

Άφησαν τραπέζια και ποτά, και ακόμη και τα παιχνίδια διακόπηκαν προσωρινά.

Croupier e giocatori accorsero per assistere alla conclusione di questa audace scommessa.

Ντίλερ και τζογαδόροι ήρθαν για να παρακολουθήσουν το τέλος αυτού του τολμηρού στοιχήματος.

Centinaia di persone si radunarono attorno alla slitta sulla strada ghiacciata.

Εκατοντάδες άνθρωποι συγκεντρώθηκαν γύρω από το έλκηθρο στον παγωμένο ανοιχτό δρόμο.

La slitta di Matthewson era carica di un carico completo di sacchi di farina.
Το έλκηθρο του Μάθιουσον στεκόταν γεμάτο με σάκους αλεύρι.

La slitta era rimasta ferma per ore a temperature sotto lo zero.
Το έλκηθρο παρέμενε ακίνητο για ώρες σε θερμοκρασίες υπό το μηδέν.

I pattini della slitta erano congelati e incollati alla neve compatta.
Οι πίστες του έλκηθρου είχαν παγώσει σφιχτά στο συμπιεσμένο χιόνι.

Gli uomini scommettevano due a uno che Buck non sarebbe riuscito a spostare la slitta.
Οι άντρες προσέφεραν πιθανότητες δύο προς ένα ότι ο Μπακ δεν θα μπορούσε να κινήσει το έλκηθρο.

Scoppiò una disputa su cosa significasse realmente "break out".
Ξέσπασε μια διαμάχη σχετικά με το τι πραγματικά σήμαινε η λέξη «ξεσπάσω».

O'Brien ha affermato che Thornton dovrebbe allentare la base ghiacciata della slitta.
Ο Ο'Μπράιεν είπε ότι ο Θόρντον θα έπρεπε να χαλαρώσει την παγωμένη βάση του έλκηθρου.

Buck potrebbe quindi "rompere" una partenza solida e immobile.
Ο Μπακ θα μπορούσε τότε να «ξεσπάσει» από ένα σταθερό, ακίνητο ξεκίνημα.

Matthewson sosteneva che anche il cane doveva liberare i corridoi.
Ο Μάθιουσον υποστήριξε ότι ο σκύλος πρέπει να απελευθερώσει και τους δρομείς.

Gli uomini che avevano sentito la scommessa concordavano con Matthewson.
Οι άντρες που είχαν ακούσει το στοίχημα συμφώνησαν με την άποψη του Μάθιουσον.

Con questa sentenza, le probabilità contro Buck salirono a tre a uno.
Με αυτή την απόφαση, οι πιθανότητες ανέβηκαν σε τρία προς ένα εναντίον του Μπακ.
Nessuno si fece avanti per accettare le crescenti quote di tre a uno.
Κανείς δεν έκανε ένα βήμα μπροστά για να δεχτεί τις αυξανόμενες πιθανότητες τριών προς ένα.
Nessuno credeva che Buck potesse compiere la grande impresa.
Ούτε ένας άντρας πίστευε ότι ο Μπακ θα μπορούσε να επιτύχει το σπουδαίο κατόρθωμα.
Thornton era stato spinto a scommettere, pieno di dubbi.
Ο Θόρντον είχε βιαστεί να βάλει το στοίχημα, γεμάτος αμφιβολίες.
Ora guardava la slitta e la muta di dieci cani accanto ad essa.
Τώρα κοίταξε το έλκηθρο και την ομάδα των δέκα σκύλων δίπλα του.
Vedere la realtà del compito lo faceva sembrare ancora più impossibile.
Βλέποντας την πραγματικότητα του έργου, αυτό φάνταζε ακόμα πιο αδύνατο.
In quel momento Matthewson era pieno di orgoglio e sicurezza.
Ο Μάθιουσον ήταν γεμάτος υπερηφάνεια και αυτοπεποίθηση εκείνη τη στιγμή.
"Tre a uno!" urlò. "Ne scommetto altri mille, Thornton!
«Τρία προς ένα!» φώναξε. «Ποντάρω άλλα χίλια, Θόρντον!»
"Cosa dici?" aggiunse, abbastanza forte da farsi sentire da tutti.
«Τι λες;» πρόσθεσε, αρκετά δυνατά για να το ακούσουν όλοι.
Il volto di Thornton esprimeva i suoi dubbi, ma il suo spirito era sollevato.
Το πρόσωπο του Θόρντον έδειχνε τις αμφιβολίες του, αλλά το ηθικό του είχε ανέβει.

Quello spirito combattivo ignorava le avversità e non temeva nulla.
Αυτό το μαχητικό πνεύμα αγνόησε τις πιθανότητες και δεν φοβόταν απολύτως τίποτα.

Chiamò Hans e Pete perché portassero tutti i loro soldi al tavolo.
Κάλεσε τον Χανς και τον Πιτ να φέρουν όλα τα μετρητά τους στο τραπέζι.

Non gli era rimasto molto altro: solo duecento dollari in tutto.
Τους είχαν απομείνει λίγα—μόνο διακόσια δολάρια μαζί.

Questa piccola somma costituiva la loro intera fortuna nei momenti difficili.
Αυτό το μικρό ποσό ήταν η συνολική τους περιουσία σε δύσκολες στιγμές.

Ciononostante puntarono tutta la loro fortuna contro la scommessa di Matthewson.
Παρ' όλα αυτά, έβαλαν όλη τους την περιουσία στο στοίχημα του Matthewson.

La muta composta da dieci cani venne sganciata e allontanata dalla slitta.
Η ομάδα των δέκα σκύλων αποσυνδέθηκε και απομακρύνθηκε από το έλκηθρο.

Buck venne messo alle redini, indossando la sua consueta imbracatura.
Ο Μπακ τοποθετήθηκε στα ηνία, φορώντας την οικεία του ζώνη.

Aveva colto l'energia della folla e ne aveva percepito la tensione.
Είχε αντιληφθεί την ενέργεια του πλήθους και ένιωσε την ένταση.

In qualche modo sapeva che doveva fare qualcosa per John Thornton.
Κατά κάποιο τρόπο, ήξερε ότι έπρεπε να κάνει κάτι για τον Τζον Θόρντον.

La gente mormorava ammirata di fronte alla figura fiera del cane.

Οι άνθρωποι μουρμούριζαν με θαυμασμό την περήφανη φιγούρα του σκύλου.

Era magro e forte, senza un solo grammo di carne in più.

Ήταν αδύνατος και δυνατός, χωρίς ούτε μια ουγγιά σάρκας.

Il suo peso di centocinquanta chili era sinonimo di potenza e resistenza.

Το συνολικό βάρος του, εκατόν πενήντα λίβρες, ήταν όλο δύναμη και αντοχή.

Il mantello di Buck brillava come la seta, denso di salute e forza.

Το παλτό του Μπακ έλαμπε σαν μετάξι, πυκνό από υγεία και δύναμη.

La pelliccia sul collo e sulle spalle sembrava sollevarsi e drizzarsi.

Η γούνα κατά μήκος του λαιμού και των ώμων του φαινόταν να ανασηκώνεται και να τριχώνεται.

La sua criniera si muoveva leggermente, ogni capello era animato dalla sua grande energia.

Η χαίτη του κινούνταν ελαφρά, κάθε τρίχα του ζωντάνιαζε από τη μεγάλη του ενέργεια.

Il suo petto ampio e le sue gambe forti si sposavano bene con la sua corporatura pesante e robusta.

Το πλατύ στήθος του και τα δυνατά του πόδια ταίριαζαν με το βαρύ, σκληροτράχηλο σώμα του.

I muscoli si tesero sotto il cappotto, tesi e sodi come ferro legato.

Οι μύες κυματίζονταν κάτω από το παλτό του, σφιχτοί και σταθεροί σαν δεμένο σίδερο.

Gli uomini lo toccavano e giuravano che era fatto come una macchina d'acciaio.

Οι άντρες τον άγγιζαν και έβριζαν ότι ήταν φτιαγμένος σαν ατσάλινη μηχανή.

Le probabilità contro il grande cane sono scese leggermente a due a uno.

Οι πιθανότητες έπεσαν ελαφρώς σε δύο προς ένα εναντίον του σπουδαίου σκύλου.

Un uomo dei banchi di Skookum si fece avanti balbettando.
Ένας άντρας από τα παγκάκια του Σκούκουμ προχώρησε τραυλίζοντας.
"Bene, signore! Offro ottocento per lui... prima della prova, signore!"
«Ωραία, κύριε! Προσφέρω οκτακόσια γι' αυτόν—πριν από την εξέταση, κύριε!»
"Ottocento, così com'è adesso!" insistette l'uomo.
«Οκτακόσια, όπως είναι αυτή τη στιγμή!» επέμεινε ο άντρας.
Thornton fece un passo avanti, sorrise e scosse la testa con calma.
Ο Θόρντον έκανε ένα βήμα μπροστά, χαμογέλασε και κούνησε ήρεμα το κεφάλι του.
Matthewson intervenne rapidamente con tono ammonitore e aggrottando la fronte.
Ο Μάθιουσον παρενέβη γρήγορα με προειδοποιητική φωνή και συνοφρυωμένος.
"Devi allontanarti da lui", disse. "Dagli spazio."
«Πρέπει να απομακρυνθείς από αυτόν», είπε. «Δώσε του χώρο.»
La folla tacque; solo i giocatori continuavano a offrire due a uno.
Το πλήθος σώπασε· μόνο οι τζογαδόροι προσέφεραν ακόμα δύο προς ένα.
Tutti ammiravano la corporatura di Buck, ma il carico sembrava troppo pesante.
Όλοι θαύμαζαν τη σωματική διάπλαση του Μπακ, αλλά το φορτίο φαινόταν πολύ μεγάλο.
Venti sacchi di farina, ciascuno del peso di cinquanta libbre, sembravano decisamente troppi.
Είκοσι σακιά αλεύρι—βάρους πενήντα κιλών το καθένα— φάνταζαν πάρα πολλά.
Nessuno era disposto ad aprire la borsa e a rischiare i propri soldi.
Κανείς δεν ήταν πρόθυμος να ανοίξει το πουγκί του και να ρισκάρει τα χρήματά του.

Thornton si inginocchiò accanto a Buck e gli prese la testa tra entrambe le mani.
Ο Θόρντον γονάτισε δίπλα στον Μπακ και έπιασε το κεφάλι του και με τα δύο χέρια.
Premette la guancia contro quella di Buck e gli parlò all'orecchio.
Πίεσε το μάγουλό του στο μάγουλο του Μπακ και του μίλησε στο αυτί.
Non c'erano più né scossoni giocosi né insulti affettuosi sussurrati.
Δεν υπήρχε πλέον παιχνιδιάρικο κούνημα ούτε ψιθυριστές αγαπητικές προσβολές.
Mormorò solo dolcemente: "Quanto mi ami, Buck."
Μουρμούρισε μόνο απαλά, «Όσο κι αν με αγαπάς, Μπακ».
Buck emise un gemito sommesso, trattenendo a stento la sua impazienza.
Ο Μπακ έβγαλε ένα σιγανό κλαψούρισμα, με την ανυπομονησία του μόλις που συγκρατήθηκε.
Gli astanti osservavano con curiosità la tensione che aleggiava nell'aria.
Οι θεατές παρακολουθούσαν με περιέργεια καθώς η ένταση γέμιζε την ατμόσφαιρα.
Quel momento sembrava quasi irreale, qualcosa che trascendeva la ragione.
Η στιγμή έμοιαζε σχεδόν εξωπραγματική, σαν κάτι πέρα από κάθε λογική.
Quando Thornton si alzò, Buck gli prese delicatamente la mano tra le fauci.
Όταν ο Θόρντον σηκώθηκε, ο Μπακ έπιασε απαλά το χέρι του στα σαγόνια του.
Premette con i denti, poi lasciò andare lentamente e delicatamente.
Πίεσε προς τα κάτω με τα δόντια του και μετά το άφησε αργά και απαλά.
Fu una risposta silenziosa d'amore, non detta, ma compresa.
Ήταν μια σιωπηλή απάντηση αγάπης, όχι ειπωμένη, αλλά κατανοητή.

Thornton si allontanò di molto dal cane e diede il segnale.
Ο Θόρντον έκανε ένα βήμα μακριά από τον σκύλο και έδωσε το σύνθημα.
"Ora, Buck", disse, e Buck rispose con calma concentrata.
«Λοιπόν, Μπακ», είπε, και ο Μπακ απάντησε με συγκεντρωμένη ηρεμία.
Buck tese le corde, poi le allentò di qualche centimetro.
Ο Μπακ έσφιξε τα ίχνη και μετά τα χαλάρωσε μερικά εκατοστά.
Questo era il metodo che aveva imparato; il suo modo per rompere la slitta.
Αυτή ήταν η μέθοδος που είχε μάθει· ο τρόπος του να σπάει το έλκηθρο.
"Caspita!" urlò Thornton, con voce acuta nel silenzio pesante.
«Ουάου!» φώναξε ο Θόρντον, με κοφτερή φωνή μέσα στη βαριά σιωπή.
Buck si girò verso destra e si lanciò con tutto il suo peso.
Ο Μπακ στράφηκε δεξιά και όρμησε με όλο του το βάρος.
Il gioco svanì e tutta la massa di Buck colpì le timonerie strette.
Το χαλαρό μέρος εξαφανίστηκε και ολόκληρη η μάζα του Μπακ χτύπησε στα στενά ίχνη.
La slitta tremò e i pattini produssero un suono secco e scoppiettante.
Το έλκηθρο έτρεμε και οι δρομείς έβγαλαν έναν τραγανό ήχο.
"Haw!" ordinò Thornton, cambiando di nuovo direzione a Buck.
«Χα!» διέταξε ο Θόρντον, αλλάζοντας ξανά την κατεύθυνση του Μπακ.
Buck ripeté la mossa, questa volta tirando bruscamente verso sinistra.
Ο Μπακ επανέλαβε την κίνηση, αυτή τη φορά τραβώντας απότομα προς τα αριστερά.
La slitta scricchiolava più forte, i pattini schioccavano e si spostavano.

Το έλκηθρο κροταλούσε πιο δυνατά, οι δρομείς χτυπούσαν και μετακινούνταν.

Il pesante carico scivolò leggermente di lato sulla neve ghiacciata.

Το βαρύ φορτίο γλίστρησε ελαφρώς πλάγια πάνω στο παγωμένο χιόνι.

La slitta si era liberata dalla presa del sentiero ghiacciato!

Το έλκηθρο είχε ξεφύγει από τη λαβή του παγωμένου μονοπατιού!

Gli uomini trattennero il respiro, inconsapevoli di non stare nemmeno respirando.

Οι άντρες κρατούσαν την αναπνοή τους, χωρίς να συνειδητοποιούν ότι δεν ανέπνεαν καν.

"Ora, TIRA!" gridò Thornton nel silenzio glaciale.

«Τώρα, ΤΡΑΒΗΞ!» φώναξε ο Θόρντον μέσα στην παγωμένη σιωπή.

Il comando di Thornton risuonò netto, come lo schiocco di una frusta.

Η εντολή του Θόρντον αντήχησε κοφτή, σαν τον κρότο ενός μαστιγίου.

Buck si lanciò in avanti con un affondo violento e violento.

Ο Μπακ όρμησε μπροστά με μια άγρια και τρανταχτή ορμή.

Tutto il suo corpo si irrigidì e si contrasse sotto l'enorme sforzo.

Όλο του το σώμα τεντώθηκε και συσπάστηκε από την τεράστια καταπόνηση.

I muscoli si muovevano sotto la pelliccia come serpenti che prendevano vita.

Οι μύες κυματίζονταν κάτω από τη γούνα του σαν φίδια που ζωντανεύουν.

Il suo grande petto era basso e la testa era protesa in avanti verso la slitta.

Το μεγάλο του στήθος ήταν χαμηλό, με το κεφάλι τεντωμένο μπροστά προς το έλκηθρο.

Le sue zampe si muovevano come fulmini e gli artigli fendevano il terreno ghiacciato.

Τα πόδια του κινούνταν σαν αστραπή, με τα νύχια του να κόβουν το παγωμένο έδαφος.
I solchi erano profondi mentre lottava per ogni centimetro di trazione.
Οι αυλακώσεις ήταν βαθιές καθώς πάλευε για κάθε εκατοστό πρόσφυσης.
La slitta ondeggiò, tremò e cominciò a muoversi lentamente e in modo inquieto.
Το έλκηθρο λικνίστηκε, έτρεμε και άρχισε μια αργή, ανήσυχη κίνηση.
Un piede scivolò e un uomo tra la folla gemette ad alta voce.
Το ένα πόδι γλίστρησε και ένας άντρας από το πλήθος γρύλισε δυνατά.
Poi la slitta si lanciò in avanti con un movimento brusco e a scatti.
Έπειτα το έλκηθρο όρμησε μπροστά με μια απότομη, τραχιά κίνηση.
Non si fermò più: mezzo pollice...un pollice...cinque pollici in più.
Δεν σταμάτησε ξανά — μισή ίντσα...μια ίντσα...δύο ίντσες ακόμα.
Gli scossoni si fecero più lievi man mano che la slitta cominciava ad acquistare velocità.
Τα τινάγματα μικραίνουν καθώς το έλκηθρο αρχίζει να αυξάνει την ταχύτητα.
Presto Buck cominciò a tirare con una potenza fluida e uniforme.
Σύντομα ο Μπακ άρχισε να τραβάει με ομαλή, ομοιόμορφη δύναμη κύλισης.
Gli uomini sussultarono e finalmente si ricordarono di respirare di nuovo.
Οι άντρες άφησαν μια ανάσα και επιτέλους θυμήθηκαν να αναπνεύσουν ξανά.
Non si erano accorti che il loro respiro si era fermato per lo stupore.
Δεν είχαν προσέξει ότι η ανάσα τους είχε σταματήσει από δέος.

Thornton gli corse dietro, gridando comandi brevi e allegri.
Ο Θόρντον έτρεξε από πίσω, φωνάζοντας σύντομες, χαρούμενες εντολές.
Davanti a noi c'era una catasta di legna da ardere che segnava la distanza.
Μπροστά υπήρχε μια στοίβα από καυσόξυλα που σηματοδοτούσε την απόσταση.
Mentre Buck si avvicinava al mucchio, gli applausi diventavano sempre più forti.
Καθώς ο Μπακ πλησίαζε στη στοίβα, οι ζητωκραυγές γίνονταν όλο και πιο δυνατές.
Gli applausi crebbero fino a diventare un boato quando Buck superò il traguardo.
Οι ζητωκραυγές μετατράπηκαν σε βρυχηθμό καθώς ο Μπακ πέρασε το σημείο τερματισμού.
Gli uomini saltarono e gridarono, perfino Matthewson sorrise.
Άντρες πετάχτηκαν και φώναξαν, ακόμη και ο Μάθιουσον ξέσπασε σε ένα χαμόγελο.
I cappelli volavano in aria e i guanti venivano lanciati senza pensarci o mirare.
Καπέλα πετούσαν στον αέρα, γάντια πετάγονταν χωρίς σκέψη ή στόχο.
Gli uomini si afferrarono e si strinsero la mano senza sapere chi.
Οι άντρες άρπαξαν ο ένας τον άλλον και έδωσαν τα χέρια χωρίς να ξέρουν ποιος.
Tutta la folla era in delirio, in un tripudio di gioia e di entusiasmo.
Όλο το πλήθος βουίζει σε έναν ξέφρενο, χαρούμενο εορτασμό.
Thornton cadde in ginocchio accanto a Buck con le mani tremanti.
Ο Θόρντον έπεσε στα γόνατα δίπλα στον Μπακ με τρεμάμενα χέρια.
Premette la testa contro quella di Buck e lo scosse delicatamente avanti e indietro.

Ακούμπησε το κεφάλι του στο κεφάλι του Μπακ και τον κούνησε απαλά μπρος-πίσω.

Chi si avvicinava lo sentiva maledire il cane con amore silenzioso.

Όσοι πλησίασαν τον άκουσαν να καταριέται τον σκύλο με σιωπηλή αγάπη.

Imprecò a lungo contro Buck, con dolcezza, calore, emozione.

Έβριζε τον Μπακ για πολλή ώρα — απαλά, θερμά, με συγκίνηση.

"Bene, signore! Bene, signore!" esclamò di corsa il re della panchina di Skookum.

«Ωραία, κύριε! Ωραία, κύριε!» φώναξε βιαστικά ο βασιλιάς του Πάγκου Σκούκουμ.

"Le darò mille, anzi milleduecento, per quel cane, signore!"

«Θα σας δώσω χίλια—όχι, διακόσια—για αυτό το σκυλί, κύριε!»

Thornton si alzò lentamente in piedi, con gli occhi brillanti di emozione.

Ο Θόρντον σηκώθηκε αργά όρθιος, με τα μάτια του να λάμπουν από συγκίνηση.

Le lacrime gli rigavano le guance senza alcuna vergogna.

Δάκρυα κυλούσαν ανοιχτά στα μάγουλά του χωρίς καμία ντροπή.

"Signore", disse al re della panchina di Skookum, con fermezza e fermezza

«Κύριε», είπε στον βασιλιά του Πάγκου Σκούκουμ, σταθερός και ακλόνητος

"No, signore. Può andare all'inferno, signore. Questa è la mia risposta definitiva."

«Όχι, κύριε. Μπορείτε να πάτε στην κόλαση, κύριε. Αυτή είναι η τελική μου απάντηση.»

Buck afferrò delicatamente la mano di Thornton tra le sue forti mascelle.

Ο Μπακ άρπαξε απαλά το χέρι του Θόρντον με τα δυνατά του σαγόνια.

Thornton lo scosse scherzosamente; il loro legame era più profondo che mai.
Ο Θόρντον τον σκούντηξε παιχνιδιάρικα, ο δεσμός τους ήταν τόσο βαθύς όσο ποτέ.
La folla, commossa dal momento, fece un passo indietro in silenzio.
Το πλήθος, συγκινημένο από τη στιγμή, έκανε ένα βήμα πίσω σιωπηλό.
Da quel momento in poi nessuno osò più interrompere un affetto così sacro.
Από τότε και στο εξής, κανείς δεν τόλμησε να διακόψει μια τέτοια ιερή στοργή.

Il suono della chiamata
Ο Ήχος της Κλήσης

Buck aveva guadagnato milleseicento dollari in cinque minuti.
Ο Μπακ είχε κερδίσει χίλια εξακόσια δολάρια σε πέντε λεπτά.

Il denaro permise a John Thornton di saldare alcuni dei suoi debiti.
Τα χρήματα επέτρεψαν στον John Thornton να αποπληρώσει μέρος των χρεών του.

Con il resto del denaro si diresse verso est insieme ai suoi soci.
Με τα υπόλοιπα χρήματα κατευθύνθηκε προς την Ανατολή με τους συνεργάτες του.

Cercarono una leggendaria miniera perduta, antica quanto il paese stesso.
Αναζήτησαν ένα θρυλικό χαμένο ορυχείο, τόσο παλιό όσο και η ίδια η χώρα.

Molti uomini avevano cercato la miniera, ma pochi l'avevano trovata.
Πολλοί άντρες είχαν ψάξει για το ορυχείο, αλλά λίγοι το είχαν βρει ποτέ.

Molti uomini erano scomparsi durante la pericolosa ricerca.
Περισσότεροι από λίγοι άντρες είχαν εξαφανιστεί κατά τη διάρκεια της επικίνδυνης αναζήτησης.

Questa miniera perduta era avvolta nel mistero e nella vecchia tragedia.
Αυτό το χαμένο ορυχείο ήταν τυλιγμένο σε μυστήριο και παλιά τραγωδία.

Nessuno sapeva chi fosse stato il primo uomo a scoprire la miniera.
Κανείς δεν ήξερε ποιος ήταν ο πρώτος άνθρωπος που ανακάλυψε το ορυχείο.

Le storie più antiche non menzionano nessuno per nome.
Οι παλαιότερες ιστορίες δεν αναφέρουν κανέναν ονομαστικά.

Lì c'era sempre stata una vecchia capanna fatiscente.
Πάντα υπήρχε εκεί μια παλιά ετοιμόρροπη καλύβα.
I moribondi avevano giurato che vicino a quella vecchia capanna ci fosse una miniera.
Οι ετοιμοθάνατοι είχαν ορκιστεί ότι υπήρχε ένα ορυχείο δίπλα σε εκείνη την παλιά καλύβα.
Hanno dimostrato le loro storie con un oro che non ha eguali altrove.
Απέδειξαν τις ιστορίες τους με χρυσάφι που δεν υπάρχει πουθενά αλλού.
Nessuna anima viva aveva mai saccheggiato il tesoro da quel luogo.
Καμία ζωντανή ψυχή δεν είχε ποτέ λεηλατήσει τον θησαυρό από εκείνο το μέρος.
I morti erano morti e i morti non raccontano storie.
Οι νεκροί ήταν νεκροί, και οι νεκροί δεν λένε ιστορίες.
Così Thornton e i suoi amici si diressero verso Est.
Έτσι, ο Θόρντον και οι φίλοι του κατευθύνθηκαν προς την Ανατολή.
Si unirono a noi Pete e Hans, portando con sé Buck e sei cani robusti.
Ο Πιτ και ο Χανς ενώθηκαν, φέρνοντας μαζί τους τον Μπακ και έξι δυνατά σκυλιά.
Si avviarono lungo un sentiero sconosciuto dove altri avevano fallito.
Ξεκίνησαν σε ένα άγνωστο μονοπάτι όπου άλλοι είχαν αποτύχει.
Percorsero in slitta settanta miglia lungo il fiume Yukon ghiacciato.
Διέσχισαν με έλκηθρο εβδομήντα μίλια πάνω στον παγωμένο ποταμό Γιούκον.
Girarono a sinistra e seguirono il sentiero verso lo Stewart.
Έστριψαν αριστερά και ακολούθησαν το μονοπάτι προς τον ποταμό Στιούαρτ.
Superarono il Mayo e il McQuestion e proseguirono oltre.
Πέρασαν από το Mayo και το McQuestion, συνεχίζοντας.

Lo Stewart si restringeva fino a diventare un ruscello, infilandosi tra cime frastagliate.
Ο Στιούαρτ συρρικνώθηκε σε ρυάκι, διασχίζοντας αιχμηρές κορυφές.

Queste vette aguzze rappresentavano la spina dorsale del continente.
Αυτές οι αιχμηρές κορυφές σηματοδοτούσαν την ίδια τη ραχοκοκαλιά της ηπείρου.

John Thornton pretendeva poco dagli uomini e dalla terra selvaggia.
Ο Τζον Θόρντον απαιτούσε ελάχιστα από τους ανθρώπους ή την άγρια γη.

Non temeva nulla della natura e affrontava la natura selvaggia con disinvoltura.
Δεν φοβόταν τίποτα στη φύση και αντιμετώπιζε την άγρια φύση με άνεση.

Con solo del sale e un fucile poteva viaggiare dove voleva.
Με μόνο αλάτι και ένα τουφέκι, μπορούσε να ταξιδέψει όπου επιθυμούσε.

Come gli indigeni, durante il viaggio cacciava per procurarsi il cibo.
Όπως οι ιθαγενείς, κυνηγούσε τροφή ενώ ταξίδευε.

Se non prendeva nulla, continuava ad andare avanti, confidando nella fortuna che lo attendeva.
Αν δεν έπιανε τίποτα, συνέχιζε, εμπιστευόμενος την τύχη που έβλεπε μπροστά του.

Durante questo lungo viaggio, la carne era l'alimento principale di cui si nutrivano.
Σε αυτό το μακρύ ταξίδι, το κρέας ήταν το κύριο πράγμα που έτρωγαν.

La slitta trasportava attrezzi e munizioni, ma non c'era un orario preciso.
Το έλκηθρο περιείχε εργαλεία και πυρομαχικά, αλλά δεν είχε αυστηρό χρονοδιάγραμμα.

Buck amava questo vagabondare, la caccia e la pesca senza fine.

Ο Μπακ λάτρευε αυτή την περιπλάνηση· το ατελείωτο κυνήγι και ψάρεμα.
Per settimane viaggiarono senza sosta, giorno dopo giorno.
Επί εβδομάδες ταξίδευαν μέρα με τη μέρα.
Altre volte si accampavano e restavano fermi per settimane.
Άλλες φορές έφτιαχναν στρατόπεδα και έμεναν ακίνητοι για εβδομάδες.
I cani riposarono mentre gli uomini scavavano nel terreno ghiacciato.
Τα σκυλιά ξεκουράζονταν ενώ οι άντρες έσκαβαν μέσα στο παγωμένο χώμα.
Scaldavano le padelle sul fuoco e cercavano l'oro nascosto.
Ζέσταναν τηγάνια πάνω από φωτιές και έψαχναν για κρυμμένο χρυσάφι.
C'erano giorni in cui pativano la fame, altri in cui banchettavano.
Κάποιες μέρες πεινούσαν και κάποιες άλλες έκαναν γιορτές.
Il loro pasto dipendeva dalla selvaggina e dalla fortuna della caccia.
Τα γεύματά τους εξαρτιόνταν από το θηράμα και την τύχη του κυνηγιού.
Con l'arrivo dell'estate, uomini e cani caricavano carichi sulle spalle.
Όταν ήρθε το καλοκαίρι, οι άντρες και τα σκυλιά φόρτωσαν φορτία στις πλάτες τους.
Fecero rafting sui laghi azzurri nascosti nelle foreste di montagna.
Έκαναν ράφτινγκ σε γαλάζιες λίμνες κρυμμένες σε ορεινά δάση.
Navigavano su imbarcazioni sottili su fiumi che nessun uomo aveva mai mappato.
Έπλεαν μικρά σκάφη σε ποτάμια που κανένας άνθρωπος δεν είχε χαρτογραφήσει ποτέ.
Quelle barche venivano costruite con gli alberi che avevano segato in natura.

Αυτά τα σκάφη κατασκευάστηκαν από δέντρα που πριονίστηκαν στην άγρια φύση.

Passarono i mesi e loro viaggiarono attraverso terre selvagge e sconosciute.
Οι μήνες περνούσαν και περιπλανιόντουσαν σε άγριες, άγνωστες χώρες.
Non c'erano uomini lì, ma vecchie tracce lasciavano intendere che alcuni di loro fossero presenti.
Δεν υπήρχαν άντρες εκεί, κι όμως παλιά ίχνη υπονοούσαν ότι υπήρχαν άντρες.
Se la Capanna Perduta fosse esistita davvero, allora altre persone in passato erano passate da lì.
Αν η Χαμένη Καλύβα ήταν αληθινή, τότε κι άλλοι είχαν έρθει κάποτε από εδώ.
Attraversavano passi alti durante le bufere di neve, anche d'estate.
Διέσχιζαν ψηλά περάσματα εν μέσω χιονοθύελλας, ακόμη και κατά τη διάρκεια του καλοκαιριού.
Rabbrividivano sotto il sole di mezzanotte sui pendii brulli delle montagne.
Έτρεμαν κάτω από τον ήλιο του μεσονυχτίου στις γυμνές πλαγιές των βουνών.
Tra il limite degli alberi e i campi di neve, salivano lentamente.
Ανάμεσα στην οροσειρά των δέντρων και τα χιονισμένα λιβάδια, σκαρφάλωναν αργά.
Nelle valli calde, scacciavano nuvole di moscerini e mosche.
Σε ζεστές κοιλάδες, χτυπούσαν σύννεφα από κουνούπια και μύγες.
Raccolsero bacche dolci vicino ai ghiacciai nel pieno della fioritura estiva.
Μάζευαν γλυκά μούρα κοντά σε παγετώνες σε πλήρη καλοκαιρινή άνθιση.
I fiori che trovarono erano belli quanto quelli del Southland.
Τα λουλούδια που βρήκαν ήταν τόσο όμορφα όσο αυτά στο Σάουθλαντ.

Quell'autunno giunsero in una regione solitaria piena di laghi silenziosi.
Εκείνο το φθινόπωρο έφτασαν σε μια μοναχική περιοχή γεμάτη με σιωπηλές λίμνες.
La terra era triste e vuota, un tempo brulicava di uccelli e animali.
Η γη ήταν θλιβερή και άδεια, κάποτε γεμάτη με πουλιά και ζώα.
Ora non c'era più vita, solo il vento e il ghiaccio che si formava nelle pozze.
Τώρα δεν υπήρχε ζωή, μόνο ο άνεμος και ο πάγος που σχηματίζονταν σε λίμνες.
Le onde lambivano le rive deserte con un suono dolce e lugubre.
Τα κύματα χτυπούσαν τις άδειες ακτές με έναν απαλό, θλιβερό ήχο.

Arrivò un altro inverno e loro seguirono di nuovo deboli e vecchi sentieri.
Ένας ακόμη χειμώνας ήρθε και ακολούθησαν ξανά αχνά, παλιά μονοπάτια.
Erano le tracce di uomini che avevano cercato molto prima di loro.
Αυτά ήταν τα ίχνη ανδρών που είχαν ψάξει πολύ πριν από αυτούς.
Una volta trovarono un sentiero che si inoltrava nel profondo della foresta oscura.
Κάποτε βρήκαν ένα μονοπάτι σκαμμένο βαθιά μέσα στο σκοτεινό δάσος.
Era un vecchio sentiero e sentivano che la baita perduta era vicina.
Ήταν ένα παλιό μονοπάτι, και ένιωθαν ότι η χαμένη καλύβα ήταν κοντά.
Ma il sentiero non portava da nessuna parte e si perdeva nel fitto del bosco.
Αλλά το μονοπάτι δεν οδηγούσε πουθενά και χανόταν μέσα στο πυκνό δάσος.

Nessuno sapeva chi avesse tracciato il sentiero e perché lo avesse fatto.
Όποιος και αν ήταν αυτός που έφτιαξε το μονοπάτι, και γιατί το έφτιαξε, κανείς δεν ήξερε.
Più tardi trovarono i resti di una capanna nascosta tra gli alberi.
Αργότερα, βρήκαν τα ερείπια ενός καταλύματος κρυμμένα ανάμεσα στα δέντρα.
Coperte marce erano sparse dove un tempo qualcuno aveva dormito.
Σαπισμένες κουβέρτες ήταν σκορπισμένες εκεί που κάποιος κάποτε κοιμόταν.
John Thornton trovò sepolto all'interno un fucile a pietra focaia a canna lunga.
Ο Τζον Θόρντον βρήκε ένα μακρύκαρο πυρόλιθο θαμμένο μέσα.
Sapeva fin dai primi tempi che si trattava di un cannone della Hudson Bay.
Ήξερε ότι αυτό ήταν ένα όπλο του Χάντσον Μπέι από τις πρώτες μέρες του εμπορίου.
A quei tempi, tali armi venivano barattate con pile di pelli di castoro.
Εκείνες τις μέρες, τέτοια όπλα ανταλλάσσονταν με στοίβες από δέρματα κάστορα.
Questo era tutto: non rimaneva alcuna traccia dell'uomo che aveva costruito la loggia.
Αυτό ήταν όλο—δεν είχε απομείνει καμία ένδειξη για τον άνθρωπο που έχτισε το καταφύγιο.

Arrivò di nuovo la primavera e non trovarono traccia della Capanna Perduta.
Η άνοιξη ήρθε ξανά, και δεν βρήκαν κανένα ίχνος της Χαμένης Καλύβας.
Invece trovarono un'ampia valle con un ruscello poco profondo.
Αντ' αυτού βρήκαν μια πλατιά κοιλάδα με ένα ρηχό ρυάκι.

L'oro si stendeva sul fondo della pentola come burro giallo e liscio.
Χρυσός βρισκόταν στον πάτο του τηγανιού σαν λείο, κίτρινο βούτυρο.
Si fermarono lì e non cercarono oltre la cabina.
Σταμάτησαν εκεί και δεν έψαξαν άλλο για την καλύβα.
Ogni giorno lavoravano e ne trovavano migliaia di pezzi in polvere d'oro.
Κάθε μέρα δούλευαν και έβρισκαν χιλιάδες σε χρυσόσκονη.
Confezionarono l'oro in sacchi di pelle di alce, da cinquanta libbre ciascuno.
Συσκευάσανε το χρυσάφι σε σακούλες με δέρμα άλκης, πενήντα λίρες η καθεμία.
I sacchi erano accatastati come legna da ardere fuori dal loro piccolo rifugio.
Οι τσάντες ήταν στοιβαγμένες σαν καυσόξυλα έξω από το μικρό τους καταφύγιο.
Lavoravano come giganti e i giorni trascorrevano veloci come sogni.
Δούλευαν σαν γίγαντες, και οι μέρες περνούσαν σαν γρήγορα όνειρα.
Accumularono tesori mentre gli infiniti giorni trascorrevano rapidamente.
Συσσώρευαν θησαυρούς καθώς οι ατελείωτες μέρες κυλούσαν γρήγορα.
I cani avevano ben poco da fare, se non trasportare la carne di tanto in tanto.
Δεν υπήρχαν πολλά να κάνουν τα σκυλιά εκτός από το να κουβαλούν κρέας πού και πού.
Thornton cacciò e uccise la selvaggina, mentre Buck si sdraiò accanto al fuoco.
Ο Θόρντον κυνηγούσε και σκότωνε το θήραμα, και ο Μπακ έμεινε ξαπλωμένος δίπλα στη φωτιά.
Trascorse lunghe ore in silenzio, perso nei pensieri e nei ricordi.
Πέρασε πολλές ώρες σιωπηλός, χαμένος στις σκέψεις και τις αναμνήσεις.

L'immagine dell'uomo peloso tornava sempre più spesso alla mente di Buck.
Η εικόνα του τριχωτού άντρα ερχόταν πιο συχνά στο μυαλό του Μπακ.

Ora che il lavoro scarseggiava, Buck sognava mentre sbatteva le palpebre verso il fuoco.
Τώρα που η δουλειά ήταν λιγοστή, ο Μπακ ονειρεύτηκε ενώ ανοιγοκλείνει τα μάτια του κοιτάζοντας τη φωτιά.

In quei sogni, Buck vagava con l'uomo in un altro mondo.
Σε εκείνα τα όνειρα, ο Μπακ περιπλανήθηκε με τον άντρα σε έναν άλλο κόσμο.

La paura sembrava il sentimento più forte in quel mondo lontano.
Ο φόβος φαινόταν το πιο δυνατό συναίσθημα σε εκείνον τον μακρινό κόσμο.

Buck vide l'uomo peloso dormire con la testa bassa.
Ο Μπακ είδε τον τριχωτό άντρα να κοιμάται με το κεφάλι σκυμμένο χαμηλά.

Aveva le mani giunte e il suo sonno era agitato e interrotto.
Τα χέρια του ήταν ενωμένα και ο ύπνος του ήταν ανήσυχος και διαταραγμένος.

Si svegliava di soprassalto e fissava il buio con timore.
Συνήθιζε να ξυπνάει απότομα και να κοιτάζει φοβισμένος στο σκοτάδι.

Poi aggiungeva altra legna al fuoco per mantenere viva la fiamma.
Έπειτα έριχνε κι άλλα ξύλα στη φωτιά για να κρατήσει τη φλόγα φωτεινή.

A volte camminavano lungo una spiaggia in riva a un mare grigio e infinito.
Μερικές φορές περπατούσαν κατά μήκος μιας παραλίας δίπλα σε μια γκρίζα, ατελείωτη θάλασσα.

L'uomo peloso raccolse i frutti di mare e li mangiò mentre camminava.
Ο τριχωτός άντρας μάζευε οστρακοειδή και τα έτρωγε καθώς περπατούσε.

I suoi occhi cercavano sempre pericoli nascosti nell'ombra.

Τα μάτια του έψαχναν πάντα για κρυμμένους κινδύνους στις σκιές.

Le sue gambe erano sempre pronte a scattare al primo segno di minaccia.

Τα πόδια του ήταν πάντα έτοιμα να τρέξουν τρέχοντας με το πρώτο σημάδι απειλής.

Avanzavano furtivamente nella foresta, silenziosi e cauti, uno accanto all'altro.

Σέρνονταν μέσα στο δάσος, σιωπηλοί και επιφυλακτικοί, ο ένας δίπλα στον άλλον.

Buck lo seguì alle calcagna, ed entrambi rimasero all'erta.

Ο Μπακ τον ακολούθησε από πίσω, και οι δύο παρέμειναν σε εγρήγορση.

Le loro orecchie si muovevano e si contraevano, i loro nasi fiutavano l'aria.

Τα αυτιά τους τρεμόπαιζαν και κινούνταν, οι μύτες τους μύριζαν τον αέρα.

L'uomo riusciva a sentire e ad annusare la foresta in modo altrettanto acuto quanto Buck.

Ο άντρας μπορούσε να ακούσει και να μυρίσει το δάσος τόσο έντονα όσο ο Μπακ.

L'uomo peloso si lanciò tra gli alberi a velocità improvvisa.

Ο τριχωτός άντρας περπάτησε μέσα από τα δέντρα με ξαφνική ταχύτητα.

Saltava da un ramo all'altro senza mai perdere la presa.

Πηδούσε από κλαδί σε κλαδί, χωρίς ποτέ να χάνει τη λαβή του.

Si muoveva con la stessa rapidità con cui si muoveva sopra e sopra il terreno.

Κινούνταν τόσο γρήγορα πάνω από το έδαφος όσο και πάνω σε αυτό.

Buck ricordava le lunghe notti passate sotto gli alberi a fare la guardia.

Ο Μπακ θυμόταν τις μακριές νύχτες κάτω από τα δέντρα, παρακολουθώντας.

L'uomo dormiva appollaiato sui rami, aggrappandosi forte.

Ο άντρας κοιμόταν κουρνιάζοντας στα κλαδιά, κρατώντας τον σφιχτά.

Questa visione dell'uomo peloso era strettamente legata al richiamo profondo.

Αυτό το όραμα του τριχωτού άντρα ήταν στενά συνδεδεμένο με το βαθύ κάλεσμα.

Il richiamo risuonava ancora nella foresta con una forza inquietante.

Το κάλεσμα εξακολουθούσε να αντηχεί μέσα στο δάσος με στοιχειωτική δύναμη.

La chiamata riempì Buck di desiderio e di un inquieto senso di gioia.

Το τηλεφώνημα γέμισε τον Μπακ με λαχτάρα και ένα αίσθημα ανήσυχης χαράς.

Sentì strani impulsi e stimoli a cui non riusciva a dare un nome.

Ένιωθε παράξενες παρορμήσεις και αναταραχές που δεν μπορούσε να ονομάσει.

A volte seguiva la chiamata inoltrandosi nel silenzio dei boschi.

Μερικές φορές ακολουθούσε το κάλεσμα βαθιά μέσα στο ήσυχο δάσος.

Cercava il richiamo, abbaiando piano o bruscamente mentre camminava.

Έψαχνε για το κάλεσμα, γαβγίζοντας απαλά ή κοφτά καθώς έφευγε.

Annusò il muschio e il terreno nero dove cresceva l'erba.

Μύρισε τα βρύα και το μαύρο χώμα όπου φύτρωναν τα χόρτα.

Sbuffò di piacere sentendo i ricchi odori della terra profonda.

Φυσούσε από ευχαρίστηση στις πλούσιες μυρωδιές της βαθιάς γης.

Rimase accovacciato per ore dietro i tronchi ricoperti di funghi.

Έμεινε κουλουριασμένος για ώρες πίσω από κορμούς καλυμμένους με μύκητες.

Rimase immobile, ascoltando con gli occhi sgranati ogni minimo rumore.
Έμεινε ακίνητος, ακούγοντας με μάτια ορθάνοιχτα κάθε παραμικρό ήχο.
Forse sperava di sorprendere la cosa che aveva emesso la chiamata.
Μπορεί να ήλπιζε να αιφνιδιάσει αυτό που έδωσε το κάλεσμα.
Non sapeva perché si comportava in quel modo: lo faceva e basta.
Δεν ήξερε γιατί ενεργούσε με αυτόν τον τρόπο — απλώς το έκανε.
Questi impulsi provenivano dal profondo, al di là del pensiero o della ragione.
Οι παρορμήσεις προέρχονταν από βαθιά μέσα μου, πέρα από τη σκέψη ή τη λογική.
Buck fu colto da impulsi irresistibili, senza preavviso o motivo.
Ακαταμάχητες παρορμήσεις κατέλαβαν τον Μπακ χωρίς προειδοποίηση ή λόγο.
A volte sonnecchiava pigramente nell'accampamento, sotto il caldo di mezzogiorno.
Κατά καιρούς κοιμόταν νωχελικά στο στρατόπεδο κάτω από τη ζέστη του μεσημεριού.
All'improvviso sollevò la testa e le sue orecchie si drizzarono in allerta.
Ξαφνικά, το κεφάλι του σήκωσε και τα αυτιά του σηκώθηκαν σε εγρήγορση.
Poi balzò in piedi e si lanciò nella natura selvaggia senza fermarsi.
Έπειτα πετάχτηκε πάνω και όρμησε στην άγρια φύση χωρίς διακοπή.
Corse per ore attraverso sentieri forestali e spazi aperti.
Έτρεχε για ώρες μέσα από δασικά μονοπάτια και ανοιχτούς χώρους.
Amava seguire i letti asciutti dei torrenti e spiare gli uccelli sugli alberi.

Του άρεσε να ακολουθεί τις ξερές κοίτες των ρυακιών και να κατασκοπεύει πουλιά στα δέντρα.

Poteva restare nascosto tutto il giorno, osservando le pernici che si pavoneggiavano in giro.

Μπορούσε να είναι κρυμμένος όλη μέρα, παρακολουθώντας τις πέρδικες να περπατούν τριγύρω.

Suonavano i tamburi e marciavano, ignari della presenza immobile di Buck.

Χτύπαγαν τύμπανα και παρέλασαν, αγνοώντας την ακίνητη παρουσία του Μπακ.

Ma ciò che amava di più era correre al crepuscolo estivo.

Αλλά αυτό που αγαπούσε περισσότερο ήταν να τρέχει το λυκόφως το καλοκαίρι.

La luce fioca e i suoni assonnati della foresta lo riempivano di gioia.

Το αμυδρό φως και οι νυσταγμένοι ήχοι του δάσους τον γέμισαν χαρά.

Leggeva i cartelli della foresta con la stessa chiarezza con cui un uomo legge un libro.

Διάβασε τις πινακίδες του δάσους τόσο καθαρά όσο ένας άνθρωπος διαβάζει ένα βιβλίο.

E cercava sempre la strana cosa che lo chiamava.

Και έψαχνε πάντα για το παράξενο πράγμα που τον καλούσε.

Quella chiamata non si è mai fermata: lo raggiungeva sia da sveglio che nel sonno.

Αυτό το κάλεσμα δεν σταματούσε ποτέ — τον έφτανε είτε ξύπνιος είτε κοιμισμένος.

Una notte si svegliò di soprassalto, con gli occhi acuti e le orecchie tese.

Ένα βράδυ, ξύπνησε απότομα, με μάτια κοφτερά και αυτιά ψηλά.

Le sue narici si contrassero mentre la sua criniera si rizzava in onde.

Τα ρουθούνια του συσπάστηκαν καθώς η χαίτη του σχηματιζόταν σε κύματα.

Dal profondo della foresta giunse di nuovo quel suono, il vecchio richiamo.
Από βαθιά μέσα στο δάσος ακούστηκε ξανά ο ήχος, το παλιό κάλεσμα.

Questa volta il suono risuonò chiaro, un ululato lungo, inquietante e familiare.
Αυτή τη φορά ο ήχος αντήχησε καθαρά, ένα μακρόσυρτο, στοιχειωτικό, οικείο ουρλιαχτό.

Era come il verso di un husky, ma dal tono strano e selvaggio.
Ήταν σαν κραυγή χάσκι, αλλά με παράξενο και άγριο τόνο.

Buck riconobbe subito quel suono: lo aveva già sentito molto tempo prima.
Ο Μπακ αναγνώρισε αμέσως τον ήχο — είχε ακούσει τον ίδιο ακριβώς ήχο πριν από πολύ καιρό.

Attraversò con un balzo l'accampamento e scomparve rapidamente nel bosco.
Πήδηξε μέσα από το στρατόπεδο και εξαφανίστηκε γρήγορα στο δάσος.

Avvicinandosi al suono, rallentò e si mosse con cautela.
Καθώς πλησίαζε τον ήχο, επιβράδυνε και κινήθηκε με προσοχή.

Presto raggiunse una radura tra fitti pini.
Σύντομα έφτασε σε ένα ξέφωτο ανάμεσα σε πυκνά πεύκα.

Lì, ritto sulle zampe posteriori, sedeva un lupo grigio alto e magro.
Εκεί, όρθιος στα οπίσθιά του, καθόταν ένας ψηλός, αδύνατος δασόβιος λύκος.

Il naso del lupo puntava verso il cielo, continuando a riecheggiare il richiamo.
Η μύτη του λύκου έδειξε τον ουρανό, αντηχώντας ακόμα το κάλεσμα.

Buck non aveva emesso alcun suono, eppure il lupo si fermò e ascoltò.
Ο Μπακ δεν είχε βγάλει κανέναν ήχο, κι όμως ο λύκος σταμάτησε και άκουσε.

Percependo qualcosa, il lupo si irrigidì e scrutò l'oscurità.
Νιώθοντας κάτι, ο λύκος τεντώθηκε, ψάχνοντας στο σκοτάδι.

Buck si fece avanti furtivamente, con il corpo basso e i piedi ben appoggiati al terreno.
Ο Μπακ εμφανίστηκε ύπουλα, με το σώμα του χαμηλά και τα πόδια του ήσυχα στο έδαφος.

La sua coda era dritta e il suo corpo era teso e teso.
Η ουρά του ήταν ίσια, το σώμα του κουλουριασμένο σφιχτά από την ένταση.

Manifestava sia un atteggiamento minaccioso che una sorta di rude amicizia.
Έδειξε τόσο απειλή όσο και ένα είδος σκληρής φιλίας.

Era il saluto cauto tipico delle bestie selvatiche.
Ήταν ο επιφυλακτικός χαιρετισμός που μοιράζονταν τα θηρία της άγριας φύσης.

Ma il lupo si voltò e fuggì non appena vide Buck.
Αλλά ο λύκος γύρισε και έφυγε τρέχοντας μόλις είδε τον Μπακ.

Buck si lanciò all'inseguimento, saltando selvaggiamente, desideroso di raggiungerlo.
Ο Μπακ τον καταδίωξε, πηδώντας άγρια, ανυπόμονος να το προσπεράσει.

Seguì il lupo in un ruscello secco bloccato da un ingorgo di tronchi.
Ακολούθησε τον λύκο σε ένα ξερό ρυάκι που είχε μπλοκαριστεί από ένα ξυλεία.

Messo alle strette, il lupo si voltò e rimase fermo.
Στραβωμένος στη γωνία, ο λύκος γύρισε και στάθηκε στη θέση του.

Il lupo ringhiò e schioccò i denti come un husky intrappolato in una rissa.
Ο λύκος γρύλισε και κράξατε σαν παγιδευμένο χάσκι σκυλί σε καβγά.

I denti del lupo schioccarono rapidamente e il suo corpo si irrigidì per la furia selvaggia.

Τα δόντια του λύκου έκαναν ένα γρήγορο κλικ, και το σώμα του έσφυζε από άγρια οργή.

Buck non attaccò, ma girò intorno al lupo con attenta cordialità.

Ο Μπακ δεν επιτέθηκε, αλλά περικύκλωσε τον λύκο με προσεκτική φιλικότητα.

Cercò di bloccargli la fuga con movimenti lenti e innocui.

Προσπάθησε να εμποδίσει τη διαφυγή του με αργές, ακίνδυνες κινήσεις.

Il lupo era cauto e spaventato: Buck lo superava di peso tre volte.

Ο λύκος ήταν επιφυλακτικός και φοβισμένος — ο Μπακ τον ξεπέρασε τρεις φορές.

La testa del lupo arrivava a malapena all'altezza della spalla massiccia di Buck.

Το κεφάλι του λύκου μόλις που έφτανε μέχρι τον τεράστιο ώμο του Μπακ.

Il lupo, attento a individuare un varco, si lanciò e l'inseguimento ricominciò.

Παρατηρώντας για ένα κενό, ο λύκος έφυγε τρέχοντας και το κυνήγι ξεκίνησε ξανά.

Buck lo mise alle strette più volte e la danza si ripeté.

Αρκετές φορές ο Μπακ τον στρίμωξε στη γωνία και ο χορός επαναλήφθηκε.

Il lupo era magro e debole, altrimenti Buck non avrebbe potuto catturarlo.

Ο λύκος ήταν αδύνατος και αδύνατος, αλλιώς ο Μπακ δεν θα μπορούσε να τον είχε πιάσει.

Ogni volta che Buck si avvicinava, il lupo si girava di scatto e lo affrontava spaventato.

Κάθε φορά που ο Μπακ πλησίαζε, ο λύκος γύριζε και τον κοίταζε φοβισμένος.

Poi, alla prima occasione, si precipitò di nuovo nel bosco.

Έπειτα, με την πρώτη ευκαιρία, έτρεξε ξανά στο δάσος.

Ma Buck non si arrese e alla fine il lupo imparò a fidarsi di lui.

Αλλά ο Μπακ δεν τα παράτησε και τελικά ο λύκος τον εμπιστεύτηκε.

Annusò il naso di Buck e i due diventarono giocosi e attenti.

Μύρισε τη μύτη του Μπακ, και οι δυο τους έγιναν παιχνιδιάρικοι και σε εγρήγορση.

Giocavano come animali selvaggi, feroci ma timidi nella loro gioia.

Έπαιζαν σαν άγρια ζώα, άγρια αλλά ντροπαλά στη χαρά τους.

Dopo un po' il lupo trotterellò via con calma e decisione.

Μετά από λίγο, ο λύκος έφυγε τρέχοντας με ήρεμη αποφασιστικότητα.

Dimostrò chiaramente a Buck che intendeva essere seguito.

Έδειξε ξεκάθαρα στον Μπακ ότι σκόπευε να τον ακολουθήσουν.

Correvano fianco a fianco nel buio della sera.

Έτρεχαν δίπλα-δίπλα μέσα στο λυκόφως.

Seguirono il letto del torrente fino alla gola rocciosa.

Ακολούθησαν την κοίτη του ρυακιού μέχρι το βραχώδες φαράγγι.

Attraversarono un freddo spartiacque nel punto in cui aveva avuto origine il fiume.

Διέσχισαν ένα κρύο χώρισμα από το σημείο που είχε ξεκινήσει το ρέμα.

Sul pendio più lontano trovarono un'ampia foresta e molti corsi d'acqua.

Στην μακρινή πλαγιά βρήκαν ένα πλατύ δάσος και πολλά ρυάκια.

Corsero per ore senza fermarsi attraverso quella terra immensa.

Μέσα από αυτή την απέραντη γη, έτρεχαν για ώρες ασταμάτητα.

Il sole saliva sempre più alto, l'aria si faceva calda, ma loro continuavano a correre.

Ο ήλιος ανέβαινε ψηλότερα, ο αέρας ζέσταινε, αλλά αυτοί συνέχιζαν να τρέχουν.

Buck era pieno di gioia: sapeva di aver risposto alla sua chiamata.
Ο Μπακ ήταν γεμάτος χαρά — ήξερε ότι ανταποκρινόταν στο κάλεσμά του.
Corse accanto al fratello della foresta, più vicino alla fonte della chiamata.
Έτρεξε δίπλα στον αδερφό του από το δάσος, πιο κοντά στην πηγή του καλέσματος.
I vecchi sentimenti ritornano, potenti e difficili da ignorare.
Τα παλιά συναισθήματα επέστρεψαν, δυνατά και δύσκολο να τα αγνοήσεις.
Queste erano le verità nascoste nei ricordi dei suoi sogni.
Αυτές ήταν οι αλήθειες πίσω από τις αναμνήσεις από τα όνειρά του.
Tutto questo lo aveva già fatto in un mondo lontano e oscuro.
Τα είχε κάνει όλα αυτά και πριν σε έναν μακρινό και σκιώδη κόσμο.
Questa volta lo fece di nuovo, scatenandosi con il cielo aperto sopra di lui.
Τώρα το έκανε ξανά, τρέχοντας ξέφρενα με τον ανοιχτό ουρανό από πάνω του.
Si fermarono presso un ruscello per bere l'acqua fredda che scorreva.
Σταμάτησαν σε ένα ρυάκι για να πιουν από το κρύο τρεχούμενο νερό.
Mentre beveva, Buck si ricordò improvvisamente di John Thornton.
Καθώς έπινε, ο Μπακ θυμήθηκε ξαφνικά τον Τζον Θόρντον.
Si sedette in silenzio, lacerato dal sentimento di lealtà e dalla chiamata.
Κάθισε σιωπηλός, σπαρασσόμενος από την έλξη της αφοσίωσης και του καλέσματος.
Il lupo continuò a trottare, ma tornò indietro per incitare Buck ad andare avanti.

Ο λύκος συνέχισε να τρέχει, αλλά επέστρεψε για να σπρώξει τον Μπακ να προχωρήσει.

Gli annusò il naso e cercò di convincerlo con gesti gentili.

Μύρισε τη μύτη του και προσπάθησε να τον πείσει με απαλές χειρονομίες.

Ma Buck si voltò e riprese a tornare indietro per la strada da cui era venuto.

Αλλά ο Μπακ γύρισε και ξεκίνησε να επιστρέφει από τον δρόμο που είχε έρθει.

Il lupo gli corse accanto per molto tempo, guaindo piano.

Ο λύκος έτρεξε δίπλα του για πολλή ώρα, κλαψουρίζοντας σιγανά.

Poi si sedette, alzò il naso ed emise un lungo ululato.

Έπειτα κάθισε, σήκωσε τη μύτη του και έβγαλε ένα μακρόσυρτο ουρλιαχτό.

Era un grido lugubre, che si addolcì mentre Buck si allontanava.

Ήταν μια θλιβερή κραυγή, που μαλάκωσε καθώς ο Μπακ απομακρύνθηκε.

Buck ascoltò mentre il suono del grido svaniva lentamente nel silenzio della foresta.

Ο Μπακ άκουγε καθώς ο ήχος της κραυγής χανόταν αργά στη σιωπή του δάσους.

John Thornton stava cenando quando Buck irruppe nell'accampamento.

Ο Τζον Θόρντον έτρωγε δείπνο όταν ο Μπακ εισέβαλε τρέχοντας στο στρατόπεδο.

Buck gli saltò addosso selvaggiamente, leccandolo, mordendolo e facendolo rotolare.

Ο Μπακ πήδηξε πάνω του άγρια, γλείφοντάς τον, δαγκώνοντάς τον και ανατρέποντάς τον.

Lo fece cadere, gli saltò sopra e gli baciò il viso.

Τον έριξε κάτω, σκαρφάλωσε από πάνω και τον φίλησε στο πρόσωπο.

Thornton lo definì con affetto "fare il buffone".

Ο Θόρντον το αποκάλεσε αυτό «παίζοντας τον γενικό βλάκα» με στοργή.

Nel frattempo, imprecava dolcemente contro Buck e lo scuoteva avanti e indietro.
Όλο αυτό το διάστημα, έβριζε απαλά τον Μπακ και τον κουνούσε πέρα δώθε.

Per due interi giorni e due notti, Buck non lasciò l'accampamento nemmeno una volta.
Για δύο ολόκληρες μέρες και δύο νύχτες, ο Μπακ δεν έφυγε ούτε μία φορά από το στρατόπεδο.

Si teneva vicino a Thornton e non lo perdeva mai di vista.
Έμεινε κοντά στον Θόρντον και δεν τον άφηνε ποτέ από τα μάτια του.

Lo seguiva mentre lavorava e lo osservava mentre mangiava.
Τον ακολουθούσε καθώς δούλευε και τον παρακολουθούσε ενώ έτρωγε.

Di notte vedeva Thornton avvolto nelle sue coperte e ogni mattina lo vedeva uscire.
Έβλεπε τον Θόρντον τυλιγμένο στις κουβέρτες του τη νύχτα και έξω κάθε πρωί.

Ma presto il richiamo della foresta ritornò, più forte che mai.
Αλλά σύντομα το κάλεσμα του δάσους επέστρεψε, πιο δυνατό από ποτέ.

Buck si sentì di nuovo irrequieto, agitato dal pensiero del lupo selvatico.
Ο Μπακ έγινε ξανά ανήσυχος, αναστατωμένος από τις σκέψεις του άγριου λύκου.

Ricordava la terra aperta e le corse fianco a fianco.
Θυμόταν την ανοιχτή γη και το τρέξιμο δίπλα-δίπλα.

Ricominciò a vagare nella foresta, solo e vigile.
Άρχισε να περιπλανιέται ξανά στο δάσος, μόνος και σε εγρήγορση.

Ma il fratello selvaggio non tornò e l'ululato non fu udito.
Αλλά ο άγριος αδερφός δεν επέστρεψε και το ουρλιαχτό δεν ακούστηκε.

Buck cominciò a dormire all'aperto, restando lontano anche per giorni interi.
Ο Μπακ άρχισε να κοιμάται έξω, μένοντας μακριά για μέρες ολόκληρες.

Una volta attraversò l'alto spartiacque dove aveva origine il torrente.
Μόλις διέσχισε το ψηλό διαχωριστικό από όπου ξεκινούσε το ρυάκι.
Entrò nella terra degli alberi scuri e dei grandi corsi d'acqua.
Μπήκε στη γη των σκοτεινών δασών και των πλατιών ρεμάτων.
Vagò per una settimana alla ricerca di tracce del fratello selvaggio.
Για μια εβδομάδα περιπλανήθηκε, ψάχνοντας για σημάδια του άγριου αδελφού.
Uccideva la propria carne e viaggiava a passi lunghi e instancabili.
Σκότωνε το κρέας του και ταξίδευε με μακριά, ακούραστα βήματα.
Pescò salmoni in un ampio fiume che arrivava fino al mare.
Ψάρευε σολομό σε ένα πλατύ ποτάμι που έφτανε μέχρι τη θάλασσα.
Lì lottò e uccise un orso nero reso pazzo dagli insetti.
Εκεί, πάλεψε και σκότωσε μια μαύρη αρκούδα που την είχαν τρελάνει έντομα.
L'orso stava pescando e corse alla cieca tra gli alberi.
Η αρκούδα ψάρευε και έτρεχε στα τυφλά μέσα από τα δέντρα.
La battaglia fu feroce e risvegliò il profondo spirito combattivo di Buck.
Η μάχη ήταν σφοδρή, ξυπνώντας το βαθύ μαχητικό πνεύμα του Μπακ.
Due giorni dopo, Buck tornò e trovò dei ghiottoni nei pressi della sua preda.
Δύο μέρες αργότερα, ο Μπακ επέστρεψε για να βρει αδηφάγους στο θήραμά του.
Una dozzina di loro litigarono furiosamente e rumorosamente per la carne.
Μια ντουζίνα από αυτούς μάλωναν για το κρέας με θορυβώδη μανία.
Buck caricò e li disperse come foglie al vento.

Ο Μπακ όρμησε και τους σκόρπισε σαν φύλλα στον άνεμο.

Due lupi rimasero indietro: silenziosi, senza vita e immobili per sempre.

Δύο λύκοι έμειναν πίσω—σιωπηλοί, άψυχοι και ακίνητοι για πάντα.

La sete di sangue divenne più forte che mai.

Η δίψα για αίμα γινόταν πιο δυνατή από ποτέ.

Buck era un cacciatore, un assassino, che si nutriva di creature viventi.

Ο Μπακ ήταν κυνηγός, δολοφόνος, που τρεφόταν με ζωντανά πλάσματα.

Sopravvisse da solo, affidandosi alla sua forza e ai suoi sensi acuti.

Επέζησε μόνος, βασιζόμενος στη δύναμη και τις οξυμένες αισθήσεις του.

Prosperava nella natura selvaggia, dove solo i più forti potevano sopravvivere.

Ευδοκιμούσε στην άγρια φύση, όπου μόνο οι πιο σκληροτράχηλοι μπορούσαν να ζήσουν.

Da ciò nacque un grande orgoglio che riempì tutto l'essere di Buck.

Από αυτό, μια μεγάλη υπερηφάνεια ξεπήδησε και γέμισε ολόκληρο το είναι του Μπακ.

Il suo orgoglio traspariva da ogni passo, dal fremito di ogni muscolo.

Η υπερηφάνειά του φαινόταν σε κάθε του βήμα, στο κυματισμό κάθε μυός του.

Il suo orgoglio era evidente, come si vedeva dal suo comportamento.

Η υπερηφάνειά του ήταν τόσο καθαρή όσο η ομιλία, που φαινόταν στον τρόπο που συμπεριφερόταν.

Persino il suo spesso mantello appariva più maestoso e splendeva di più.

Ακόμα και το πυκνό παλτό του φαινόταν πιο μεγαλοπρεπές και έλαμπε πιο φωτεινά.

Buck avrebbe potuto essere scambiato per un lupo grigio gigante.

Ο Μπακ θα μπορούσε να είχε περάσει για γιγάντιο λύκο των δασών.

A parte il marrone sul muso e le macchie sopra gli occhi.

Εκτός από το καφέ στο ρύγχος του και τις κηλίδες πάνω από τα μάτια του.

E la striscia bianca di pelo che gli correva lungo il centro del petto.

Και η άσπρη λωρίδα γούνας που έτρεχε στη μέση του στήθους του.

Era addirittura più grande del più grande lupo di quella feroce razza.

Ήταν ακόμη μεγαλύτερος από τον μεγαλύτερο λύκο εκείνης της άγριας ράτσας.

Suo padre, un San Bernardo, gli ha trasmesso la stazza e la corporatura robusta.

Ο πατέρας του, ένας Άγιος Βερνάρδος, του έδωσε μέγεθος και βαρύ σώμα.

Sua madre, una pastorella, plasmò quella mole conferendole la forma di un lupo.

Η μητέρα του, μια βοσκή, διαμόρφωσε αυτόν τον όγκο σε μορφή λύκου.

Aveva il muso lungo di un lupo, anche se più pesante e largo.

Είχε το μακρύ ρύγχος ενός λύκου, αν και βαρύτερο και πλατύτερο.

La sua testa era quella di un lupo, ma di dimensioni enormi e maestose.

Το κεφάλι του ήταν λύκου, αλλά είχε μια τεράστια, μεγαλοπρεπή κλίμακα.

L'astuzia di Buck era l'astuzia del lupo e della natura selvaggia.

Η πονηριά του Μπακ ήταν η πονηριά του λύκου και της άγριας φύσης.

La sua intelligenza gli venne sia dal Pastore Tedesco che dal San Bernardo.

Η νοημοσύνη του προερχόταν τόσο από τον Γερμανικό Ποιμενικό όσο και από τον Άγιο Βερνάρδο.

Tutto ciò, unito alla dura esperienza, lo rese una creatura temibile.
Όλα αυτά, σε συνδυασμό με τις σκληρές εμπειρίες, τον έκαναν ένα τρομακτικό πλάσμα.
Era formidabile quanto qualsiasi animale che vagasse nelle terre selvagge del nord.
Ήταν τόσο τρομερός όσο οποιοδήποτε θηρίο που περιπλανιόταν στην άγρια φύση του βορρά.
Nutrendosi solo di carne, Buck raggiunse l'apice della sua forza.
Τρέφοντας μόνο με κρέας, ο Μπακ έφτασε στο απόγειο της δύναμής του.
Trasudava potenza e forza maschile in ogni fibra del suo corpo.
Ξεχείλιζε από δύναμη και ανδρική δύναμη σε κάθε του ίνα.
Quando Thornton gli accarezzò la schiena, i peli brillarono di energia.
Όταν ο Θόρντον χάιδεψε την πλάτη του, οι τρίχες άστραψαν από ενέργεια.
Ogni capello scricchiolava, carico del tocco di un magnetismo vivente.
Κάθε τρίχα έτριζε, φορτισμένη με το άγγιγμα ενός ζωντανού μαγνητισμού.
Il suo corpo e il suo cervello erano sintonizzati sulla tonalità più fine possibile.
Το σώμα και το μυαλό του ήταν συντονισμένα στον καλύτερο δυνατό τόνο.
Ogni nervo, ogni fibra e ogni muscolo lavoravano in perfetta armonia.
Κάθε νεύρο, ίνα και μυς λειτουργούσαν σε τέλεια αρμονία.
A qualsiasi suono o visione che richiedesse un intervento, rispondeva immediatamente.
Σε κάθε ήχο ή θέαμα που χρειαζόταν δράση, ανταποκρινόταν αμέσως.
Se un husky saltava per attaccare, Buck poteva saltare due volte più velocemente.

Αν ένα χάσκι πηδούσε για να επιτεθεί, ο Μπακ μπορούσε να πηδήξει δύο φορές πιο γρήγορα.

Reagì più rapidamente di quanto gli altri potessero vedere o sentire.

Αντέδρασε πιο γρήγορα από όσο μπορούσαν να δουν ή να ακούσουν οι άλλοι.

Percezione, decisione e azione avvennero tutte in un unico, fluido istante.

Η αντίληψη, η απόφαση και η δράση ήρθαν όλα σε μια ρευστή στιγμή.

In realtà si tratta di atti separati, ma troppo rapidi per essere notati.

Στην πραγματικότητα, αυτές οι πράξεις ήταν ξεχωριστές, αλλά πολύ γρήγορες για να γίνουν αντιληπτές.

Gli intervalli tra questi atti erano così brevi che sembravano uno solo.

Τόσο σύντομα ήταν τα κενά μεταξύ αυτών των πράξεων, που έμοιαζαν με μία.

I suoi muscoli e il suo essere erano come molle strettamente avvolte.

Οι μύες και η ύπαρξή του ήταν σαν σφιχτά κουλουριασμένα ελατήρια.

Il suo corpo traboccava di vita, selvaggia e gioiosa nella sua potenza.

Το σώμα του έσφυζε από ζωή, άγριο και χαρούμενο στη δύναμή του.

A volte aveva la sensazione che la forza stesse per esplodere completamente dentro di lui.

Κατά καιρούς ένιωθε ότι η δύναμη θα ξεσπούσε εντελώς από μέσα του.

"Non c'è mai stato un cane simile", disse Thornton un giorno tranquillo.

«Ποτέ δεν υπήρξε τέτοιο σκυλί», είπε ο Θόρντον μια ήσυχη μέρα.

I soci osservarono Buck uscire fiero dall'accampamento.

Οι σύντροφοι παρακολουθούσαν τον Μπακ να απομακρύνεται περήφανα από το στρατόπεδο.

"Quando è stato creato, ha cambiato il modo in cui un cane può essere", ha detto Pete.

«Όταν δημιουργήθηκε, άλλαξε αυτό που μπορεί να είναι ένας σκύλος», είπε ο Πιτ.

"Per Dio! Lo penso anch'io", concordò subito Hans.

«Μα τον Ιησού! Κι εγώ έτσι νομίζω», συμφώνησε γρήγορα ο Χανς.

Lo videro allontanarsi, ma non il cambiamento che avvenne dopo.

Τον είδαν να απομακρύνεται, αλλά όχι την αλλαγή που ακολούθησε.

Non appena entrò nel bosco, Buck si trasformò completamente.

Μόλις μπήκε στο δάσος, ο Μπακ μεταμορφώθηκε εντελώς.

Non marciava più, ma si muoveva come uno spettro selvaggio tra gli alberi.

Δεν περπατούσε πια, αλλά κινούνταν σαν άγριο φάντασμα ανάμεσα σε δέντρα.

Divenne silenzioso, come un gatto, un bagliore che attraversava le ombre.

Έγινε σιωπηλός, σαν να είχε τα πόδια της γάτας, μια λάμψη που περνούσε μέσα από σκιές.

Usava la copertura con abilità, strisciando sulla pancia come un serpente.

Χρησιμοποιούσε την κάλυψη με επιδεξιότητα, σέρνοντας με την κοιλιά του σαν φίδι.

E come un serpente, sapeva balzare in avanti e colpire in silenzio.

Και σαν φίδι, μπορούσε να πηδήξει μπροστά και να χτυπήσει σιωπηλά.

Potrebbe rubare una pernice bianca direttamente dal suo nido nascosto.

Θα μπορούσε να κλέψει έναν βοτάνικα κατευθείαν από την κρυμμένη φωλιά του.

Uccideva i conigli addormentati senza emettere alcun suono.

Σκότωνε κοιμισμένα κουνέλια χωρίς να κάνει ούτε έναν ήχο.

Riusciva a catturare gli scoiattoli a mezz'aria anche se fuggivano troppo lentamente.
Μπορούσε να πιάσει τα σκιουράκια στον αέρα καθώς έφευγαν πολύ αργά.

Nemmeno i pesci nelle pozze riuscivano a sfuggire ai suoi attacchi improvvisi.
Ούτε τα ψάρια στις πισίνες δεν μπορούσαν να ξεφύγουν από τα ξαφνικά χτυπήματά του.

Nemmeno i furbi castori impegnati a riparare le dighe erano al sicuro da lui.
Ούτε καν οι έξυπνοι κάστορες που έφτιαχναν φράγματα δεν ήταν ασφαλείς από αυτόν.

Uccideva per nutrirsi, non per divertirsi, ma preferiva uccidere le proprie vittime.
Σκότωνε για φαγητό, όχι για διασκέδαση — αλλά του άρεσαν περισσότερο τα δικά του θύματα.

Eppure, un umorismo subdolo permeava alcune delle sue cacce silenziose.
Παρόλα αυτά, ένα πονηρό χιούμορ διαπερνούσε μερικά από τα σιωπηλά του κυνήγια.

Si avvicinò furtivamente agli scoiattoli, solo per lasciarli scappare.
Σύρθηκε κοντά σε σκίουρους, μόνο και μόνο για να τους αφήσει να ξεφύγουν.

Stavano per fuggire tra gli alberi, chiacchierando con rabbia e paura.
Επρόκειτο να φύγουν προς τα δέντρα, φλυαρώντας με τρομακτική οργή.

Con l'arrivo dell'autunno, le alci cominciarono ad apparire in numero maggiore.
Καθώς ερχόταν το φθινόπωρο, οι άλκες άρχισαν να εμφανίζονται σε μεγαλύτερους αριθμούς.

Si spostarono lentamente verso le basse valli per affrontare l'inverno.
Κινήθηκαν αργά στις χαμηλές κοιλάδες για να αντιμετωπίσουν τον χειμώνα.

Buck aveva già abbattuto un giovane vitello randagio.

Ο Μπακ είχε ήδη σκοτώσει ένα νεαρό, αδέσποτο μοσχαράκι.

Ma lui desiderava ardentemente affrontare prede più grandi e pericolose.

Αλλά λαχταρούσε να αντιμετωπίσει μεγαλύτερο, πιο επικίνδυνο θήραμα.

Un giorno, sul crinale, alla sorgente del torrente, trovò la sua occasione.

Μια μέρα στο διαχωριστικό όριο, στην αρχή του ρυακιού, βρήκε την ευκαιρία του.

Una mandria di venti alci era giunta da terre boscose.

Ένα κοπάδι από είκοσι άλκες είχε περάσει από δασωμένες εκτάσεις.

Tra loro c'era un possente toro, il capo del gruppo.

Ανάμεσά τους ήταν ένας πανίσχυρος ταύρος· ο αρχηγός της ομάδας.

Il toro era alto più di due metri e mezzo e appariva feroce e selvaggio.

Ο ταύρος είχε ύψος πάνω από δύο μέτρα και φαινόταν άγριος και άγριος.

Lanciò le sue grandi corna, le cui quattordici punte si diramavano verso l'esterno.

Κούνησε τα φαρδιά του κέρατα, με δεκατέσσερις αιχμές να διακλαδίζονται προς τα έξω.

Le punte di quelle corna si estendevano per due metri.

Οι άκρες αυτών των κεράτων εκτείνονταν σε πλάτος επτά πόδια.

I suoi piccoli occhi ardevano di rabbia quando vide Buck lì vicino.

Τα μικρά του μάτια έκαιγαν από οργή όταν εντόπισε τον Μπακ εκεί κοντά.

Emise un ruggito furioso, tremando di rabbia e dolore.

Έβγαλε μια μανιασμένη βρυχηθμό, τρέμοντας από οργή και πόνο.

Vicino al suo fianco spuntava la punta di una freccia, appuntita e piumata.

Μια άκρη βέλους προεξείχε κοντά στο πλευρό του, φτερωτή και αιχμηρή.

Questa ferita contribuì a spiegare il suo umore selvaggio e amareggiato.

Αυτή η πληγή βοήθησε να εξηγηθεί η άγρια, πικρή διάθεσή του.

Buck, guidato dall'antico istinto di caccia, fece la sua mossa.

Ο Μπακ, καθοδηγούμενος από ένα αρχαίο κυνηγετικό ένστικτο, έκανε την κίνησή του.

Il suo obiettivo era separare il toro dal resto della mandria.

Στόχος του ήταν να ξεχωρίσει τον ταύρο από το υπόλοιπο κοπάδι.

Non era un compito facile: richiedeva velocità e una grande astuzia.

Αυτό δεν ήταν εύκολο έργο—χρειαζόταν ταχύτητα και απίστευτη πονηριά.

Abbaiava e danzava vicino al toro, appena fuori dalla sua portata.

Γάβγιζε και χόρευε κοντά στον ταύρο, ακριβώς εκτός εμβέλειας.

L'alce si lanciò con enormi zoccoli e corna mortali.

Η άλκη όρμησε με τεράστιες οπλές και θανατηφόρα κέρατα.

Un colpo avrebbe potuto porre fine alla vita di Buck in un batter d'occhio.

Ένα χτύπημα θα μπορούσε να είχε δώσει τέλος στη ζωή του Μπακ στη στιγμή.

Incapace di abbandonare la minaccia, il toro si infuriò.

Μη μπορώντας να αφήσει πίσω του την απειλή, ο ταύρος τρελάθηκε.

Lui caricava con furia, ma Buck riusciva sempre a sfuggirgli.

Όρμησε με μανία, αλλά ο Μπακ πάντα ξεγλιστρούσε μακριά.

Buck finse di essere debole, allontanandosi ulteriormente dalla mandria.

Ο Μπακ προσποιήθηκε αδυναμία, παρασύροντάς τον πιο μακριά από το κοπάδι.

Ma i giovani tori sarebbero tornati alla carica per proteggere il capo.
Αλλά νεαροί ταύροι επρόκειτο να ορμήσουν πίσω για να προστατεύσουν τον αρχηγό.
Costrinsero Buck a ritirarsi e il toro a ricongiungersi al gruppo.
Ανάγκασαν τον Μπακ να υποχωρήσει και τον ταύρο να επανενταχθεί στην ομάδα.
C'è una pazienza nella natura selvaggia, profonda e inarrestabile.
Υπάρχει μια υπομονή στην άγρια φύση, βαθιά και ασταμάτητη.
Un ragno resta immobile nella sua tela per innumerevoli ore.
Μια αράχνη περιμένει ακίνητη στον ιστό της αμέτρητες ώρες.
Un serpente si avvolge su se stesso senza contrarsi e aspetta il momento giusto.
Ένα φίδι κουλουριάζεται χωρίς να τινάζεται και περιμένει μέχρι να έρθει η ώρα.
Una pantera è in agguato, finché non arriva il momento.
Ένας πάνθηρας βρίσκεται σε ενέδρα, μέχρι να φτάσει η κατάλληλη στιγμή.
Questa è la pazienza dei predatori che cacciano per sopravvivere.
Αυτή είναι η υπομονή των αρπακτικών που κυνηγούν για να επιβιώσουν.
La stessa pazienza ardeva dentro Buck mentre gli restava accanto.
Η ίδια υπομονή έκαιγε και μέσα στον Μπακ καθώς έμενε κοντά του.
Rimase vicino alla mandria, rallentandone la marcia e incutendo timore.
Έμεινε κοντά στο κοπάδι, επιβραδύνοντας την πορεία του και σπέρνοντας φόβο.
Provocava i giovani tori e molestava le mucche madri.
Πείραζε τους νεαρούς ταύρους και παρενοχλούσε τις μητέρες αγελάδες.

Spinse il toro ferito in una rabbia ancora più profonda e impotente.
Έφερε τον τραυματισμένο ταύρο σε μια βαθύτερη, αβοήθητη οργή.
Per mezza giornata il combattimento si trascinò senza alcuna tregua.
Για μισή μέρα, η μάχη συνεχίστηκε χωρίς καμία ανάπαυλα.
Buck attaccò da ogni angolazione, veloce e feroce come il vento.
Ο Μπακ επιτέθηκε από κάθε γωνία, γρήγορος και σφοδρός σαν άνεμος.
Impedì al toro di riposare o di nascondersi con la mandria.
Εμπόδισε τον ταύρο να ξεκουραστεί ή να κρυφτεί με το κοπάδι του.
Buck logorò la volontà dell'alce più velocemente del suo corpo.
Ο Μπακ εξάντλησε τη θέληση της άλκης πιο γρήγορα από το σώμα της.
Il giorno passò e il sole tramontò basso nel cielo a nord-ovest.
Η μέρα πέρασε και ο ήλιος έδυσε χαμηλά στον βορειοδυτικό ουρανό.
I giovani tori tornarono più lentamente per aiutare il loro capo.
Οι νεαροί ταύροι επέστρεψαν πιο αργά για να βοηθήσουν τον αρχηγό τους.
Erano tornate le notti autunnali e il buio durava ormai sei ore.
Οι φθινοπωρινές νύχτες είχαν επιστρέψει και το σκοτάδι διαρκούσε τώρα έξι ώρες.
L'inverno li spingeva verso valli più sicure e calde.
Ο χειμώνας τους πίεζε να κατηφορίσουν προς ασφαλέστερες, θερμότερες κοιλάδες.
Ma non riuscirono comunque a sfuggire al cacciatore che li tratteneva.
Αλλά και πάλι δεν μπορούσαν να ξεφύγουν από τον κυνηγό που τους κρατούσε πίσω.

Era in gioco solo una vita: non quella del branco, ma quella del loro capo.
Μόνο μία ζωή διακυβευόταν — όχι του κοπαδιού, μόνο του αρχηγού τους.

Ciò rendeva la minaccia lontana e non una loro preoccupazione urgente.
Αυτό έκανε την απειλή μακρινή και όχι επείγουσα ανησυχία τους.

Col tempo accettarono questo prezzo e lasciarono che Buck prendesse il vecchio toro.
Με τον καιρό, αποδέχτηκαν αυτό το κόστος και άφησαν τον Μπακ να πάρει τον γέρο-ταύρο.

Mentre calava il crepuscolo, il vecchio toro rimase in piedi con la testa bassa.
Καθώς έπεφτε το σούρουπο, ο γέρος ταύρος στάθηκε με το κεφάλι σκυμμένο.

Guardò la mandria che aveva guidato svanire nella luce morente.
Παρακολουθούσε το κοπάδι που είχε οδηγήσει να εξαφανίζεται στο φως που έσβηνε.

C'erano mucche che aveva conosciuto, vitelli che un tempo aveva generato.
Υπήρχαν αγελάδες που γνώριζε, μοσχάρια που είχε κάποτε γεννήσει.

C'erano tori più giovani con cui aveva combattuto e che aveva dominato nelle stagioni passate.
Υπήρχαν νεότεροι ταύροι με τους οποίους είχε πολεμήσει και είχε κυβερνήσει σε προηγούμενες εποχές.

Non poteva seguirli, perché davanti a lui era di nuovo accovacciato Buck.
Δεν μπορούσε να τους ακολουθήσει—γιατί μπροστά του σκυμμένος ήταν ξανά ο Μπακ.

Il terrore spietato e zannuto gli bloccava ogni via che potesse percorrere.
Ο ανελέητος, τρομερός τρόμος εμπόδιζε κάθε μονοπάτι που θα μπορούσε να ακολουθήσει.

Il toro pesava più di trecento chili di potenza densa.

Ο ταύρος ζύγιζε περισσότερο από τριακόσια βάρη πυκνής δύναμης.

Aveva vissuto a lungo e lottato duramente in un mondo di difficoltà.

Είχε ζήσει πολύ και είχε αγωνιστεί σκληρά σε έναν κόσμο γεμάτο αγώνες.

Eppure, alla fine, la morte gli venne commessa da una bestia molto più bassa di lui.

Κι όμως, στο τέλος, ο θάνατος ήρθε από ένα θηρίο πολύ κατώτερό του.

La testa di Buck non arrivò nemmeno alle enormi ginocchia noccate del toro.

Το κεφάλι του Μπακ δεν υψωνόταν καν στα τεράστια, σφιγμένα γόνατα του ταύρου.

Da quel momento in poi, Buck rimase con il toro notte e giorno.

Από εκείνη τη στιγμή και μετά, ο Μπακ έμεινε με τον ταύρο νύχτα μέρα.

Non gli dava mai tregua, non gli permetteva mai di brucare o bere.

Δεν του έδινε ποτέ ανάπαυση, δεν του επέτρεπε ποτέ να βόσκει ή να πίνει.

Il toro cercò di mangiare giovani germogli di betulla e foglie di salice.

Ο ταύρος προσπάθησε να φάει νεαρούς βλαστούς σημύδας και φύλλα ιτιάς.

Ma Buck lo scacciò, sempre all'erta e sempre all'attacco.

Αλλά ο Μπακ τον έδιωχνε, πάντα σε εγρήγορση και πάντα επιθετικός.

Anche nei torrenti che scorrevano, Buck bloccava ogni assetato tentativo.

Ακόμα και στα ρυάκια που έπεφταν γρήγορα, ο Μπακ εμπόδιζε κάθε διψασμένη προσπάθεια.

A volte, in preda alla disperazione, il toro fuggiva a tutta velocità.

Μερικές φορές, μέσα στην απελπισία του, ο ταύρος έφευγε τρέχοντας με τρομερή ταχύτητα.

Buck lo lasciò correre, avanzando tranquillamente dietro di lui, senza mai allontanarsi troppo.
Ο Μπακ τον άφησε να τρέξει, περνώντας ήρεμα ακριβώς από πίσω, ποτέ μακριά.

Quando l'alce si fermò, Buck si sdraiò, ma rimase pronto.
Όταν η άλκη σταμάτησε, ο Μπακ ξάπλωσε, αλλά παρέμεινε έτοιμος.

Se il toro provava a mangiare o a bere, Buck colpiva con tutta la sua furia.
Αν ο ταύρος προσπαθούσε να φάει ή να πιει, ο Μπακ χτυπούσε με πλήρη οργή.

La grande testa del toro si abbassava sotto le enormi corna.
Το μεγάλο κεφάλι του ταύρου έπεσε χαμηλότερα κάτω από τα τεράστια κέρατά του.

Il suo passo rallentò, il trotto divenne pesante, un'andatura barcollante.
Το βήμα του επιβραδύνθηκε, ο τροχασμός έγινε βαρύς· ένα παραπατώντας βήμα.

Spesso restava immobile con le orecchie abbassate e il naso rivolto verso il terreno.
Συχνά στεκόταν ακίνητος με τα αυτιά και τη μύτη πεσμένα στο έδαφος.

In quei momenti Buck si prese del tempo per bere e riposare.
Εκείνες τις στιγμές, ο Μπακ αφιέρωσε χρόνο για να πιει και να ξεκουραστεί.

Con la lingua fuori e gli occhi fissi, Buck sentì che la terra stava cambiando.
Με τη γλώσσα έξω, τα μάτια καρφωμένα, ο Μπακ ένιωσε ότι η γη άλλαζε.

Sentì qualcosa di nuovo muoversi nella foresta e nel cielo.
Ένιωσε κάτι καινούργιο να κινείται μέσα στο δάσος και τον ουρανό.

Con il ritorno delle alci tornarono anche altre creature selvatiche.
Καθώς επέστρεφαν οι άλκες, το ίδιο έκαναν και άλλα πλάσματα της άγριας φύσης.

La terra sembrava viva di una presenza invisibile ma fortemente nota.

Η γη έμοιαζε ζωντανή με παρουσία, αόρατη αλλά έντονα γνωστή.

Buck non lo sapeva tramite l'udito, la vista o l'olfatto.

Ο Μπακ δεν το γνώριζε αυτό ούτε από τον ήχο, ούτε από την όραση, ούτε από την οσμή.

Un sentimento più profondo gli diceva che nuove forze erano in movimento.

Μια βαθύτερη αίσθηση του έλεγε ότι νέες δυνάμεις ήταν εν κινήσει.

Una strana vita si agitava nei boschi e lungo i corsi d'acqua.

Παράξενη ζωή αναδεύτηκε μέσα στα δάση και κατά μήκος των ρυακιών.

Decise di esplorare questo spirito una volta completata la caccia.

Αποφάσισε να εξερευνήσει αυτό το πνεύμα, αφού είχε ολοκληρωθεί το κυνήγι.

Il quarto giorno, Buck riuscì finalmente a catturare l'alce.

Την τέταρτη μέρα, ο Μπακ κατέβασε επιτέλους την άλκη.

Rimase nei pressi della preda per un giorno e una notte interi, nutrendosi e riposandosi.

Έμεινε κοντά στο θήραμα μια ολόκληρη μέρα και μια νύχτα, τρεφόμενος και ξεκουραζόμενος.

Mangiò, poi dormì, poi mangiò ancora, finché non fu forte e sazio.

Έφαγε, μετά κοιμήθηκε, και μετά έφαγε ξανά, μέχρι που έγινε δυνατός και χορτάτος.

Quando fu pronto, tornò indietro verso l'accampamento e Thornton.

Όταν ήταν έτοιμος, γύρισε πίσω προς το στρατόπεδο και το Θόρντον.

Con passo costante iniziò il lungo viaggio di ritorno verso casa.

Με σταθερό ρυθμό, ξεκίνησε το μακρύ ταξίδι της επιστροφής.

Correva con la sua andatura instancabile, ora dopo ora, senza mai smarrirsi.
Έτρεχε ακούραστος ρυθμός, ώρα με την ώρα, χωρίς να παρεκκλίνει ούτε μια φορά.
Attraverso terre sconosciute, si muoveva dritto come l'ago di una bussola.
Μέσα από άγνωστες χώρες, κινούνταν ευθεία σαν βελόνα πυξίδας.
Il suo senso dell'orientamento faceva sembrare deboli, al confronto, l'uomo e la mappa.
Η αίσθηση του προσανατολισμού του έκανε τον άνθρωπο και τον χάρτη να φαίνονται αδύναμοι σε σύγκριση.
Mentre Buck correva, sentiva sempre più forte l'agitazione nella terra selvaggia.
Καθώς ο Μπακ έτρεχε, ένιωθε πιο έντονα την αναταραχή στην άγρια γη.
Era un nuovo tipo di vita, diverso da quello dei tranquilli mesi estivi.
Ήταν ένα νέο είδος ζωής, σε αντίθεση με εκείνη των ήρεμων καλοκαιρινών μηνών.
Questa sensazione non giungeva più come un messaggio sottile o distante.
Αυτό το συναίσθημα δεν ερχόταν πλέον ως ένα ανεπαίσθητο ή μακρινό μήνυμα.
Ora gli uccelli parlavano di questa vita e gli scoiattoli chiacchieravano.
Τώρα τα πουλιά μιλούσαν για αυτή τη ζωή, και οι σκίουροι φλυαρούσαν γι' αυτήν.
Persino la brezza sussurrava avvertimenti tra gli alberi silenziosi.
Ακόμα και το αεράκι ψιθύριζε προειδοποιήσεις μέσα από τα σιωπηλά δέντρα.
Più volte si fermò ad annusare l'aria fresca del mattino.
Σταμάτησε αρκετές φορές και μύρισε τον καθαρό πρωινό αέρα.
Lì lesse un messaggio che lo fece fare un balzo in avanti più velocemente.

Διάβασε ένα μήνυμα εκεί που τον έκανε να πηδήξει μπροστά πιο γρήγορα.

Fu pervaso da un forte senso di pericolo, come se qualcosa fosse andato storto.

Ένα έντονο αίσθημα κινδύνου τον κατέκλυσε, σαν κάτι να είχε πάει στραβά.

Temeva che la calamità stesse per arrivare, o che fosse già arrivata.

Φοβόταν ότι η συμφορά ερχόταν — ή είχε ήδη έρθει.

Superò l'ultima cresta ed entrò nella valle sottostante.

Διέσχισε την τελευταία κορυφογραμμή και μπήκε στην κοιλάδα από κάτω.

Si muoveva più lentamente, attento e cauto a ogni passo.

Κινούνταν πιο αργά, πιο σε εγρήγορση και προσεκτικός με κάθε βήμα.

Dopo tre miglia trovò una pista fresca che lo fece irrigidire.

Τρία μίλια μακριά βρήκε ένα φρέσκο ίχνος που τον έκανε να νιώσει άκαμπτος.

I peli sul collo si rizzarono e si rizzarono in segno di allarme.

Τα μαλλιά κατά μήκος του λαιμού του κυματίζονταν και φουσκώνονταν από ανησυχία.

Il sentiero portava dritto all'accampamento dove Thornton aspettava.

Το μονοπάτι οδηγούσε κατευθείαν προς το στρατόπεδο όπου περίμενε ο Θόρντον.

Buck ora si muoveva più velocemente, con passi silenziosi e rapidi.

Ο Μπακ κινούνταν πιο γρήγορα τώρα, με το βήμα του σιωπηλό και γρήγορο.

I suoi nervi si irrigidirono mentre leggeva segnali che altri non avrebbero notato.

Τα νεύρα του σφίχτηκαν καθώς διάβαζε σημάδια που άλλοι θα προσπερνούσαν.

Ogni dettaglio del percorso raccontava una storia, tranne l'ultimo pezzo.

Κάθε λεπτομέρεια στο μονοπάτι έλεγε μια ιστορία — εκτός από το τελευταίο κομμάτι.

Il suo naso gli raccontò della vita che aveva trascorso lì.
Η μύτη του τού έλεγε για τη ζωή που είχε περάσει με αυτόν τον τρόπο.
L'odore gli fornì un'immagine mutevole mentre lo seguiva da vicino.
Η μυρωδιά του έδωσε μια μεταβαλλόμενη εικόνα καθώς τον ακολουθούσε από κοντά.
Ma la foresta stessa era diventata silenziosa, innaturalmente immobile.
Αλλά το ίδιο το δάσος είχε ηρεμήσει· αφύσικα ακίνητο.
Gli uccelli erano scomparsi, gli scoiattoli erano nascosti, silenziosi e immobili.
Τα πουλιά είχαν εξαφανιστεί, οι σκίουροι ήταν κρυμμένοι, σιωπηλοί και ακίνητοι.
Vide solo uno scoiattolo grigio, sdraiato su un albero morto.
Είδε μόνο έναν γκρίζο σκίουρο, πεσμένο πάνω σε ένα ξερό δέντρο.
Lo scoiattolo si mimetizzava, rigido e immobile come una parte della foresta.
Ο σκίουρος ενσωματώθηκε, άκαμπτος και ακίνητος σαν ένα κομμάτι του δάσους.
Buck si muoveva come un'ombra, silenzioso e sicuro tra gli alberi.
Ο Μπακ κινούνταν σαν σκιά, σιωπηλός και σίγουρος μέσα από τα δέντρα.
Il suo naso si mosse di lato come se fosse stato tirato da una mano invisibile.
Η μύτη του τινάχτηκε στο πλάι σαν να την τράβηξε κάποιο αόρατο χέρι.
Si voltò e seguì il nuovo odore nel profondo di un boschetto.
Γύρισε και ακολούθησε τη νέα μυρωδιά βαθιά μέσα σε ένα πυκνό δάσος.
Lì trovò Nig, steso morto, trafitto da una freccia.
Εκεί βρήκε τον Νιγκ, ξαπλωμένο νεκρό, τρυπημένο από ένα βέλος.
La freccia gli attraversò il corpo, lasciando ancora visibili le piume.

Το βέλος πέρασε καθαρά μέσα από το σώμα του, με τα φτερά να φαίνονται ακόμα.

Nig si era trascinato fin lì, ma era morto prima di riuscire a raggiungere i soccorsi.

Ο Νιγκ είχε φτάσει εκεί συρόμενος, αλλά πέθανε πριν φτάσει σε βοήθεια.

Cento metri più avanti, Buck trovò un altro cane da slitta.

Εκατό μέτρα πιο πέρα, ο Μπακ βρήκε ένα άλλο σκυλί για έλκηθρο.

Era un cane che Thornton aveva comprato a Dawson City.

Ήταν ένας σκύλος που ο Θόρντον είχε αγοράσει πίσω στο Ντόσον Σίτι.

Il cane lottava con tutte le sue forze, dimenandosi violentemente sul sentiero.

Ο σκύλος πάλευε με τον θάνατο, σπαρταρώντας με δύναμη στο μονοπάτι.

Buck gli passò accanto senza fermarsi, con gli occhi fissi davanti a sé.

Ο Μπακ πέρασε από δίπλα του, χωρίς να σταματήσει, με τα μάτια καρφωμένα μπροστά.

Dalla direzione dell'accampamento proveniva un canto lontano e ritmico.

Από την κατεύθυνση του στρατοπέδου ακουγόταν μια μακρινή, ρυθμική ψαλμωδία.

Le voci si alzavano e si abbassavano con un tono strano, inquietante, cantilenante.

Οι φωνές υψώνονταν και χαμήλωναν σε έναν παράξενο, απόκοσμο, τραγουδιστό τόνο.

Buck strisciò in silenzio fino al limite della radura.

Ο Μπακ σύρθηκε σιωπηλός προς την άκρη του ξέφωτου.

Lì vide Hans disteso a faccia in giù, trafitto da numerose frecce.

Εκεί είδε τον Χανς να είναι ξαπλωμένος μπρούμυτα, τρυπημένος με πολλά βέλη.

Il suo corpo sembrava quello di un porcospino, irto di penne.

Το σώμα του έμοιαζε με ακανθόχοιρο, γεμάτο φτερωτά στελέχη.

Nello stesso momento, Buck guardò verso la capanna in rovina.

Την ίδια στιγμή, ο Μπακ κοίταξε προς το ερειπωμένο καταφύγιο.

Quella vista gli fece rizzare i capelli sul collo e sulle spalle.

Το θέαμα έκανε τις τρίχες να σηκώνονται άκαμπτες στον λαιμό και τους ώμους του.

Un'ondata di rabbia selvaggia travolse tutto il corpo di Buck.

Μια θύελλα άγριας οργής σάρωσε ολόκληρο το σώμα του Μπακ.

Ringhiò forte, anche se non ne era consapevole.

Γρύλισε δυνατά, αν και δεν ήξερε ότι το είχε κάνει.

Il suono era crudo, pieno di una furia terrificante e selvaggia.

Ο ήχος ήταν ωμός, γεμάτος τρομακτική, άγρια οργή.

Per l'ultima volta nella sua vita, Buck perse la ragione a causa delle emozioni.

Για τελευταία φορά στη ζωή του, ο Μπακ έχασε τη λογική του προς όφελος του συναισθήματος.

Fu l'amore per John Thornton a spezzare il suo attento controllo.

Ήταν η αγάπη για τον Τζον Θόρντον που έσπασε τον προσεκτικό του έλεγχο.

Gli Yeehats ballavano attorno alla baita in legno di abete rosso distrutta.

Οι Γίχατς χόρευαν γύρω από το κατεστραμμένο σπιτάκι από έλατα.

Poi si udì un ruggito e una bestia sconosciuta si lanciò verso di loro.

Τότε ακούστηκε ένα βρυχηθμό—και ένα άγνωστο θηρίο όρμησε προς το μέρος τους.

Era Buck: una furia in movimento, una tempesta vivente di vendetta.

Ήταν ο Μπακ· μια οργή σε κίνηση· μια ζωντανή θύελλα εκδίκησης.

Si gettò in mezzo a loro, folle di voglia di uccidere.
Ρίχτηκε ανάμεσά τους, τρελός από την ανάγκη να σκοτώσει.
Si lanciò contro il primo uomo, il capo Yeehat, e colpì nel segno.
Όρμησε πάνω στον πρώτο άντρα, τον αρχηγό των Γίχατ, και χτύπησε άψογα.
La sua gola era squarciata e il sangue schizzava a fiotti.
Ο λαιμός του ήταν σκισμένος και το αίμα έτρεχε σαν ρυάκι.
Buck non si fermò, ma con un balzo squarciò la gola dell'uomo successivo.
Ο Μπακ δεν σταμάτησε, αλλά έσκισε το λαιμό του διπλανού άντρα με ένα πήδημα.
Era inarrestabile: squarciava, tagliava, non si fermava mai a riposare.
Ήταν ασταμάτητος — ξεσκίζοντας, κόβοντας κομμάτια, χωρίς να σταματά ποτέ για να ξεκουραστεί.
Si lanciò e balzò così velocemente che le loro frecce non riuscirono a toccarlo.
Πήδηξε και όρμησε τόσο γρήγορα που τα βέλη τους δεν μπορούσαν να τον αγγίξουν.
Gli Yeehats erano in preda al panico e alla confusione.
Οι Γίχατς είχαν παγιδευτεί στον πανικό και τη σύγχυση τους.
Le loro frecce non colpirono Buck e si colpirono tra loro.
Τα βέλη τους αστόχησαν στον Μπακ και αντ' αυτού χτυπήθηκαν το ένα το άλλο.
Un giovane scagliò una lancia contro Buck e colpì un altro uomo.
Ένας νεαρός πέταξε ένα δόρυ στον Μπακ και χτύπησε έναν άλλο άντρα.
La lancia gli trapassò il petto e la punta gli trafisse la schiena.
Το δόρυ διαπέρασε το στήθος του, με την αιχμή του να διαπερνά την πλάτη του.
Il terrore travolse gli Yeehats, che si diedero alla ritirata.

Ο τρόμος κατέκλυσε τους Γίχατς και οπισθοχώρησαν πλήρως.

Urlarono allo Spirito Maligno e fuggirono nelle ombre della foresta.

Φώναξαν για το Κακό Πνεύμα και έφυγαν τρέχοντας στις σκιές του δάσους.

Buck era davvero come un demone mentre inseguiva gli Yeehats.

Πραγματικά, ο Μπακ ήταν σαν δαίμονας καθώς κυνηγούσε τους Γιχατς.

Li inseguì attraverso la foresta, abbattendoli come cervi.

Τους κυνηγούσε τρέχοντας μέσα στο δάσος, φέρνοντάς τους κάτω σαν ελάφια.

Divenne un giorno di destino e terrore per gli spaventati Yeehats.

Έγινε μια μέρα μοίρας και τρόμου για τους φοβισμένους Γίχατς.

Si dispersero sul territorio, fuggendo in ogni direzione.

Σκορπίστηκαν σε όλη τη γη, τρέχοντας μακριά προς κάθε κατεύθυνση.

Passò un'intera settimana prima che gli ultimi sopravvissuti si incontrassero in una valle.

Πέρασε μια ολόκληρη εβδομάδα προτού οι τελευταίοι επιζώντες συναντηθούν σε μια κοιλάδα.

Solo allora contarono le perdite e raccontarono quanto accaduto.

Μόνο τότε μέτρησαν τις απώλειές τους και μίλησαν για το τι συνέβη.

Buck, stanco dell'inseguimento, ritornò all'accampamento in rovina.

Ο Μπακ, αφού κουράστηκε από την καταδίωξη, επέστρεψε στο ερειπωμένο στρατόπεδο.

Trovò Pete, ancora avvolto nelle coperte, ucciso nel primo attacco.

Βρήκε τον Πιτ, ακόμα σκεπασμένο με τις κουβέρτες του, νεκρό στην πρώτη επίθεση.

I segni dell'ultima lotta di Thornton erano visibili nella terra lì vicino.
Σημάδια της τελευταίας μάχης του Θόρντον ήταν εμφανή στο χώμα κοντά.

Buck seguì ogni traccia, annusando ogni segno fino al punto finale.
Ο Μπακ ακολούθησε κάθε ίχνος, μυρίζοντας κάθε σημάδι μέχρι το τελευταίο σημείο.

Sul bordo di una profonda pozza trovò il fedele Skeet, immobile.
Στην άκρη μιας βαθιάς λίμνης, βρήκε τον πιστό Σκιτ, ξαπλωμένο ακίνητο.

La testa e le zampe anteriori di Skeet erano nell'acqua, immobili nella morte.
Το κεφάλι και τα μπροστινά πόδια του Σκιτ ήταν μέσα στο νερό, ακίνητα μέσα στον θάνατο.

La piscina era fangosa e contaminata dai liquidi di scarico delle chiuse.
Η πισίνα ήταν λασπωμένη και μολυσμένη με τα νερά των υδροφρακτών.

La sua superficie torbida nascondeva ciò che si trovava sotto, ma Buck conosceva la verità.
Η θολή επιφάνειά του έκρυβε ό,τι βρισκόταν από κάτω, αλλά ο Μπακ ήξερε την αλήθεια.

Seguì l'odore di Thornton nella piscina, ma non lo portò da nessun'altra parte.
Ακολούθησε τη μυρωδιά του Θόρντον μέσα στην πισίνα — αλλά η μυρωδιά δεν οδηγούσε πουθενά αλλού.

Non c'era alcun odore che provenisse, solo il silenzio dell'acqua profonda.
Δεν υπήρχε καμία μυρωδιά που να προεξείχε — μόνο η σιωπή του βαθιού νερού.

Buck rimase tutto il giorno vicino alla piscina, camminando avanti e indietro per l'accampamento, addolorato.
Όλη μέρα ο Μπακ έμεινε κοντά στην πισίνα, περπατώντας μέσα στο στρατόπεδο με θλίψη.

Vagava irrequieto o sedeva immobile, immerso nei suoi pensieri.
Περιπλανιόταν ανήσυχα ή καθόταν ακίνητος, χαμένος σε βαριές σκέψεις.
Conosceva la morte, la fine della vita, la scomparsa di ogni movimento.
Γνώριζε τον θάνατο· το τέλος της ζωής· την εξαφάνιση κάθε κίνησης.
Capì che John Thornton se n'era andato e non sarebbe mai più tornato.
Κατάλαβε ότι ο Τζον Θόρντον είχε φύγει και δεν θα επέστρεφε ποτέ.
La perdita lasciò in lui un vuoto che pulsava come la fame.
Η απώλεια άφησε μέσα του ένα κενό που πάλλονταν σαν πείνα.
Ma questa era una fame che il cibo non riusciva a placare, non importava quanto ne mangiasse.
Αλλά αυτή ήταν μια πείνα που η τροφή δεν μπορούσε να καταπραΰνει, όσο κι αν έτρωγε.
A volte, mentre guardava i cadaveri di Yeehats, il dolore si attenuava.
Κατά καιρούς, καθώς κοίταζε τους νεκρούς Γίχατς, ο πόνος υποχωρούσε.
E poi dentro di lui nacque uno strano orgoglio, feroce e totale.
Και τότε μια παράξενη υπερηφάνεια ανέβηκε μέσα του, άγρια και ολοκληρωτική.
Aveva ucciso l'uomo, la preda più alta e pericolosa di tutte.
Είχε σκοτώσει τον άνθρωπο, το πιο ύπουλο και επικίνδυνο παιχνίδι από όλα.
Aveva ucciso in violazione dell'antica legge del bastone e della zanna.
Είχε σκοτώσει παραβιάζοντας τον αρχαίο νόμο του μπαστουνιού και του κυνόδοντα.
Buck annusò i loro corpi senza vita, curioso e pensieroso.
Ο Μπακ μύρισε τα άψυχα σώματά τους, περίεργος και σκεπτικός.

Erano morti così facilmente, molto più facilmente di un husky in combattimento.
Είχαν πεθάνει τόσο εύκολα — πολύ πιο εύκολα από ένα χάσκι σε μια μάχη.

Senza le armi non avrebbero avuto vera forza né avrebbero rappresentato una minaccia.
Χωρίς τα όπλα τους, δεν είχαν καμία πραγματική δύναμη ή απειλή.

Buck non avrebbe più avuto paura di loro, a meno che non fossero stati armati.
Ο Μπακ δεν επρόκειτο να τους φοβηθεί ποτέ ξανά, εκτός κι αν ήταν οπλισμένοι.

Stava attento solo quando portavano clave, lance o frecce.
Μόνο όταν κουβαλούσαν ρόπαλα, δόρατα ή βέλη θα πρόσεχε.

Calò la notte e la luna piena spuntò alta sopra le cime degli alberi.
Η νύχτα έπεσε και ένα ολόγιομο φεγγάρι ανέβηκε ψηλά πάνω από τις κορυφές των δέντρων.

La pallida luce della luna avvolgeva la terra in un tenue e spettrale chiarore, come se fosse giorno.
Το χλωμό φως του φεγγαριού έλουζε τη γη με μια απαλή, φαντασματική λάμψη σαν μέρα.

Mentre la notte avanzava, Buck continuava a piangere presso la pozza silenziosa.
Καθώς η νύχτα βάθυνε, ο Μπακ εξακολουθούσε να θρηνεί δίπλα στη σιωπηλή λίμνη.

Poi si accorse di un diverso movimento nella foresta.
Τότε αντιλήφθηκε μια διαφορετική αναταραχή στο δάσος.

L'agitazione non proveniva dagli Yeehats, ma da qualcosa di più antico e profondo.
Η αναστάτωση δεν προερχόταν από τους Γιχατς, αλλά από κάτι παλαιότερο και βαθύτερο.

Si alzò in piedi, drizzò le orecchie e tastò con attenzione la brezza con il naso.

Σηκώθηκε όρθιος, με τα αυτιά σηκωμένα και τη μύτη του να δοκιμάζει προσεκτικά το αεράκι.

Da lontano giunse un debole e acuto grido che squarciò il silenzio.

Από μακριά ακούστηκε ένα αχνό, κοφτό ουρλιαχτό που διέκοψε τη σιωπή.

Poi un coro di grida simili seguì subito dopo il primo.

Έπειτα, μια χορωδία παρόμοιων κραυγών ακολούθησε από κοντά την πρώτη.

Il suono si avvicinava sempre di più, diventando sempre più forte con il passare dei minuti.

Ο ήχος πλησίαζε όλο και πιο κοντά, δυναμώνοντας με κάθε λεπτό που περνούσε.

Buck conosceva quel grido: proveniva da quell'altro mondo nella sua memoria.

Ο Μπακ ήξερε αυτή την κραυγή — προερχόταν από εκείνον τον άλλο κόσμο που θυμόταν.

Si recò al centro dello spazio aperto e ascoltò attentamente.

Περπάτησε μέχρι το κέντρο του ανοιχτού χώρου και άκουσε προσεκτικά.

L'appello risuonò più forte che mai, più sentito e più potente che mai.

Το κάλεσμα αντήχησε, πολύ γνωστό και πιο ισχυρό από ποτέ.

E ora, più che mai, Buck era pronto a rispondere alla sua chiamata.

Και τώρα, περισσότερο από ποτέ, ο Μπακ ήταν έτοιμος να ανταποκριθεί στο κάλεσμά του.

John Thornton era morto e in lui non era rimasto alcun legame con l'uomo.

Ο Τζον Θόρντον ήταν νεκρός και κανένας δεσμός με τον άνθρωπο δεν είχε απομείνει μέσα του.

L'uomo e tutte le pretese umane erano svaniti: era finalmente libero.

Ο άνθρωπος και όλες οι ανθρώπινες αξιώσεις είχαν εξαφανιστεί — ήταν επιτέλους ελεύθερος.

Il branco di lupi era a caccia di carne, proprio come un tempo avevano fatto gli Yeehats.
Η αγέλη λύκων κυνηγούσε κρέας όπως κάποτε οι Γίχατς.
Avevano seguito le alci mentre scendevano dalle terre boscose.
Είχαν ακολουθήσει άλκες κάτω από τις δασώδεις εκτάσεις.
Ora, selvaggi e affamati di prede, attraversarono la sua valle.
Τώρα, άγριοι και πεινασμένοι για θήραμα, διέσχισαν την κοιλάδα του.
Giunsero nella radura illuminata dalla luna, scorrendo come acqua argentata.
Μπήκαν στο φεγγαρόλουστο ξέφωτο, ρέοντας σαν ασημένιο νερό.
Buck rimase immobile al centro, in attesa.
Ο Μπακ έμεινε ακίνητος στο κέντρο, ακίνητος και τους περίμενε.
La sua presenza calma e imponente lasciò il branco senza parole, tanto da farlo restare per un breve periodo in silenzio.
Η ήρεμη, μεγαλοπρεπής παρουσία του άφησε την αγέλη άναυδη και σε μια σύντομη σιωπή.
Allora il lupo più audace gli saltò addosso senza esitazione.
Τότε ο πιο τολμηρός λύκος όρμησε κατευθείαν πάνω του χωρίς δισταγμό.
Buck colpì rapidamente e spezzò il collo del lupo con un solo colpo.
Ο Μπακ χτύπησε γρήγορα και έσπασε τον λαιμό του λύκου με ένα μόνο χτύπημα.
Rimase di nuovo immobile mentre il lupo morente si contorceva dietro di lui.
Στάθηκε ξανά ακίνητος καθώς ο ετοιμοθάνατος λύκος στριφογύριζε πίσω του.
Altri tre lupi attaccarono rapidamente, uno dopo l'altro.
Τρεις ακόμη λύκοι επιτέθηκαν γρήγορα, ο ένας μετά τον άλλον.
Ognuno di loro si ritrasse sanguinante, con la gola o le spalle tagliate.

Ο καθένας υποχωρούσε αιμορραγώντας, με κομμένους τους λαιμούς ή τους ώμους.

Ciò fu sufficiente a scatenare una carica selvaggia da parte dell'intero branco.

Αυτό ήταν αρκετό για να πυροδοτήσει ολόκληρη την αγέλη σε μια άγρια επιδρομή.

Si precipitarono tutti insieme, troppo impazienti e troppo ammassati per colpire bene.

Όρμησαν όλοι μαζί, πολύ πρόθυμοι και συνωστισμένοι για να χτυπήσουν καλά.

La velocità e l'abilità di Buck gli permisero di anticipare l'attacco.

Η ταχύτητα και η επιδεξιότητα του Μπακ του επέτρεψαν να προηγείται της επίθεσης.

Girò sulle zampe posteriori, schioccando i denti e colpendo in tutte le direzioni.

Γυρίστηκε στα πίσω του πόδια, σπάζοντας και χτυπώντας προς όλες τις κατευθύνσεις.

Ai lupi sembrò che la sua difesa non si fosse mai aperta o avesse vacillato.

Στους λύκους, αυτό φαινόταν σαν η άμυνά του να μην άνοιξε ποτέ ή να μην έχασε.

Si voltò e colpì così velocemente che non riuscirono a raggiungerlo alle spalle.

Γύρισε και χτύπησε τόσο γρήγορα που δεν μπορούσαν να τον ακολουθήσουν.

Ciononostante, il loro numero lo costrinse a cedere terreno e a ritirarsi.

Παρ' όλα αυτά, ο αριθμός τους τον ανάγκασε να υποχωρήσει και να υποχωρήσει.

Superò la piscina e scese nel letto roccioso del torrente.

Πέρασε την πισίνα και κατέβηκε στην βραχώδη κοίτη του ρυακιού.

Lì si imbatté in un ripido pendio di ghiaia e terra.

Εκεί συνάντησε μια απότομη πλαγιά από χαλίκια και χώμα.

Si è infilato in un angolo scavato durante i vecchi scavi dei minatori.
Έπεσε σε μια γωνιακή τομή κατά τη διάρκεια του παλιού σκάψιματος των ανθρακωρύχων.
Ora, protetto su tre lati, Buck si trovava di fronte solo al lupo frontale.
Τώρα, προστατευμένος από τρεις πλευρές, ο Μπακ αντιμετώπιζε μόνο τον μπροστινό λύκο.
Lì rimase in attesa, pronto per la successiva ondata di assalto.
Εκεί, στεκόταν σε απόσταση, έτοιμος για το επόμενο κύμα επίθεσης.
Buck mantenne la posizione con tanta ferocia che i lupi indietreggiarono.
Ο Μπακ κράτησε τη θέση του τόσο σθεναρά που οι λύκοι υποχώρησαν.
Dopo mezz'ora erano sfiniti e visibilmente sconfitti.
Μετά από μισή ώρα, ήταν εξαντλημένοι και εμφανώς ηττημένοι.
Le loro lingue pendevano fuori e le loro zanne bianche brillavano alla luce della luna.
Οι γλώσσες τους κρέμονταν έξω, τα λευκά τους δόντια έλαμπαν στο φως του φεγγαριού.
Alcuni lupi si sdraiano, con la testa alzata e le orecchie dritte verso Buck.
Μερικοί λύκοι ξάπλωσαν, με τα κεφάλια σηκωμένα, τα αυτιά τεντωμένα προς τον Μπακ.
Altri rimasero immobili, attenti e osservarono ogni suo movimento.
Άλλοι στέκονταν ακίνητοι, σε εγρήγορση και παρακολουθούσαν κάθε του κίνηση.
Qualcuno si avvicinò alla piscina e bevve l'acqua fredda.
Μερικοί περιπλανήθηκαν στην πισίνα και ήπιαν κρύο νερό.
Poi un lupo grigio, lungo e magro, si fece avanti furtivamente, con passo gentile.
Τότε ένας ψηλός, αδύνατος γκρίζος λύκος σέρθηκε μπροστά με απαλό τρόπο.

Buck lo riconobbe: era il fratello selvaggio di prima.
Ο Μπακ τον αναγνώρισε — ήταν ο άγριος αδερφός από πριν.

Il lupo grigio uggiolò dolcemente e Buck rispose con un guaito.
Ο γκρίζος λύκος γκρίνιαξε απαλά, και ο Μπακ απάντησε με ένα γκρίνια.

Si toccarono il naso, silenziosamente, senza timore o minaccia.
Άγγιξαν μύτες, αθόρυβα και χωρίς απειλή ή φόβο.

Poi venne un lupo più anziano, scarno e segnato dalle numerose battaglie.
Στη συνέχεια ήρθε ένας μεγαλύτερος σε ηλικία λύκος, αδύνατος και σημαδεμένος από πολλές μάχες.

Buck cominciò a ringhiare, ma si fermò e annusò il naso del vecchio lupo.
Ο Μπακ άρχισε να γρυλίζει, αλλά σταμάτησε και μύρισε τη μύτη του γέρου λύκου.

Il vecchio si sedette, alzò il naso e ululò alla luna.
Ο γέρος κάθισε, σήκωσε τη μύτη του και ούρλιαξε στο φεγγάρι.

Il resto del branco si sedette e si unì al lungo ululato.
Η υπόλοιπη αγέλη κάθισε και συμμετείχε στο μακρύ ουρλιαχτό.

E ora la chiamata giunse a Buck, inequivocabile e forte.
Και τώρα το κάλεσμα ήρθε στον Μπακ, αλάνθαστο και δυνατό.

Si sedette, alzò la testa e ululò insieme agli altri.
Κάθισε, σήκωσε το κεφάλι του και ούρλιαξε μαζί με τους άλλους.

Quando l'ululato cessò, Buck uscì dal suo riparo roccioso.
Όταν σταμάτησαν τα ουρλιαχτά, ο Μπακ βγήκε από το βραχώδες καταφύγιό του.

Il branco si strinse attorno a lui, annusando con gentilezza e cautela.
Η αγέλη σφίχτηκε γύρω του, οσφραίνοντάς τον ευγενικά και επιφυλακτικά.

Allora i capi lanciarono un grido e si precipitarono nella foresta.
Τότε οι αρχηγοί έβγαλαν μια κραυγή και έτρεξαν στο δάσος.
Gli altri lupi li seguirono, guaendo in coro, selvaggi e veloci nella notte.
Οι άλλοι λύκοι ακολούθησαν, ουρλιάζοντας σε χορωδία, άγριοι και γρήγοροι μέσα στη νύχτα.
Buck corse con loro, accanto al suo selvaggio fratello, ululando mentre correva.
Ο Μπακ έτρεξε μαζί τους, δίπλα στον άγριο αδερφό του, ουρλιάζοντας καθώς έτρεχε.

Qui la storia di Buck giunge al termine.
Εδώ, η ιστορία του Μπακ φτάνει για τα καλά στο τέλος της.
Negli anni a seguire, gli Yeehats notarono degli strani lupi.
Στα χρόνια που ακολούθησαν, οι Yeehats παρατήρησαν παράξενους λύκους.
Alcuni avevano la testa e il muso marroni e il petto bianco.
Κάποιοι είχαν καφέ χρώμα στο κεφάλι και τη μουσούδα τους, άσπρο στο στήθος.
Ma ancora di più temevano la presenza di una figura spettrale tra i lupi.
Αλλά ακόμη περισσότερο, φοβόντουσαν μια φαντασματική φιγούρα ανάμεσα στους λύκους.
Parlavano a bassa voce del Cane Fantasma, il capo del branco.
Μιλούσαν ψιθυριστά για τον Σκύλο-Φάντασμα, τον αρχηγό της αγέλης.
Questo cane fantasma era più astuto del più audace cacciatore di Yeehat.
Αυτό το Σκυλί-Φάντασμα είχε περισσότερη πονηριά από τον πιο τολμηρό κυνηγό Γίχατ.
Il cane fantasma rubava dagli accampamenti nel cuore dell'inverno e faceva a pezzi le loro trappole.
Το σκυλί-φάντασμα έκλεβε από καταυλισμούς μέσα στο βαθύ χειμώνα και έσκιζε τις παγίδες τους.

Il cane fantasma uccise i loro cani e sfuggì alle loro frecce senza lasciare traccia.

Το σκυλί-φάντασμα σκότωσε τα σκυλιά τους και ξέφυγε από τα βέλη τους χωρίς να αφήσει ίχνη.

Perfino i guerrieri più coraggiosi avevano paura di affrontare questo spirito selvaggio.

Ακόμα και οι πιο γενναίοι πολεμιστές τους φοβόντουσαν να αντιμετωπίσουν αυτό το άγριο πνεύμα.

No, la storia diventa ancora più oscura con il passare degli anni trascorsi nella natura selvaggia.

Όχι, η ιστορία γίνεται ακόμη πιο σκοτεινή, καθώς τα χρόνια περνούν στην άγρια φύση.

Alcuni cacciatori scompaiono e non fanno più ritorno ai loro accampamenti lontani.

Μερικοί κυνηγοί εξαφανίζονται και δεν επιστρέφουν ποτέ στα μακρινά τους στρατόπεδα.

Altri vengono trovati con la gola squarciata, uccisi nella neve.

Άλλοι βρίσκονται με ανοιχτούς τους λαιμούς, σκοτωμένοι στο χιόνι.

Intorno ai loro corpi ci sono delle impronte più grandi di quelle che un lupo potrebbe mai lasciare.

Γύρω από τα σώματά τους υπάρχουν ίχνη—μεγαλύτερα από όσα θα μπορούσε να κάνει οποιοσδήποτε λύκος.

Ogni autunno, gli Yeehats seguono le tracce dell'alce.

Κάθε φθινόπωρο, οι Yeehats ακολουθούν τα ίχνη της άλκης.

Ma evitano una valle perché la paura è scolpita nel profondo del loro cuore.

Αλλά αποφεύγουν μια κοιλάδα με τον φόβο χαραγμένο βαθιά στην καρδιά τους.

Si dice che la valle sia stata scelta dallo Spirito Maligno come sua dimora.

Λένε ότι η κοιλάδα έχει επιλεγεί από το Κακό Πνεύμα για το σπίτι του.

E quando la storia viene raccontata, alcune donne piangono accanto al fuoco.

Και όταν λέγεται η ιστορία, μερικές γυναίκες κλαίνε δίπλα στη φωτιά.

Ma d'estate, c'è un visitatore che giunge in quella valle sacra e silenziosa.

Αλλά το καλοκαίρι, ένας επισκέπτης έρχεται σε εκείνη την ήσυχη, ιερή κοιλάδα.

Gli Yeehats non lo conoscono e non potrebbero capirlo.

Οι Γίχατς δεν τον γνωρίζουν, ούτε μπορούν να τον καταλάβουν.

Il lupo è un animale grandioso, ricoperto di gloria, come nessun altro della sua specie.

Ο λύκος είναι ένας σπουδαίος λύκος, ντυμένος με δόξα, σαν κανέναν άλλον του είδους του.

Lui solo attraversa il bosco verde ed entra nella radura della foresta.

Μόνος του διασχίζει ένα καταπράσινο δάσος και μπαίνει στο ξέφωτο του δάσους.

Lì, la polvere dorata contenuta nei sacchi di pelle d'alce si infiltra nel terreno.

Εκεί, χρυσή σκόνη από σάκους από δέρμα άλκης εισχωρεί στο χώμα.

L'erba e le foglie vecchie hanno nascosto il giallo del sole.

Το γρασίδι και τα παλιά φύλλα έχουν κρύψει το κίτρινο από τον ήλιο.

Qui il lupo resta in silenzio, pensando e ricordando.

Εδώ, ο λύκος στέκεται σιωπηλός, σκεπτόμενος και θυμούμενος.

Urla una volta sola, a lungo e lugubremente, prima di girarsi e andarsene.

Ουρλιάζει μια φορά —μακριά και θλιμμένη— πριν γυρίσει να φύγει.

Ma non è sempre solo nella terra del freddo e della neve.

Ωστόσο, δεν είναι πάντα μόνος στη χώρα του κρύου και του χιονιού.

Quando le lunghe notti invernali scendono sulle valli più basse.

Όταν οι μακριές χειμωνιάτικες νύχτες πέφτουν στις χαμηλότερες κοιλάδες.
Quando i lupi seguono la selvaggina attraverso il chiaro di luna e il gelo.
Όταν οι λύκοι ακολουθούν το θήραμα μέσα στο φως του φεγγαριού και τον παγετό.
Poi corre in testa al gruppo, saltando in alto e in modo selvaggio.
Έπειτα τρέχει επικεφαλής της αγέλης, πηδώντας ψηλά και ξέφρενα.
La sua figura svetta sulle altre, la sua gola risuona di canto.
Το σχήμα του υψώνεται πάνω από τους άλλους, ο λαιμός του ζει από το τραγούδι.
È il canto del mondo più giovane, la voce del branco.
Είναι το τραγούδι του νεότερου κόσμου, η φωνή της αγέλης.
Canta mentre corre: forte, libero e per sempre selvaggio.
Τραγουδάει καθώς τρέχει—δυνατός, ελεύθερος και για πάντα άγριος.

www.ingramcontent.com/pod-product-compliance
Lightning Source LLC
Chambersburg PA
CBHW010029040426
42333CB00048B/2744